赣州经济技术开发区年鉴

Ganzhou Economic And Technological Development Area Yearbook

2022

《赣州经济技术开发区年鉴》编辑委员会
赣州经济技术开发区史志档案管理中心
编

方志出版社
Publishing House of Local Records

图书在版编目（CIP）数据

赣州经济技术开发区年鉴．2022 /《赣州经济技术开发区年鉴》编辑委员会，赣州经济技术开发区史志档案管理中心编．—北京：方志出版社，2022.12
ISBN 978-7-5144-5402-4

Ⅰ．①赣… Ⅱ．①赣… ②赣… Ⅲ．①经济开发区—赣州—2022—年鉴 Ⅳ．①F127.563

中国版本图书馆CIP数据核字（2022）第243646号

责任编辑：王娜
责任校对：刘玉霞
责任印制：梅中英
出 版 者：方志出版社
地　　址：北京市朝阳区潘家园东里9号（国家方志馆4层）
邮　　编：100021
网　　址：http://www.zgfzcb.cn
发　　行：方志出版社图书营销中心（010-67110500）
印　　刷：赣州市丰元印刷有限公司
开　　本：889毫米×1194毫米　1/16
印　　张：18.25
字　　数：451千字
版　　次：2022年12月第1版
印　　次：2022年12月第1次印刷
定　　价：240.00元

《赣州经济技术开发区年鉴（2022）》编辑委员会

顾　　问　陈水连

主任委员　梁丁盛

副主任委员　郭声琪　周兆东　余少卿　邹　赟

委　　员　区纪工委副书记，区法院、区检察院、区财政局、区经发局、区企工局、区招商局、区税务局、区住建局、区社管局、区农办、区机关党委、市科创中心、区公服中心、区市监分局、区政务服务中心、区机关事务中心、区综合执法大队、区征迁服务中心、区房管所、区疾控中心、区金融服务中心、区城管大队、区应急管理局、区教体服务中心、区综治中心、区退役军人服务中心、区人社（养老服务）中心、区汽车办、区自然资源分局、区生态环境分局、区交警大队、区司法分局、区融媒体中心、区巡察办、区新时代文明实践中心、区消防救援大队、区交通运输综合执法大队、区市监执法稽查分局、赣州建控集团、赣州保税实业集团、区工发集团、国瑞新能源公司、满园公司、西城公司、科技城建开公司、区高铁新区服务中心、区团工委、区妇联、区科协、区工商联分会、区红十字会、区残联主要负责人，各乡（镇、街道、管理处）政府主要负责人，赣州综保区、区公安分局、区总工会、区人武部分管负责人

《赣州经济技术开发区年鉴（2022）》编辑部

总 编 辑　邹　赟

副总编辑　涂　英

编　　辑　施恩沁　王　颖　曾　鼎　廖宝建　丁　璇　钟　菲

封面设计　王　颖

编辑说明

一、《赣州经济技术开发区年鉴（2022）》以马克思列宁主义、毛泽东思想、邓小平理论、“三个代表”重要思想、科学发展观、习近平新时代中国特色社会主义思想为指导，坚持辩证唯物主义和历史唯物主义的立场、观点和方法，全面、系统、客观地记载赣州经济技术开发区（简称赣州经开区）2021年自然、政治、经济、文化、社会和生态文明建设等方面情况，客观真实反映各行业所取得的新成就、新经验，为社会各界了解、研究赣州经开区提供资料信息，为各级领导科学决策提供参考依据，为编修地方史志积累有效史料。

二、《赣州经济技术开发区年鉴》是由中共赣州经济技术开发区工作委员会、赣州经济技术开发区管理委员会组织，《赣州经济技术开发区年鉴》编辑委员会、赣州经济技术开发区史志档案管理中心编纂的年度资料性文献。

三、《赣州经济技术开发区年鉴（2022）》采用分类法编辑，分类目、分目、条目3个层次，部分条目下设子目，设有特载、专记、大事记、地情概览、营商环境、工业、农业农村、乡村振兴、经贸合作、经济管理、服务业、区属国有企业、城乡规划建设与管理、交通 通信、生态环境、区党工委 管委会、纪检监察、民主党派 党外知识分子、群众团体、法治、军事、教育 文化 体育、卫生健康、应急管理、社会保障与事务、乡 镇 街道 科技城 高铁新区、人物 荣誉、附录。

四、《赣州经济技术开发区年鉴（2022）》条目标题统一用黑体字体加【 】表示。根据行文实际需要，本年鉴正文中部门单位机构名称首次出现使用全称并后括注简称，之后出现使用简称。

五、《赣州经济技术开发区年鉴（2022）》所载稿件均由赣州经开区有关部门提供，并经过严格审核。统计数据由各主管部门提供；因统计口径和统计时间的原因，有些数据与统计资料公布的数字不尽一致，采用时请斟酌。

六、《赣州经济技术开发区年鉴（2022）》收录赣州经开区党工委、管委会，赣州综合保税区，各乡（镇、街道、管理处），区直、驻区各部门（单位），区属各国有企业领导名单均以2021年1月1日至12月31日在职者为准，有任免的分别予以了说明。领导名单根据各地、各部门（单位）提供的资料编辑。

七、书中条目记述内容未写明时间的，均为2021年度内容；随文图片说明凡2021年拍摄且有具体日期的均不标注年份。

八、书中记述有关耕地面积时部分仍使用亩作为计量单位。

九、大事记同一时间有多条内容的，只在第一条开头写明时间。

2021 年度荣誉

- 2021 中国创新创业成果交易会成果转化基地
- 2021 中国经济十大最具投资价值开发区
- 全国 15 家新材料行业国家外贸转型升级基地
- 位列全国国家级经开区综合发展水平考核第五十二
- 位列全省 10 家国家级经开区第二
- 第十六届江西省文明单位
- 2020 年度全省政府系统“五型”政府建设先进集体
- 江西省公共机构节约能源资源示范单位
- 江西省法院扫黑除恶专项斗争先进单位
- 江西省巾帼建功先进集体

» 赣州经开区东江源大道高架桥路段夜景（2021年，周琨摄）

1/2

1 5月12日，赣州经开区省营商环境企业评价工作布置会召开（区融媒体中心供图）

2 11月1日，2021年“江西营商环境日”赣州经开区服务承诺宣誓仪式举行（陈科贤摄）

优化营商环境

持续深化“放管服”改革，在全省率先举行2021年“江西营商环境日”服务承诺宣誓仪式，开展“六减一增”专项提升行动，梳理事项69条，审批时限缩减53.62%。推进“赣服通经开区分厅”建设，线上可办事项221项；持续深化“一网一厅一窗”改革，“最多一次办结”事项735项，占比95.8%；“一次不跑”事项472项，占比61%。全年为企业解决市场化融资需求419亿元。

1|3
2|4

1 2月25日，区“一照含证”平台办理的第一张食品经营许可证 （区融媒体中心供图）

2 11月，区税务局干部深入企业车间宣传企业税改政策 （区税务局供图）

3 区政务服务大厅企业投资项目代办窗口 （2021年，区融媒体中心供图）

4 5月，区纪检监察干部在园区企业开展优化营商环境监督 （区纪工委供图）

欢迎您!

优化营商环境

1

2 | 3 | 4

1 区政务服务大厅（2021 年，区融媒体中心供图）

2 8 月 25 日，区税务局开具第一张一手房契税完税凭证，赣州经开区开通一手房涉税业务的征收办理平台 （区税务局供图）

3 6 月，区行政审批局为企业提供“容缺受理”服务 （谢欢摄）

4 8 月 18 日，区税务局导税员协助、引导大厅自助办税（赵国梁摄）

» 赣州经开区新能源产业集群（2021 年，廖洪广摄）

沸腾工业战场

2021年，全区工业营收实现1160亿元，成为赣州市首个千亿产业园区。诞生以同兴达电子科技等企业为成员的“百亿方阵”。赣州立德电子全年营收超70亿元。金力永磁三期建成投产，成为全球单体最大的钕铁硼生产工厂，全年营收超40亿元。率先在全市推出惠企政策“免申即享”，惠及企业131户次。健全“区马上办”运行机制，承接下放市级行政权力和公共服务事项110个，推动企业报建环节优化85%、材料精简85%。

1 6月29日，赣州市庆祝中国共产党成立100周年重大项目集中开工赣州经开区分会场（第三批项目集中开竣工仪式）举行　（区融媒体中心供图）

2 11月15日，赣州新能源科技城项目开(竣)工暨赣州经开区2021年第五批项目开(竣)工活动启动仪式召开　（廖万茂摄）

1 3
2 4

1 江西金力永磁科技有限公司鸟瞰图 （2021 年，廖万茂摄）

2 赣州同兴达电子科技有限公司外景图 （2021 年，廖万茂摄）

3 赣州凯马汽车制造有限公司产线上的机器手臂 （2021 年，林宗健摄）

4 江西轰天炮光电科技有限公司生产车间一角 （2021 年，张晓春摄）

沸腾 工业战场

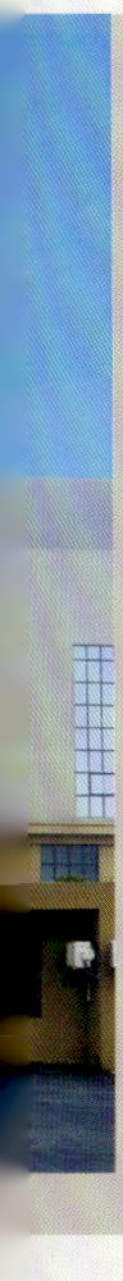

1 | 3
2 | 4

1 赣州市宝明显示科技有限公司产线（2021年，廖万茂摄）

2 赣州市江元电子有限公司产线（2021年，赵国梁摄）

3 赣州讯康电子科技有限公司产线（2021年，赵国梁摄）

4 赣州立德电子有限公司产线（2021年，赵国梁摄）

沸腾 工业战场

恒科产业园双创基地

» 2021 年恒科产业园（2021 年，区融媒体中心供图）

2021年，全区新增高新技术企业50家以上，总量200家以上，新增发明专利授权量、企业发明专利授权量、PCT（专利合作条约）申请量均位居全市第一。市小微企业孵化基地被工信部认定为国家小型微型企业创业创新示范基地、2021年中国创新创业成果交易会成果转化基地（全省唯一）。全区科学技术财政支出增长10%以上。

图鉴2021

汇聚创新资源

1/2

1 2021年国家级双创基地·赣州国际企业中心创业园 （区国企中心供图）

2 2021年国家级科技企业孵化器·金岭科技园创业咖啡一角 （市科创中心供图）

1 | 3
2 | 4

1 江西省潜在独角兽企业——赣州好朋友科技有限公司。图为 2021 年公司外景图 （区经发局供图）

2 江西省第一家独角兽企业——孚能科技（赣州）股份有限公司。图为 2021 年公司外景图 （区经发局供图）

3 4 月 22 日，赣州经开区知识产权质押融资银企对接会召开 （区市场监管分局供图）

4 4 月 22 日，赣州经开区电子信息产业知识产权联盟揭牌仪式举行。这是赣州市首家以知识产权为纽带、以专利协同运用为基础的产业发展联盟 （区市场监管分局供图）

赣州经开区知识产权
质押融资银企对接会
主办单位：赣州市市场监督管理局
赣州市市场监管局赣州经开区分局
交通银行赣州分行
二〇二一年四月二十二日

赣州经开区电子信息产业
知识产权联盟揭牌仪式

2021中国创新创业成果交易会成果转化基地授牌暨项目发布对接会
2021中国创新创业成果交易会
成果转化（赣州）基地
授牌仪式
2021年7月22日
2021中国创新创业成果交易会
成果转化（赣州）基地
授牌仪式
2021年7月22日

中国·赣州
数字金融产业园
盛大开园

汇聚创新资源

1|2|3

1 7月22日，2021中国创新创业成果交易会成果转化基地授牌暨项目发布对接会在区高层次人才产业园举行 （市科创中心供图）

2 10月26日，中国·赣州数字金融产业园开园 （区金融服务中心供图）

3 11月11日，赣州经开区管委会与赣州市科协联合举办的区科技创新大赛（决赛）落幕。图为获奖选手合影 （市科创中心供图）

赣
州
205
204

» 夜幕下的赣州黄金机场（2021 年，周琨摄）

1/2

1 5 月 17 日，吉利赣州动力电池（一期）12GWH（吉瓦时）项目开工仪式举行　（周加相摄）

2 5 月 20 日，赣州 RCEP 东盟产业园竣工暨“赣州—东盟”跨境直通车开通仪式在赣州综保区举行　（赣州综保区供图）

构建开放新格局

2021年签约项目137个、签约资金1314.38亿元，签约投资1亿元以上项目95个，其中投资50亿—100亿元项目7个、100亿元以上项目4个，引进世界500强（央企）项目5个，服务业民企100强1家，与清华大学经管学院签订《合作备忘录》。举办“2021粤港澳大湾区（赣州经开区）产业招商推介会”，与惠州大亚湾经开区签订《结对共建合作备忘录》。签约大湾区项目74个、签约资金456.58亿元。

清华大学经济管理学院—赣州经济技术开发区合作备忘录签字仪式

赣州经开区与江西理工大学合作办学项目
签 约 仪 式
赣州经济技术开发区管委会
江西理工大学
签约本

1|2|3

1 9月30日，赣州经开区与清华大学经济管理学院签订合作备忘录 （周加相摄）

2 11月18日，赣州经开区与江西理工大学合作办学项目签约仪式举行 （陈科贤摄）

3 12月10日，“江西·赣州经开区欢迎您”赣深高铁动车冠名首发仪式举行 （区融媒体中心供图）

1/2

1 12 月 10 日，2021 赣州经开区（粤港澳大湾区）产业招商推介会在深圳举行 （区招商局供图）

2 12 月 28 日，“2021 中国经济高峰论坛”及颁奖典礼在上海举行 （区经发局供图）

构建开放新格局

产 项 目
式
投资集团有限公

经济技术开发区
Economic and Technological Development Zone
千年欧潭·魅力经开·工业龙头
开放门户·创新高地·投资热土
苏区经开 五好五有
2021中国经济高峰论坛
第十九届中国经济人物年
2021.12.28 上海
新经济 新格局 新征程

» 三江乡鲈鱼养殖基地（2021 年，廖万茂摄）

助力乡村振兴

做好巩固拓展脱贫攻坚成果同乡村振兴有效衔接，全年脱贫户人均纯收入 17480 元，增长 9.6%。全区村集体经济经营性收入总额达 6308.14 万元，所有村经营性收入均在 10 万元以上，有 15 个村经营性收入超 100 万元，黄金岭街道大坪村、金星村经营性收入超 1000 万元，“千万村”数量占全市一半。

1 科技城范塘村脐橙园 （2021 年，区农办供图）

2 湖边镇岗边村养兔基地 （2021 年，区农办供图）

1/2

1 4月2日，赣州经开区党工委农村工作会议召开 （周加相摄）

2 8月16日，赣州经开区城乡环境综合整治暨农村人居环境整治工作推进会召开 （周加相摄）

3 11月27日，赣州经开区巩固拓展脱贫攻坚成果同乡村振兴有效衔接调度会召开 （陈科贤摄）

1|2/3

赣州经开区城乡环境综合整治暨农村人居环境整治工作推进会
赣州经开区城乡环境综合整治
暨农村人居环境整治工作推进会
赣州经济技术开发区
2021年8月16日

赣州经开区巩固拓展脱贫攻坚成果同乡村振兴有效衔接调度会
赣州经开区巩固拓展脱贫攻坚成果
同乡村振兴有效衔接调度会
2021年11月27日

澳华饲料
高端高效

1/2|3

1 三江乡鲈鱼养殖基地捕鱼场景（2021年，何素玲摄）

2 三江乡肖边村家庭农场（2021年，何素玲摄）

3 美丽三江村容村道（2021年，王晓凡摄）

助力乡村振兴

1
2|3

1 三江乡东红村水稻种植基地 （2021 年，廖万茂摄）

2 凤岗镇龙泉村70亩早稻集中育秧基地（2021 年，区农办供图）

3 凤岗镇农旅产业五彩城花博园 （2021 年，刘小平摄）

中華漢字

» 中华汉字文化主题公园（2021年，刘英摄）

1/2

赣州新能源科技城“七纵五横”、现代电子科技城“大中小”路网基本成型，飞翔快速路、客家大道快速路全线通车，打通思源路、大坪路等“断头路”，城市交通“微循环”不断畅通。

1 高铁列车组整装待发（2021 年，刘小平摄）

2 新能源科技城建设工地（2021 年，谢冰摄）

提升城市能级

提升城市能级

1 秀美赣州经开区 （2021 年，刘琪珺摄）

2 赣州经开区金色大道 （2021 年，谢有昌摄）

3 在建中的蟠龙大桥 （2021 年，蔡华摄）

自通八方
XCMG
凯祥设备

提升城市能级

1
2 3

1 1月15日，中华汉字文化主题公园周边道路白改黑施工（廖万茂摄）

2 打磨便民设施，提升城市品位（2021年，廖万茂摄）

3 新能源科技城科技大道全线绿化提升改造（2021年，廖万茂摄）

» 金凤梅园景色 （2021 年，邓江华摄）

1/2

1 宜游金凤梅园 （2021 年，郭昌巍摄）

2 桃芜返迁房小游园 （2021 年，廖万茂摄）

改善生态环境

工业是赣州经开区的城市名片，绿色是城市发展的主色调。2021 年，上犹江国考断面水质年均值稳定达到Ⅱ类，受污染耕地安全利用率达 100%，PM2.5 年均浓度首次达到世卫组织第二阶段标准，位居全省设区市建成区前三。坚持建管并重，加快建立健全长效养护管理机制，进一步厚植绿色发展底色。

1 2 3 | 4 5

1 蟠龙镇桃芫水库 （2021 年，黎柏茜摄）

2 赣州市第二水厂饮用水水源地一级保护区 （2021 年，叶章发摄）

3 唐龙公园晨景 （2021 年，刘英摄）

4 2021 年新能源科技城管理处范塘村 （区农办供图）

5 三江乡新江村同心婚庆园 （2021 年，何素玲摄）

改善生态环境

中国中铁

» 赣州经开区建设者（2021年，王子辉摄）

1/2

1 8月19日，赣州经开区新冠肺炎疫情防控暨疫苗接种工作调度会议召开（周加相摄）

2 9月8日，赣州市第六中学落成典礼暨揭牌仪式举行（陈科贤摄）

增进民生福祉

新（改、扩）建各类学校18个，新（改）建农村互助养老服务设施5个。全年完成返迁安置房建设总建筑面积约205万平方米，安置9060户，分配1.8万套，分配安置数超前10年总和。牢牢守住疫情防线，推进接种新冠病毒疫苗。清零所有学科类培训机构，学校课后服务开设率100%，校外培训机构资金监管实现全覆盖。

增进民生福祉

1/2|3

1 赣州经开区中小学校推行课后服务 （2021 年，叶章发摄）

2 12 月，翠谷幼儿园成功通过实地评估，成为全区第一所省级示范幼儿园（翠谷幼儿园供图）

3 12 月 21 日，赣州经开区与江西理工大学联合共建的江西理工大学附属金岭学校揭牌仪式举行 （陈科贤摄）

赣州经开区蟠龙镇
全员核酸检测

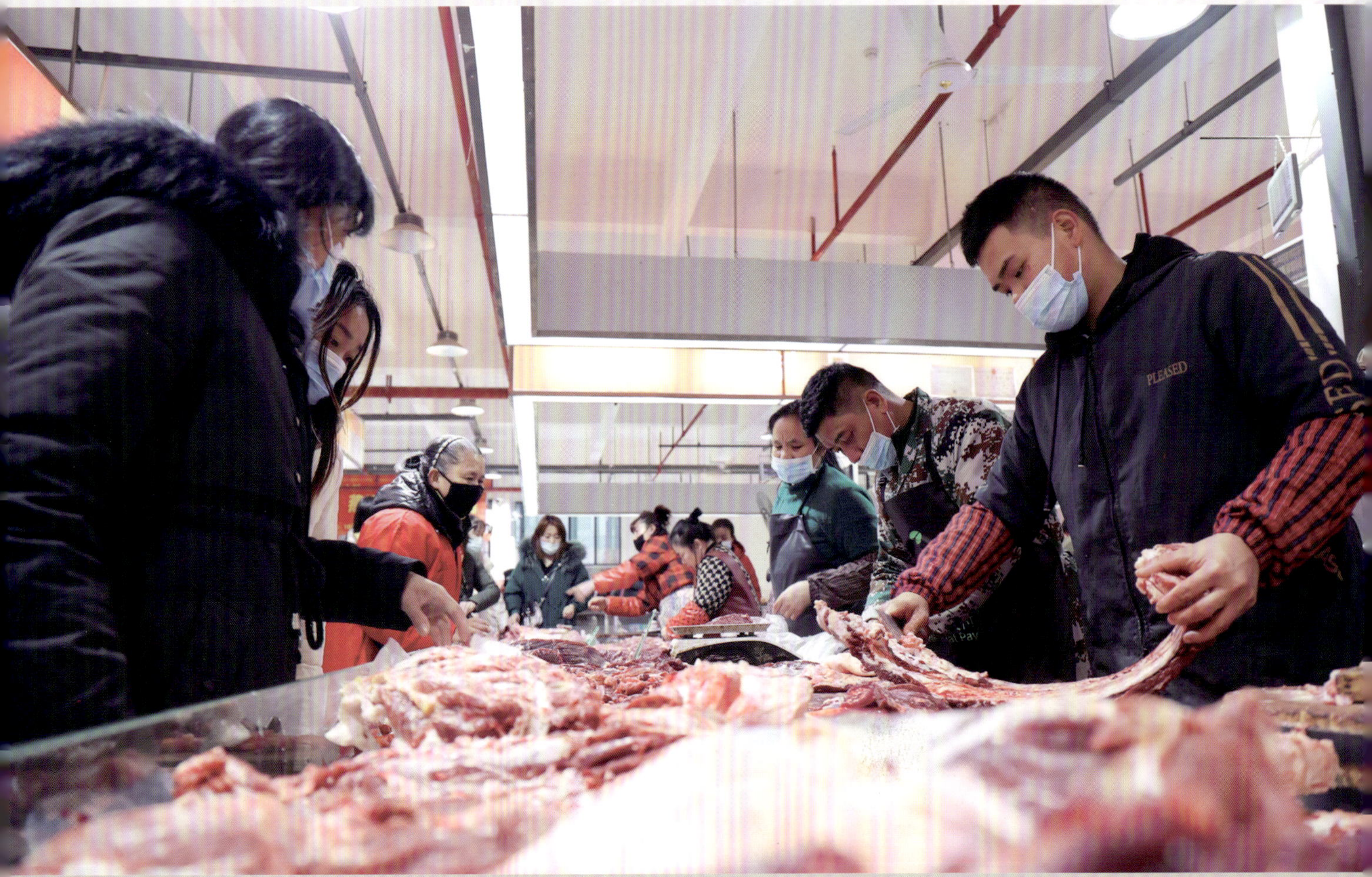
PLEASED

增进民生福祉

1/2|3

1 9月23日，蟠龙镇杨边村一期返迁安置房期房分配现场（赵国梁摄）

2 12月，常态化疫情防控下的宝塔农贸市场 （潘萍摄）

3 6月18日，疫苗“送上门”，企业安心更暖心 （廖万茂摄）

赣州
POLICE

» 赣州高铁西站执勤铁骑（2021 年，区交警大队供图）

1/2

1 3月11日，赣州经开区党史学习教育动员会召开 （区融媒体中心供图）

2 2月9日，赣州经开区2020年度党委（党组）书记抓基层党建述职评议会议召开
（区融媒体中心供图）

提升党建质量

全面落实新时代党的建设总要求，持续深化全面从严治党，开展庆祝中国共产党成立100周年系列活动，把开展党史学习教育作为贯穿全年的重大任务。年内完成郭大力故居保护利用工程，完成11个区级示范点验收，办结区级重点民生实事项目52项，推动各领域党建质量过硬行动取得实效。

1 | 3
2 | 4

1 5月16日，“喜迎中国共产党成立百年”学习强国知识大赛暨“党史我来答”知识竞赛（决赛）举行 （区融媒体中心供图）

2 6月28日，赣州经开区庆祝中国共产党成立100周年“七一”表彰大会举行 （区融媒体中心供图）

3 10月9日至11月24日，区党工委巡察组对教育领域的8个学校党组织开展常规巡察。图为区党工委第一巡察组巡察赣州第五中学党总支情况反馈会现场 （区纪工委供图）

4 11月2日，赣州经开区红色故事读本首发仪式举行 （区史志档案管理中心供图）

区党工委第一巡察组巡察赣州市第五中学党总支情况反馈会

赣州经济技术开发区红色故事读本首发仪式

1 | 3
2 | 4

1 8月，投入2700余万元为全区中小学、幼儿园安装空调2857台 （区融媒体中心供图）

2 4月，调配2辆洒水罐车为湖边镇赣港社区居民解决短期“用水难”问题 （廖万茂摄）

3 12月20日，位于郭大力故居的郭大力雕像 （陈科贤摄）

4 12月20日，郭大力故居揭牌仪式在三江乡斜角村举行 （陈科贤摄）

郭大力，1905年出生，中共党员，江西省南康县（今赣州经开区）三江乡斜角村人。中国经济学家、教育家和翻译家，是《资本论》中文全译本首译者之一。曾任中国人民政治协商会议第二、第三、第四届全国委员会委员，第四届全国人大代表，中国科学院哲学社会科学学部委员。

郭大力故居
身居陋室坚定信念专研马克思主义
淡泊名利风骨铸

1/2

1 3月，区政务服务中心党员志愿者开展志愿服务活动（区政务服务中心供图）

2 4月25日，赣州经开区机关单位党史学习教育宣讲会召开（区融媒体中心供图）

目 录

特 载

专 记

大事记

地情概览

营商环境

农业农村

乡村振兴

经贸合作

经济管理

区属国有企业

城乡规划建设与管理

交通 通信

生态环境

区党工委 管委会

纪检监察

民主党派 党外知识分子

群众团体

法 治

军 事

教育 文化 体育

乡镇街道 科技城 高铁新区

人物 荣誉

附 录

索引

特 载

在全区 2021 年工作总结表彰暨 2022 年工作动员会上的讲话

区党工委书记　陈水连
2022 年 1 月 28 日

这次会议主要任务是：深入贯彻中央和省、市有关会议精神，回顾总结 2021 年工作，表彰先进，部署 2022 年工作，动员全区上下进一步凝聚共识、坚定信心，鼓足干劲、奋力拼搏，全面开启“营收突破两千亿、挺进全国三十强”新征程，以优异成绩向党的二十大献礼。

一、回首 2021，我们不辱使命勇争先，用滚烫的汗水铸就了烫金的荣耀

2021 年，是赣州经开区发展史上具有里程碑意义的一年。在市委、市政府的坚强领导下，全区上下深入贯彻习近平总书记视察江西和赣州重要讲话精神，统筹疫情防控和经济社会发展，扎实做好“六稳”“六保”工作，高质量完成 2021 年目标任务，实现“十四五”精彩开局。成功入选 2021 中国经济十大最具投资价值开发区；在全市 2021 年项目大会战流动现场会上取得第二名的好成绩，连续 3 年实现进位赶超。

一年来，我们挑重担、勇争先，经济增长刷新新纪录。2021 年，我们交出的经济“成绩单”上，夺取多个第一、写满了红色的战绩：我们的工业营业收入、规上工业增加值、财政总收入、一般公共预算收入、限上消费品零售额、实际利用省外资金、实际利用外资、进出口总额、出口总额等 9 项主要指标位居全市前列。特别是财政总收入首次突破 80 亿元大关，达到 82.84 亿元，夺取 11 连冠；外贸进出口首次突破 200 亿元大关，实现 225 亿元。

一年来，我们扶企业、育集群，产业发展跃上新高地。我们的产业集群加速隆起。新能源及新能源汽车产业实现主营业务收入 180 亿元，整车产销达 1.8 万辆，是上一年的 2 倍。电子信息产业实现主营业务收入 420 亿元，获评全省四星级产业集群。助力全市成功入选国家区块链创新应用试点地区。我们的园区企业枝繁叶茂。规上工业企业总数 290 家。培育营收超 10 亿元企业 22 家、净增 6 家，特别是诞生了同兴达电子科技等百亿企业，全区“百亿方阵”迎来第一批成员。此外，赣州立德电子营收超70亿元；金力永磁营收超40亿元，成为全球单体最大的钕铁硼生产工厂；宝明成为世界单体最大的减薄工厂。我们的科技创新成果涌现。全区新增高新技术企业50家以上，总量达200家，新增发明专利授权量、企业发明专利授权量、PCT专利申请量均位居全市第一。特别是，培育3家国家级专精特新“小巨人”企业、51家省级“专精特新”企业、4家省级专业化“小巨人”企业，分别占全市的1/3、1/5、1/4；培育3家独角兽企业、11家瞪羚企业，总数占全市2/5。获批全省唯一的中国创新创业成果交易会成果转化基地，与中国科技开发院合作共建“科创飞地”。

一年来，我们高标准、精施工，城乡面貌绽放新颜值。我们用汗水浇灌脚下的一草一木，用辛勤垒起城市的一砖一瓦，见证着赣州经开区在夜以继日的“绣花”施工中悄然蝶变。我们的城市骨架全面拉开。全区建成区面积54.5平方千米，海绵城市建设面积17.03平方千米，占建成区面积1/3，排名全市第一。上犹江大桥、飞翔路、叶山大道、车都大道、客家大道等实现通车，思源路、大坪路等“断头路”接连打通。我们的产业平台迭代升级。赣州新能源科技城完成“七横五纵”循环路网、唐龙公园、科技城学校等配套设施建设，江西理工大学、南方新能源汽车工程研究中心、区技工学校均已投入使用。赣州现代电子科技城建成“两横三纵”47.1千米循环路网，叶山大道—横江大道—涌泉大道“小循环”全面畅通，涌泉科技园、泉岗科技园、秋葵科技园建成，水、电、气等配套设施日益完善。赣州综合保税区新建成RCEP东盟产业园，“赣州至东盟跨境直通车开行”写进省政府工作报告，在全省人民面前亮相。工业标准厂房“梧桐树”计划累计已开工建设面积578万平方米，完成主体建设面积300万平方米。我们的城乡面貌焕然一新。深入打好污染防治攻坚战，PM2.5浓度首次达到世卫第二阶段标准，在全省设区市建成区排名第三。安能物流、顺丰物流创新产业园项目投入运营，台湾部落民俗文化村、五彩城花博园、共享农庄陆续对外开放，“城市之眼”万达广场综合体顺利封顶，锦晖广场、中环广场建成运营。61个行政村自来水、太阳能路灯实现全覆盖；建成新农村建设点40个、美丽村庄4个、美丽庭院635户。

一年来，我们促改革、优环境，发展活力打开新天地。坚持向改革要动力、向开放要活力。双招双引飞来“金凤凰”。创新实施“四个一”（“一办”即成立招大引强追梦办；“一院”即与清华大学经管学院合作，组建产业政策研究院；“一军”即组建社会化招商盟军；“一杠”即用小财政撬动大资本，吸引大项目落户）招商机制，与清华大学经管学院签订《合作备忘录》；全年签约项目137个、签约资金1314.38亿元，其中投资50亿—100亿元项目7个、100亿元以上项目4个，引进世界500强企业项目5个、服务业民企100强1家。特别是引进了吉利、富士康等大项目。全年引进高层次人才项目10个，高层次人才53名（其中国家级人才11名），行业急需紧缺人才215名。有3人入选国务院特殊津贴专家，3人入选省“双千”计划，14人入选市“苏区之光”人才计划，各类人才计划入选人数均全市第一，人才工作连续4年在全市人才工作综合测评中排名第一。国企改革涉入“深水区”。赣州建控集团总资产突破900亿元，累计获得3家资信机构AA+信用评级。

区工发集团总资产突破100亿元。赣州保税实业集团总资产突破50亿元。金融创新"贷"来了及时雨。2021年举办产融对接活动4次，签约项目117个，金额130.5亿元。数字金融产业园正式开园。成功获批QFLP业务试点。金力永磁顺利在港交所挂牌上市，成为全省第三家、全市第一家"A+H"上市企业；播恩集团已上报中国证监会第一轮问询材料。营商环境争创"第一等"。对标大湾区深化"放管服"改革，在全区开展"六减一增"（减环节、减材料、减证明、减跑动、减时限、减费用，增加政务服务透明度）专项行动，69项政务服务事项审批时限压减53.62%。推行"容缺审批+承诺制"改革，在全市率先启动"不见面开标"和惠企政策"免申即享"。组建运行"招商项目落地马上办"，推动企业报建环节优化85%、材料精简85%。大力推进行政审批和政务服务事项"网上办"，"一次不跑"事项占比61%，全年为企业和群众办理事项190万件。

一年来，我们贴民心、惠民生，人民生活得到新提升。2021年，全区民生支出26.62亿元，占一般公共预算支出的66.93%；投入超82亿元，着力办好40件120项民生实事，人民获得感幸福感满满。乡村振兴撑起"致富伞"。巩固拓展脱贫攻坚成果扎实有效，顺利通过全省巩固拓展脱贫攻坚成果考核、财政衔接资金项目绩效评价。2021年脱贫户人均纯收入17480元、增长9.6%。民生实事打通"民心结"。新（改、扩）建各类学校18所，增加学位1.1万个，与江西理工大学、清华大学附属中学实现合作办学。"双减"政策有效落地，义务教育学校课后服务实现全覆盖，连续6年被评为"全市初中教学质量先进单位"。湖边卫生院住院楼、黄金岭社区卫生服务大楼已完工，区人民医院、科技城医院加快建设，新增城乡养老服务站点8个。完成返迁安置房建设总建筑面积约205万平方米，安置9060户、分配1.8万套，分配安置数超前10年总和。疫情防控扎紧"安全网"。扎实做好常态化疫情防控，排查"三站一场"人员350万余人次、接种新冠病毒疫苗78.44万剂。

一年来，我们严纪律、优作风，党建引领绘出新画卷。始终把抓好党建作为最大的政绩。党史学习教育扎实开展。顺利完成郭大力故居保护利用工程；11个区级示范点全面完成验收；区级52项重点民生实事项目均已办结，"三评"结果均在"较好"等次以上，获评全市"我为群众办实事"实践活动二十佳先进单位。基层党建开花结果。党建工作连续4年被市委评为"好"等次；"两新"党建"333"工作法荣获全国"创新案例"。全区村集体经济经营性收入总额达到6308万元，有15个村经营性收入超100万元，黄金岭街道大坪、金星2个村经营性收入超1000万元，"千万村"数量占全市一半。三江乡新江村被评为"全国民主法治示范村"，黄金岭街道杨梅村获评"全国示范性老年友好型社区"。党管武装工作取得新成效，连续3年获评"全市征兵工作先进单位"。全面从严治党纵深推进。一体推进"不敢腐、不能腐、不想腐"，全年处置问题线索173件，立案69件69人；纠治"怕慢假慵散"作风顽疾，查处"四风"问题26起44人。中央及省委巡视反馈意见整改工作有力推进，全面完成省委巡视反馈的6210户逾期未安置及园区违章建筑问题的整改。

在这一年多的奋斗历程中，我们也得到一些弥足珍贵的经验：

——站前列、勇争先，必须成为经开区勇争一流的鲜明性格。我们现在所取得的一切成绩，都是“争”来的不是“等”来的、都是“拼”来的不是“要”来的。没有赛场上的“全力拼抢”，就不会有颁奖时的“闪亮全场”；没有特别能奉献、特别能吃苦、特别能战斗的“经开人”，就不会有成绩单上的“第一等”。如果没有这样的“强制规定”，就势必有人会“佛系躺平”；正是因为有这样的“自我加压”，我们才有机会成为“全场最佳”。

——敢追梦、破常规，必须成为经开区永不服输的优秀基因。我们用新想法催生新打法，一些好的做法发挥威力，一些好的制度强行入轨。比如，我们跳脱出传统招商模式，创新成立招大引强“追梦办”，先敢于“做梦”，再去“追梦”，最后“圆梦”；我们创新设立项目落地“马上办”，为“招而不落”问题画上句号；我们创新设立“奔牛奖”“蜗牛奖”，出台“赛马”制度，动了一些人的“奶酪”，甚至还会打破一些人的“饭碗”。我们也更加深刻领会到，惟创新者进，惟创新者强，惟创新者胜。只要我们继续高擎创新大旗，虽然闯的可能是“无人区”，但一定会领略到别样精彩的风景。

——伸援手、斩黑手，必须成为经开区长期坚持的一道铁令。无论我们走到多远、取得多大的成就，企业始终是我们经开区的最大功勋。我们必须始终牢记，没有优秀企业的支撑，就没有千亿园区的诞生；没有企业家的“辛勤付出”，就没有经开区的“脱颖而出”。只有企业在经开区待得顺、过得好，经开区才能向前进、往前跑。为此，我们要矢志不渝打造亲商爱商的营商环境，多伸援手、不伸黑手。谁要是向企业伸手，就坚决斩断他的黑手！谁要是给营商环境抹黑，就坚决把他拉黑！

——会算账、善用法，必须成为经开区解决成长烦恼的最佳答案。没有人是天生的“王者”，只有不断努力的“凡人”。一年来，我们欣喜地看到，我们的干部队伍在摔打中成长、在锤炼中进步，逐渐成为一支强悍、睿智、有战斗力的“经开铁军”。我们在“开明”的基础上变得更加“精明”，在招商过程中练就“火眼金睛”，在市场化融资中学会资本运作，在法律顾问团帮助下更加注重依法行政，我们应对挑战、驾驭经济、防范风险的本领更加高超，这些可喜的变化每天都在我们的团队里悄然演绎。

——敢担当、冲在前，必须成为经开区通往一流的必备属性。我们经开区的队伍总体来说是有战斗力的，但最大的短板就是有些干部不敢担当。我们现在有的工作悬而不决、不推不动，就是因为不担当不作为。如果遇到问题都往上交、往外推、往后躲、往后拖，那“小问题”就会变成“大隐患”。相反，如果人人都能守好自己该守的阵地、顶起自己该顶的那片天，我们就一定能创造“第一等工作”。

——勤沟通、多协作，必须成为经开区高高举起的团队旌旗。团结一致，同心同向，任何强大的敌人，任何困难的环境，都会向我们低头。一年来，大家为了经开区的发展，一心扑在工作上，主人翁意识更强了，团队意识更强了，集体意识更强了。工作在这么一个风清气正、团结和谐、相互信任的团队里，就会心情舒畅、精神愉悦，浑身有使不完的劲儿，就可以集中精力做事情、一心一意干事业。大家想在一处、干在一起，就能心齐气顺；大家握指成拳、同甘共苦，就能所向披靡、战无不胜。

在看到经验和成绩的同时，我们更应清醒地看到发展和工作上的差距。比如，我们还有“两千亿”

2 月 6 日，赣州经开区 2020 年工作总结表彰暨 2021 年工作动员会召开　（区融媒体中心供图）

的高峰需要攀登，还有“三十强”的山头需要攻克，还不到“松劲歇脚”的时候；我们经济总量不大、产业层次不高的问题依然存在，“星多月少”的局面没有得到彻底扭转，还不到“喝庆功酒”的时候；我们园区集约高效的城市形象不佳，基础设施、民生保障等领域仍有不少短板，还不到“沾沾自喜”的时候；少数干部能力不足、担当不够、作风不实，还不到“躺平松懈”的时候。这些问题，都需要我们在接下来的工作中努力攻坚、切实克服。在接下来的漫漫征程中，我们一定要咬紧牙关、接续奋斗，征战两千亿，奋斗新征程，一起向未来！

二、奋斗 2022，我们要踏上新程再出发，用铿锵的脚步翻越更高的山峰

2022 年是党的二十大召开之年，也是贯彻落实省第十五次党代会、市第六次党代会精神的开局之年，做好今年工作意义重大。工作的总体要求：以习近平新时代中国特色社会主义思想为指导，全面贯彻落实党的十九大和十九届历次全会精神，持续深入贯彻习近平总书记视察江西和赣州重要讲话精神，弘扬伟大中国共产党成立精神和苏区精神、长征精神，按照省、市党代会部署要求，坚持稳字当头、稳中求进，立足新发展阶段、贯彻新发展理念、构建新发展格局，坚持以供给侧结构性改革为主线，统筹疫情防控和经济社会发展，统筹发展和安全，继续做好“六稳”“六保”工作，深入实施“三大战略、八大行动”，在迈入千亿园区的基础上，征战两千亿、勇攀新高峰，加快建设“一极两地四中心”（打造赣州高质量跨越式发展第一增长极，建设新格局下全国有影响力的制造产业基地、全省重要的开放型经济发展高地，打造创新创业引领中心、区域性自贸中心、优质营商环境示范中心、高品质生活新中心），以优异成绩迎接党的二十大胜利召开。

做好 2022 年工作，必须紧扣省委易炼红书记对赣州经开区提出的“年年要有百亿企业，奋力挺进全国30强”和市委、市政府提出的“力争到2024年营收突破2000亿元”目标要求，牢牢把握“稳住、进好、调优”的原则要求，顺势而为、借势而进、乘势而上，全面开启“营收突破两千亿、挺进全国三十强”新征程，以全年攻坚的良好战绩为达成目标夺取“开门红”。主要预期目标：力争规上工业营业收入1300亿元，增长26%以上；规上工业增加值增长9%以上；财政总收入90亿元，增长8%左右；一般公共预算收入27.5亿元，增长8%左右；固定资产投资增长10.5%左右；工业固定资产投资增长11%左右；社会消费品零售总额268亿元，增长10.5%以上；限上消费品零售额135亿元，增长10%以上；实际利用省外资金168亿元，增长12%；实际利用外资3.36亿美元，增长12%；进出口总额300亿元，其中出口总额210亿元。全年安排“八大行动”重点项目672个，总投资3621.83亿元，年度投资778.95亿元。

（一）扎实推进工业倍增升级，着力夯实产业基础。我们用31年时间走完了“0到1000亿”的漫长旅途，接下来我们要走完“1000亿到2000亿”的新长征，必须一门心思、聚精会神、心无旁骛，高举工业大旗，大力实施“工业营收三年倍增”行动，加快打造新格局下全国有影响力的制造产业基地。全年安排工业倍增升级行动项目193个，年度投资478.15亿元。

一要坚定不移扩大产业集群。按照“高大上、链群配”的要求，加速壮大“2+N”产业集群移壮大产业集群。新能源及新能源汽车产业要全力支持国机智骏、凯马汽车靠大联强，积极引进上下游企业，确保年内全区新能源及新能源汽车产业营收突破260亿元。电子信息产业要聚焦智能终端、新型显示等特色领域持续招大引强，加快引进知名品牌手机生产企业，着力提升显示模组产业丰厚度，支持存量企业做大做强，力争年内电子信息产业营收突破550亿元。同时，要着力推动传统优势产业加快发展，稀土与钨后端产业要争取更多稀土永磁终端企业来区投资；数字经济产业要乘赣州开展全国区块链创新试点的东风，加快建设区块链技术产业园二期，年内引进区块链企业50家以上。

二要坚持不懈培优培强企业。全面落实培育“百亿领航企业”扶持措施，加快把“潜力新秀”加快培养成“种子选手”，把“种子选手”加快培养成“领军龙头”。要实施百亿企业“大象起舞”行动，推动赣州立德电子、吉利动力电池、富士康、孚能科技等更多企业加快向百亿级迈进。要实施增资扩产“群马奔涌”行动，推动骨干企业增资扩产、“老树发新枝”，努力培育8家营收超50亿元企业、24家营收超15亿元企业，形成营收超10亿元、20亿元、50亿元的产业梯队。全区今年要力争净增规上企业143家以上，总数达到808家以上，其中规上工业企业净增45家以上，总数335家以上；限上商贸企业（含大个体）净增48家，总数188家以上；规上服务业企业净增20家以上，总数72家以上；资质等级建筑业企业净增25家，总数185家以上；规上房地产企业净增5家，总数37家以上。要实施专精特新“萤火虫”点亮行动，年内新培育国家级和省级专精特新、小巨人企业25家以上，实施第二轮“预见独角兽”计划，新培育独角兽企业1家、瞪羚企业5家。

三要全力推进产业平台提档升级。要做强做旺新能源科技城，纵深推进“七横五纵”路网互联互通，加快打通客家大道、城西大道等进出快速通道，加快唐凤商业综合体等配套建设，出台专门引才措施，为2025年赣州新能源科技城人口达到20万做好准备。要做优做特赣州现代电子科技城，加快园区“大、中、小循环”路网建设，加大涌泉智慧公园等配套公共设施建设力度，涌泉商业综合体年底前要实现开业。要做活做细赣州综合保税区，扎实推进空港高铁产业园、自贸小镇建设，提高产业园区配套能力。要持续推进工业标准厂房“梧桐树”计划，大力实施50个工业标准厂房“梧桐树”计划项目，其中新建2个，促开工13个，促竣工、促进度21个，促入驻14个，新建、建成面积290万平方米以上。要开足马力推进项目建设。以“大干项目、大抓落实”年为抓手，深入实施集群式项目“满园扩园”行动，推动64个签约项目早开工、68个开工项目早投产、61个投产项目早满产。开展“沙丁鱼追逐”争先赛，精选吉利动力电池、富士康智能制造等15个重点攻坚项目，实现强中选强、优中选优。

（二）扎实推进科技创新赋能，持续激发动力活力。创新是推动高质量发展的第一动力，必须牢牢抓在手上，落实到行动上。要持续深入实施创新驱动发展战略，加快打造创新创业引领中心。全年安排科技创新赋能行动项目26个，年度投资54.04亿元。

一要加速点燃创新这个“最强引擎”。“引擎”质量决定发展速度。要培育更强的创新能力，新设技术革新奖，实施科技特派员精准帮扶、研发机构组建挂点帮扶机制，积极支持区内企业加大研发力度，提升自主创新能力，力争实现全年新增授权专利1350件以上，净增高新技术企业40家，总数240家以上，规上企业研发机构建有率达到50%。要建设更优的创新平台，开展重点产业重大创新平台攻坚行动，年内要新增国家级研发机构2个以上、省级研发机构4个以上，吉利科技与江西理工大学联合稀土实验室、南方新能源汽车工程研究中心要建成并投入使用。要结出更多的创新成果，大力实施重大攻关项目“揭榜挂帅”“赛马制”，发挥与中国科技开发院共建“科创飞地”效用，举办中国创交会江西专场交易会，在承接转化创新成果上取得更大突破。

二要加快集聚人才这个“第一资源”。人才是创新的根基，是创新的核心要素。要落实好“4个4000万”人才政策，完善首席科学家（专家）制度，确保全年引进高层次人才50名以上、行业急需紧缺人才240名以上，为企业解决用工2.6万名。特别要加大本土院士培育力度，尽快实现本土院士“零”突破。探索实行“线上管家+线下专员”服务新模式，让人才顺心工作、舒心生活。

三要加快畅通金融这个“血脉活水”。要坚定不移做活金融文章，保障全区经济发展气血足、体质好。要大力实施企业上市“映山红”行动，支持富尔特等新三板挂牌企业在北交所上市，推动播恩集团在深交所主板上市，年内完成好朋友科技等5家企业股改工作。要深入推进金融创新，充分利用QFLP业务试点，完成首单QFLP业务落地，引导境外资本加大对区内企业支持力度，力争引入外资2亿美元。加快推进数字金融产业园建设，年内引进金融、类金融企业30家以上。要持续做优金融环境，用好用实各类信贷通产品，持续深化“政银担企”对接机制，每季度举办产融对接活动，全年力争为企业解决市场化融资需求460亿元以上、直接融资200亿元以上。

（三）扎实推进深化改革开放，潜心蓄足发展动能。赣州经开区因改革开放而生、因改革开放而兴，要实现高质量跨越式发展，必须始终吃好改革饭、走好开放路。全年安排深化改革开放行动项目20个，年度投资17.66亿元。

一要持之以恒招大引强。招大引强是经开区工作的重中之重。全区上下要树牢“招商引资人人有责”理念，大力实施招商引资“一把手”工程，探索推行“三分之一”工作法，每个单位安排三分之一的干部抓招商引资，持续浓厚全员招商氛围。要持续深化“四个一”招大引强机制，精准编制并执行产业链招商图谱，紧盯世界500强、中国200强和行业头部企业，确保全年引进工业项目150个，其中100亿元以上项目5个，世界500强、中国200强、央企、上市企业、独角兽企业、瞪羚企业或专精特新企业等项目20个，双首位产业项目占比要达到80%以上。要深化与广州开发区、大亚湾经开区、东莞东实集团合作，年内要引进大湾区项目90个以上、签约资金500亿元以上。

二要坚定不移对外开放。赣州综保区要牢牢把握所剩不多的过渡期，全面提升产业能级和规模，为“一区两片”发展赢得主动。要全面启动综保区二期开发建设，大力实施综保区招商“1231”目标计划，年内引进工业项目100个以上。要大力引进培育外贸企业，年内要引进生产型外资外贸企业15家以上、培育海关AEO高级认证企业2家以上。要持续推进海峡两岸产业合作区赣州产业园建设，发挥富士康项目“带动效应”，全年要引进台资企业10家以上。

三要聚焦重点改革攻坚。要持续做大做强四大投融资平台，年内赣州建控集团总资产要突破1000亿元；区工发集团总资产要达到200亿元以上；赣州保税实业集团要实现总资产100亿元，跨境电商单量突破80万单；赣州国瑞新能源集团要实现总资产10亿元。要持续深化“放管服”改革，实现“赣服通”赣州经开区分厅4.0版上线，推进惠企政策“免申即享”“即申即享”，全力打造一流的政务服务环境。要建立“三会三同三员”企业服务制度体系，开好述职评议会、政企圆桌会、早餐会，持续开展蹲点工地“三同”（同蹲点、同推进、同监督）活动，向企业派驻首席服务员、科技特派员、上市辅导员，坚持开展每月5日“企业服务日”制度。持续开展年度“十大经济人物”评选活动。要树牢“工业用地姓工”理念，深入推进“节地增效”行动，全年清理批而未用土地5000亩以上，向上争取用地指标5000亩以上。

（四）扎实推进乡村全面振兴，不断擦亮发展底色。要坚持农业农村优先发展，着力打造乡村全面振兴“经开样板”。全年安排乡村全面振兴行动项目43个，年度投资26.52亿元。一要持续巩固拓展脱贫攻坚成果。严格落实过渡期“四个不摘”（摘帽不摘责任、摘帽不摘政策、摘帽不摘帮扶和摘帽不摘监管）要求，聚焦“三类人员”，确保“应纳尽纳”“应帮尽帮”。扎实做好国家巩固脱贫成果后评估和省考核反馈问题整改，持续提升“两不愁三保障”（“两不愁”即稳定实现农村贫困人口不愁吃、不愁穿；“三保障”即保障其义务教育、基本医疗和住房安全）水平，促进脱贫人口稳定增收。二要加快发展农业特色产业。始终绷紧粮食安全这根弦，确保全区粮食生产面积稳定在5.12万亩。纵深推进特色农业产业三年行动计划，实施农业产业提质增效项目15个，每个乡镇都要有特色鲜明的主导产业。要持续打响农产品精深加工品牌，依托裕丰科技等企业，大力发展全产业链“智慧农业”。三要扎实推进美丽乡村建设。全面实施美丽乡镇建设五年行动，加快将区内乡镇打造成为宜居宜业的小城镇，重点推进凤岗圩镇整体提升改造。深入开展乡村环境风貌提升，今年要建成40个新农村建设点、6个乡村振兴示范点；启动村庄环境整治提升“扫一遍”行动，大力整治农村超高超大房、“赤膊房”等问题。

（五）扎实推进城市能级提升，加速隆起经开板块。做好城市能级提升，是增强城市吸引力、满足人民群众对品质生活需求的迫切需要。必须坚持“四精”理念，加快建设高品质生活新中心。全年安排城市能级提升行动项目320个，年度投资178.67亿元。

一要统筹提升板块建设水平。聚力做活高铁新区建设管理文章，扎实推进29个项目建设，加快推进滨江南路等13条道路和赣州航空服务中心等项目建设，推动会展中心建成运营，大力发展高科技工业、跨境电商、现代商务和会展经济，做旺人气财气。加快科技城保障性租赁住房等7个保障性租赁住房项目，客家大苑棚改返迁安置房等27个返迁房、棚户区改造、老旧小区改造项目建设，托起百姓的安居梦。加快推进迎宾大道两侧城市更新，确保年内20家企业具备土地挂牌出让条件。保持对违章建筑的高压态势，年内要拆除200处、2.36万平方米。推进文明城市、卫生城市常态化建设管理，持续巩固创建成果。

二要全面激发商贸消费活力。扎实推进“城市之眼”经开万达和星润国际32万平方米城市综合体项目建设，经开万达广场9月29日要正式开业，星润国际年内要完成主体装修，引爆“城市之眼”商圈。加快唐风商业中心、杨梅、紫荆邻里中心、中恒富春园等综合体建设，全面形成区内商业综合体的合理布局。积极推进农旅产业发展，完成台湾部落国家AAAA级景区申报，推进五彩城花博园省AAA级乡村旅游点创建。启动上犹江科技城段拦河坝前期工作，推进“一江两岸”河堤绿化，加快蛤湖岽、红旗水库、桃芫水库旅游开发。区文化体育中心、汉字文化主题园要加快建设投入使用，提升城市内涵和气质。

三要加速完善基础设施建设。243个昂起中心城区龙头及19个基础设施项目要扎实推进。特别是要加快东江源大道快速路北延等5条快速路，横江大道等16条城市主干道建设，提升全区交通一体化水平。要进一步提升水、电、气保障水平，加快吉利动力电池新建110千伏变电站外线供配电工程及叶山、桃芫等2个供水加压泵站建设，不断完善园区天然气管网建设。

四要全力以赴抓紧争资争项。各级领导干部要带头争资争项，保持敏锐嗅觉，压实工作责任，年内要储备地方政府专项债储备项目60个以上，努力争取省级以上项目及政策90个以上、政府专项债30亿元以上、上级资金10亿元以上。

（六）扎实推进美丽经开建设，持续优化生态环境。深入践行“绿水青山就是金山银山”的理念，以实现减污降碳协同增效为总抓手，深入打好污染防治攻坚战，以生态环境高水平保护推进全区高质量发展。全年安排美丽赣州建设行动项目9个，年度投资1.1亿元。

一要坚决打好污染防治提升战。实施好新版“八大标志性战役30个专项行动”，确保全区空气常新、青山常在、绿水长流。要认真抓好中央和省环保督察反馈问题整改，确保在5月30日前完成金凤梅园11号、9号排口污染问题整改；大力推进污水管网建设，持续净化全区 水体水质。

推动全区农村生活垃圾治理全域一体化、中心城区垃圾分类全覆盖，实现城镇生活垃圾无害化处理率100%。扎实推进农村生活污水处理设施建设，年内要开工建设5个以上农村污水处理设施。

二要坚决打好绿色发展提速战。认真落实“双碳”战略，科学制定全区碳达峰行动“1+4”政策体系。严格落实能耗“双控”制度，坚决遏制“两高”项目盲目发展。要大力实施光伏“金屋顶”计划，利用区内可利用的屋顶资源建设光伏电站。要依托吉利动力电池、孚能科技、亿鹏能源等电池生产企业，建设一批规模化、集中式锂电池储能电站，加快打造成为集光伏、储能一体的绿色智慧园区。

三要坚决打好生态创建提质战。要按照“源头严防、过程严管、后果严惩”的思路，强化党政同责、一岗双责，扎实开展“幸福河湖”建设、打造河长制、湖长制、林长制升级版。持续开展裸土复绿增绿，高标准实施国土绿化行动，年内完成700亩低质低效林改造和500亩低产油茶林提升改造。

（七）扎实推进民生品质提升，稳步增进民生福祉。民生无小事，点滴见初心。我们要持续加大民生投入，全力推进46个提升民生品质项目建设，扎实办好75件民生实事，着力解决好就业岗位、托幼园位、上学座位、医疗床位、养老点位、停车车位、如厕厕位、安居首位、便民品位等“9个位”群众急难愁盼问题。

一要用情保障基本民生。全面落实就业优先战略，统筹做好高校毕业生、退役军人、农民工、城镇困难人员等重点群体就业工作，全年要发放创业担保贷款6000万元。开展根治欠薪专项行动，让农民工工资不能欠不敢欠。

二要用心办好社会事业。扩大优质教育供给。教育是国计，更是民生。要实施城乡学校建设五年行动计划，建设34所学校、幼儿园，新增学位3.45万个。今年要加快区第三保育院等4个“托育园位”项目和牡丹亭路小学等16个“上学学位”项目建设，大力实施“名校带动”战略，发挥与清华大学附中合作办学品牌效应，每学年办好2个清华附中创新实验班，年内与名校合作办学2家以上，努力把经开区的学校建设成为全市基础设施最好、教育质量最高的学校。提升健康医疗水平。加快区人民医院、赣州新能源科技城医院建设，仲易骨科医院年内要投入使用。积极引进市内外三甲医院与区内医院开展合作办医，年内实现与名医院合作办医2家以上。要常态化抓好疫情防控，牢牢守住疫情防控底线。着力推动文体事业发展。大力推进“体育强区”建设，加快推动区文化体育中心及3个在建恒温游泳馆建设，有序推动区内8个已建成公办学校体育场馆向社会开放。大力发展游泳、羽毛球、攀岩等特色体育项目，办好游泳锦标赛、羽毛球锦标赛、青年歌手大赛等文体赛事，打响经开区文化和体育运动品牌。

三要全力维护社会和谐稳定。今年将召开党的二十大，保持社会和谐稳定是必须完成的政治任务。要扎实推进平安经开、法治经开建设，常态化开展扫黑除恶斗争和市域社会治理现代化试点工作，年内刑事案件侦破率要达到60%以上，全区所有村、社区都要建设“和合调解室”。要扎实做好“双提升”工作，确保公众安全感和政法满意度在全省、全市排名年年有提升。深入抓好房地产、金融、基础建设等重点行业风险治理，开展全民反诈行动。深入抓好重复信访、越级访专项治理，确保年内进京、赴省、赴市上访量下降5%以上。严格落实安全生产责任制，确保年内交通事故率、亡人事故均下降5%以上。

（八）扎实推进党建质量过硬，全面净化政治生态。推动全区高质量跨越式发展，关键在党，关键在干部。要全面落实新时代党的建设总要求，持续深化全面从严治党，切实把全区各级党组织建设得更加坚强有力。全年安排党建质量过硬行动项目15个，年度投资1401万元。

一要旗帜鲜明讲政治。必须始终把党的政治建设摆在首位。始终心系“国之大者”，坚定捍卫“两个确立”，坚决做到“两个维护”。持续学懂弄通做实习近平新时代中国特色社会主义思想，坚持“每月学习日”和“第一议题”等制度，全年组织召开区党工委理论中心组学习会20次以上。要严格执行民主集中制，不折不扣贯彻落实上级各项决策部署，努力把经开区打造成为最讲党性、最讲政治、最讲忠诚、最讲担当的地方。

二要培根铸魂聚人心。紧扣迎接宣传贯彻党的二十大主线，精心组织重大主题宣传等系列活动，持续巩固拓展党史学习教育成果，继续开展经济社会发展“十大亮点”等评选活动，进一步振奋全区上下团结奋斗的精气神。要加强郭大力故居、贺焕文烈士墓等本地红色资源建设管理，接续传承红色基因。要严格落实意识形态工作责任制，坚决守住意识形态主阵地。要巩固深化大统战工作格局，依法加强宗教事务管理，狠抓党管武装各项制度落实，发挥好工会、共青团、妇联等群团组织作用，凝聚强大工作合力。

三要固本强基筑堡垒。高质量抓好农村、社区、机关、国企、学校、医院等各领域党建，推动基层党建“三化”建设提质增效。全面开展村集体经济提质增效三年行动计划，力争2022年底80%的村经营性收入过20万元、15个村达100万元以上。所有村级预留地，要以乡（镇、街道、管理处）为单位，依规与赣州建控集团进行合作开发，防范廉洁风险和项目烂尾。

四要严管厚爱强队伍。目标任务明确后，干部就是决定性因素。要树立鲜明用人导向，常态化开展“奔牛奖”“蜗牛奖”评选，形成“有为有位、不为失位”的鲜明导向。要健全落实“赛马”制度，完善“末位淘汰”机制，推进“职务能上能下、人员能进能出、待遇能高能低”。要落实干部团圆机制、带薪年休假等制度，开展干部职工在赣州经开区工作满20周年、30周年纪念章颁发工作，增强广大干部职工归属感、荣誉感、使命感，厚植“经开人”的精神家园。

五要驰而不息优作风。必须把严的主基调贯穿始终。要持之以恒纠“四风”树新风，锲而不舍落实中央八项规定及其实施细则精神，让新风正气不断充盈。特别是各级领导干部，要重视家教家风，以身作则管好配偶、子女。要坚决完成中央、省委巡视及省审计反馈问题整改任务，聚焦新能源汽车产能利用率低、擅自改变工业用地性质、“两违”整治等问题整改，确保整改成效经得起历史检验。要抓实政治监督，持续发挥巡察“利剑”作用。要一体推进不敢腐、不能腐、不想腐，严格执行资金项目“3+1”系列管理办法及国资领域主材甲供等制度要求，坚决查处基础设施建设、公共资源交易、项目招投标、工程建设、国土资源、生态环保、金融、国企、政法等领域腐败问题，加速构建更加风清气正、健康向上政治生态。

三、开干新征程，我们要心向未来齐发力，用奋斗的画笔书写崭新的华章

我们要大力弘扬“无中生有、有中生特”的

创新精神。欧潭“从无到有”“从小到大”，就是创新创造的结果。这种精神和基因，是我们的原生动力、天然优势。我们要大力发扬“敢为天下先”的开拓精神，大胆想、勇敢闯、善于拼，努力续写新的时代荣光。要持续解放思想，坚决克服“遇事习惯找文件、听指示、看惯例、找依据”的守成心态，勇于突破旧思维、打开新视野，切实以新理念、新思路、新机制、新举措抓改革、谋发展、开新局。要勇于敢闯敢试，向改革难点、发展重点精准发力、全力攻坚，抓紧干、干出彩，努力在夹缝中杀出一条血路、在逆境中闯出一片新天地。要善于创新创造，千方百计汇聚更多创新资源、集成更多创业要素、积蓄更强创造动能，努力形成更多探索性、原创性改革发展成果。

我们要大力弘扬“敢于负责、勇于担当”的实干精神。欧潭是历经千年时光，一步一步干出来的。如今，我们要实现“一极两地四中心”的壮阔蓝图，更要靠撸起袖子加油干，努力把宏伟蓝图变为美好现实。要担当负责抓落实，强化“在其位、谋其政、尽其责”的使命意识，咬定目标、担当作为，以“光阴迫”“从来急”的奋进状态，马上就办、办就办好，“能办不请示，不行要报告”，推动各项工作早落实、早见效，决不能只想当官不想干事、只想揽权不想担责、只想出彩不想出力。要增强本领抓落实，以强烈的“知识恐慌”“本领恐慌”意识，把加强学习、增强本领当成一种生活态度、一种工作责任、一种精神追求，不断掌握新知识、熟悉新领域、开拓新视野，争做“三明”干部（一是开明，提升格局、开放包容、海纳百川；二是精明，学会算账、学会资本运作、学会金融创新，尤其要

2月6日，赣州经开区举行2022年第一季度八大行动“虎啸欧潭”誓师大会，为111位服务经开区20周年人员颁发纪念章 （朱发煜摄）

提高对项目甄别能力和风险识别能力；三是严明，坚持严以自律，遵守各项规章制度，永葆清廉本色）。要奖罚分明抓落实，完善考核机制，让担当作为的干部有平台、有空间、有盼头、有奔头，对那些不敢担当、不抓落实、贻误发展的干部，不换思想就换人，促使更多干部见贤思齐、实干进取。

我们要大力弘扬“开放包容、重信守诺”的亲商精神。历史上欧潭商贸漕运发达、民间贸易活跃，曾有“日泊千舟”的美誉，这种商业基因根植血脉、流传千年。进入新时代，我们要激活和赓续亲商精神，勠力同心打造新时代“第一等”营商环境，重现“商贾如云、货物如雨”繁荣图景。要营造高效便捷的政务环境，发扬“店小二”精神，强化服务意识，以企业评价为第一评价，以市场主体感受为第一感受，推动流程重塑再造，让企业和群众办事“像网购一样方便”。要营造公平竞争的法治环境，让各种所有制经济依法平等使用生产要素、公平参与市场竞争、同等受到法律保护。要营造诚信守约的人文环境，大力弘扬契约精神，政府带头讲诚信，用真诚服务引导企业守信经营，在全社会形成诚信守约的良好氛围。

我们要大力弘扬“比学赶超、勇争一流”的精神。作为赣州中心城区核心板块和国家级经开区，我们要紧扣打造“赣州高质量跨越式发展第一增长极”目标，弘扬“以一域之光为全局添彩”的精神。要正视差距、拉高标杆，敢于向优者学、与快者比、跟强者争、朝高者攀，当前就要瞄准芜湖经开区、南昌经开区、湘潭经开区等先进开发区，激流勇进、跨越赶超。要深挖潜力、释放潜能，顺应构建新发展格局、推进“碳达峰碳中和”等战略背景，深挖产业集聚、招大引强等发展潜力，加快孕育转化为现实生产力和发展胜势，蹚出一条提档提速、提质提效的发展新路子。要抢抓机遇、扬优成势，充分发挥好叠加交汇的政策优势、厚积薄发的产业优势、四面逢源的区位优势、底蕴厚重的人文优势，在“稳住”良好发展态势的基础上奋力“进好”，努力在新一轮发展浪潮中打头阵、开新局。

专 记

2021年党史学习教育工作综述

党史学习教育开展以来，全区各级党组织按照学史明理、学史增信、学史崇德、学史力行的要求，精心组织实施、有力有序推进，党组织的创造力、凝聚力、战斗力大大提升，达到了学党史、悟思想、办实事、开新局的目的。

坚持高点站位，做到早启动早部署。一是启动迅速。第一时间成立区党工委党史学习教育领导小组，从各单位抽调27人组建工作专班、实行集中办公。3月11日召开区党工委党史学习教育动员大会，全面动员部署全区党史学习教育工作。二是部署周密。制定区党史学习教育实施方案、第一阶段重点工作安排等指导性文件，印发相关工作提示19则，压茬推进各项工作。7月底完成党史学习教育第一阶段考核评比工作，11月底开启第二阶段考核评比工作，考核内容包括8类30项指标，考核结果作为全区党史学习教育工作评先评优和年底绩效考核的重要依据。三是督导严格。采取“6+1+5”（组建6支巡回指导组、明确1张督导清单、践行“听看查访促”五步工作法）巡回督导模式，深入全区各地各单位开展督导指导，推动基层党史学习教育落地落实。开展集中巡回指导9轮，下发整改交办单40份，工作提示函33份，发现问题373个，全部完成销号。

坚持学深悟透，做到全面学系统学。坚持把学习作为首要任务、前置环节、关键阶段，切实以理论上的清醒保证方向不变、焦点不散、靶心不偏。一是以上率下示范学。区党政领导班子成员带头抓好党史学习教育，带头深入所在党支部、学校等基层讲党课，带动全区党史学习教育持续走向深入。二是紧抓主题系统学。以县处级领导干部为重点、机关党员干部为第一覆盖面，聚焦四个历史时期分专题开展党史学习。区党工委理论学习中心组先后召开党史学习教育专题学习会6次，举办县处级领导干部、科级干部党史学习教育专题读书班各1期、机关党员党史学习教育专题培训2期；6月底前完成新民主主义革命等四个历史时期专题学习、7月底前完成习近平总书记“七一”重要讲话精神专题学习，指导全区各基层党组织高质量开好专题组织生活会。三是全员参与认真学。征订《中国共产党简史》等四本指定书目和《关于若干历史问题的决议》《关于建国以来党的若干历史问题的决议》以及《中华人民共和国简史》《改革开放简史》《社会主义发展简史》，做到党员、干部、职工人手一套。用好“两个平台”（学习强国、江西干部网络学院）、“两个竞赛”（全省“四史”学习教育知识竞赛、全国党史知识竞赛），促进线上学和线下学有机结合。全区线上答题活动参与人数3406人，机关党员、干部参与率100%。四是发挥优势现场学。挖掘本土红色资源，编印《红色琐忆》《湖边星火》《红色翻译家——郭大力》“红色经开”党史系列读本。12月20日，举行郭大力故居揭牌仪式，受到中央、省市媒体高度关注；对照市委“九个一”（一个固定的活动场所、一套规范的上墙制度、一位高水平的讲解员、一份精炼的汇报材料、一套完善的档案资料、一个浓厚的宣传氛围、一份精致的宣传折页、一个突出的工作亮点、一套顺畅的观摩流程）标准，在机关、企业、学校等基层领域打造区级党史学习教育示范点11个。

坚持联动发力，做到既入眼又入心。推动党史学习教育进机关、进学校、进社区、进企业，扩大覆盖面，画好同心圆。一是主题活动激发“兴奋点”。开展“党史我来读”经典诵读活动，在区级媒体设立《党史我来读》专栏，刊发音频节目106期。举办“党史我来答”知识竞赛及“党史我来讲”演讲比赛，吸引300余名选手参加、4万余名观众在线观赛。开展庆祝中国共产党成立100周年系列活动，举办庆祝中国共产党成立100周年“七一”表彰大会，表彰100名优秀共产党员、50名优秀党务工作者、50个先进基层党组织，做好1007名“光荣在党50年”党员纪念勋章发放工作。组织收听收看庆祝中国共产党成立100周年大会，区内集中观看人数5万余名，“七一”当天收到党员干部群众热烈反响579条。聚焦青少年群体，举办“传承红色基因，争做时代新人”主题征文活动、微视频主题演讲比赛和“红领巾心向党”绘画比赛等系列活动，征集各类参赛作品664篇，在全社会营造庆祝中国共产党成立100周年的浓厚氛围。举行《全区“我为群众办实事”十佳案例评选活动》，掀起又一轮党史学习教育新热潮。二是基层宣讲拓宽“辐射面”。从各领域挑选10位同志组中国共产党成立史学习教育区党工委宣讲团，赴企业、机关、学校、农村、乡镇、社区，因人因材因地开展党史宣讲，乡镇（街道）依托新时代文明实践中心等基层阵地，开展多形式多渠道宣讲活动。组织区党工委宣讲团、各地各部门宣讲队伍开展百年党史、习近平总书记“七一”重要讲话精神专题宣讲活动583场，受众3.05万人次；安排党员领导干部、支部书记在“七一”前后走进基层讲授党史专题党课238堂，受众8200余人次；开展中共十九届六中全会宣讲234场，受众10140人，在基层营造党史学习的浓厚氛围。三是新闻宣传凝聚“强磁场”。及时总结提炼开展党史学习教育的好做法、好经验，深入报道各地各单位的工作动态、典型案例。编发简报104期，刊发稿件687条，向省、市简报报送稿件100篇，被中央简报采用1篇、省级简报采用9篇、市级简报采用12篇；刊发党史学习教育有关稿件1774篇，其中区属媒体平台发稿990篇、市级媒体发稿650篇、省级媒体发稿22篇、“学习强国”平台发稿112篇。其中，7月13日《江西日报》刊发区党工委主要领导署名文章《赣州经开区多措并举推动党史学习教育走深走实》，

6月5日，赣州经开区献礼中国共产党成立100周年“建功新时代·党史我来讲”演讲大赛举行 （区党群部供图）

总结赣州经开区在党史学习教育中坚持“五零”、浸润“五心”的做法。12月14日新华社客户端刊发稿件《学党史 促发展——一个国家级经开区的学习经》，不到一天时间就突破百万浏览量。

坚持民生为本，做到聚民智聚民心。一是聚群力。把党史学习教育融入“沸腾四季度，奋斗新征程”八大行动中，引导各地各单位在工作一线检验党史学习教育成效。二是察民情。将调查研究和“我为群众办实事”实践活动同步开展、同时推进，用好任务、问题、整改三张清单，走好调研、办理、督导三个步骤。区党政领导班子成员带头走访挂点企业280家，解决“专门开通招商引资企业办理营业执照窗口”“完成65根电动汽车充电桩建设工作”等问题，进一步提升企业和群众的满意度。52项区级重点民生项目全部提前完成。三是暖人心。扎实推进全年40件120项民生实事项目，实际开工105个，完成年度目标22个，实际完成年度投资55.79亿元，均超过序时进度要求。在党史学习教育中着力解决企业和群众的“急难愁盼”问题，用10天时间完成2857台的空调安装任务，实现全区公办中小学（幼儿园）全覆盖；通过线上招聘、送岗下乡、夏季招聘大会、“校园招聘进园区”“校企政”就业合作对接会等方式，帮助企业解决用工需求1.2万余人。大力开展干部蹲点项目（企业）“三同”专项活动，安排332名干部挂点联系344个项目（企业）同办公、同吃住、同推进，全力提速项目建设；成立“马上办”，推行“456+黄红绿”工作机制，促进项目落地再提速。落实首问负责制、服务承诺制和限时办结制等制度，推进“放管服”改革，推行“不见面”开标及远程异地评标、开展工程建设项目审批制度改革、推行免费邮寄和开办企业首套免费刻章等服务。其中《赣州经开区推进集群式项目“满园扩园”行动，实施“十五百千”冲锋计划》入选赣州市“我为群众办实事”二十佳典型案例。

（区党群工作部供稿）

大事记

1月

3日　赣州经开区六大攻坚战现场推进会召开。实地督导推进能之光新材料（华昌电子及新材料产业园）、亿鹏能源科技等主攻工业重点项目建设进度，现场调度解决存在的困难和问题。

4日　江西省委常委、省委组织部部长刘强到赣州经开区调研人才工作。

5日　省人大常委会委员、省人大农委主任委员阎钢军率30余名省人大代表到赣州经开区集中视察，就全区“十三五”规划确定的主要目标任务完成情况，特别是2020年统筹推进疫情防控和经济社会发展的主要工作进行视察调研。

同日　区党工委书记陈水连到湖边镇、黄金岭街道杨梅新村，调研村（社区）“两委”换届选举工作。

同日　江西省人民政府授予凤岗镇中心卫生院党支部纪检委员、副院长、主治医师蒋英斌，蟠龙镇中心卫生院医疗组长、主治医师李秀旺，湖边镇卫生院护师魏秀芬，区疾控中心卫生监督业务组负责人曾凡春，区公安分局凤岗派出所副所长、四级警长李春，区企工局综合和口岸科副科长罗文“江西省抗击新冠肺炎疫情先进个人”称号，授予区社管局、黄金岭街道“江西省抗击新冠肺炎疫情先进集体”称号。

同日　国务院农民工工作领导小组召开全国优秀农民工和农民工工作先进集体表彰大会，赣州经开区江西金力永磁科技股份有限公司成型操作员温小珍被授予“全国优秀农民工”称号。

7日　商务部正式公布2020年“国家外贸转型升级基地”名单，赣州经开区跻身全国15家新材料行业国家外贸转型升级基地之列。

11日　赣州经开区举行2021年招商引资第一批次项目集中签约仪式，签约项目16个，签约资金208.5亿元，其中10亿元以上项目4个、50亿元以上项目2个、100亿元以上项目1个。

12日　区党工委落实省委巡视反馈意见整改工作第五次推进会召开。

同日　江西赣南海欣药业股份有限公司被认定为2020年省级消费品工业“三品”示范企业，

成为赣州经开区首个省级消费品工业“三品”示范企业。

15日　省科技厅党组成员、副厅长席宏一行到赣州经开区调研。

18日　赣州经开区企业上市“映山红行动”工作调度会召开。

同日　赣州经开区红十字会成立。

19日　全市“六大攻坚战”工作流动现场会召开，赣州亿鹏能源科技有限公司、赣州能之光新材料有限公司（华昌电子及新材料产业园）等企业代表赣州经开区接受检阅。

20日　省政协副主席、省工商联主席雷元江在赣州会见国机集团党委委员、副总经理丁宏祥一行。

同日　赣州经开区获2020年度全市“六大攻坚战”工作第三名。

22日　赣州经开区2020年第四季度六大攻坚战项目建设“大比武”、六大百日攻坚大会战总结大会暨“争做拓荒牛，打好春耕战”春季攻势专项行动动员大会召开。

24日　全国工商联办公厅印发《关于认定2019—2020年度全国“四好”商会的通报》，市工商联经开区分会被评为全国“四好”商会。

26日　《赣州西城区迎宾大道两侧区域控制性详细规划修编》审议通过。

27日　赣州经开区根治欠薪攻坚专项行动推进会召开。

29日　2020年度区党政领导班子民主生活会召开。

30日　2021年全区武装工作暨征兵工作任务部署会召开。

2月

1日　江西省退役军人就业创业园地在赣州综保区企业——江西华顶科技有限公司挂牌成立。

3日　省商务厅党组书记、厅长谢一平一行到赣州经开区调研。

6日　赣州经开区2020年工作总结表彰暨2021年工作动员会召开。

同日　人民日报社江西分社社长郑少忠一行到江西金力永磁科技股份有限公司采访调研科技创新发展情况。

7日　市委副书记、市政府党组书记许南吉到孚能科技走访慰问。

8日　赣州市智能产业创新研究院“江西省科普教育基地”授牌仪式举行。

同日　赣州经开区2020年度主任质量奖揭晓，赣州市柏瑞凯电子科技有限公司、赣州市卫诚火机制造有限公司、赣州好朋友科技有限公司获奖。

9日　全区党风廉政建设和反腐败工作会议召开。

同日　全区2020年度党委（党组）书记抓基层党建述职评议会召开，对2020年度全区各党委（党组）抓基层党建情况进行集中“阅卷评分”。

同日　省人社厅公布全省2020年度享受国务院特殊津贴人员名单，65人入选。其中，赣州经开区内的赣州市康达新能源材料有限公司钟盛文、江西虔悦新材料有限公司邹建平、格特拉克（江西）传动系统有限公司赣州经开区分公司彭发福3人入选。

10日　省发展和改革委员会印发《关于公布先进制造业和现代服务业融合发展试点名单（第二批）的通知》，赣州经开区获批省级先进制造业和现代服务业融合发展试点。

11日　全区村（社区）“两委”换届选举工作领导（指导）小组会议召开。

17日　赣州经开区2021年新春团拜会暨春季攻势专项行动“奔牛出征”誓师部署会召开。

19日　市人大代表、副市长张逸，市人大代表、区党工委书记陈水连在赣州经开区讨论点审议政府工作报告。

22日　市委副书记、市长许南吉到赣州经开区国机智骏、孚能科技、同兴达电子科技，调研企业生产、经营、市场、人才、科技创新、政府对企业服务情况。

23日　吉利科技集团CEO徐志豪一行到赣州（赣州经开区）对接洽谈吉利科技集团与孚能科技12GWH动力电池项目落地推进事宜。

24日　省委常委、市委书记吴忠琼，市委副书记、市长许南吉，市人大常委会主任赵多仙，市政协主席彭业明，市委副书记胡雪梅等市四套班子领导，到赣州高铁新区朝阳公园一期参加2021年义务植树活动。

同日　副市长李文信到赣州经开区金力永磁、孚能科技、澳克泰、赣州立德电子等企业调研企业创新工作。

25日　全国脱贫攻坚总结表彰大会在北京人民大会堂隆重召开，区企业协会获“全国脱贫攻坚先进集体”称号。

同日　赣州经开区举行2021年第二批次招商引资项目集中签约仪式，现场签约项目9个，总投资126.8亿元。

同日　省科技厅党组成员、副厅长兼外国专家局局长陈炜蓉到赣州经开区裕丰智能调研农业科技重大专项项目。

3月

1日　赣州经开区2021年第一批项目集中开（竣）工仪式在江西中电汽车二期举行。45个项目实现集中开（竣）工，总投资491.52亿元。其中，开工项目27个，总投资426.34亿元；竣工项目18个，总投资65.18亿元。

同日　同兴达电子科技有限公司三期（金凤梅园厂区）项目正式投产。

5日　赣州经开区党工委理论学习中心组学习（扩大）会暨2020年度先进个人事迹报告会召开。

8日　省生态环境厅副厅长级生态环境监察专员、赣南专员办主任喻子水一行到赣州经开区调研督导生态环保工作并召开座谈会。

10日　江西省贸促会副会长赵向阳、中信保江西分公司总经理徐辄一行到赣州经开区考察调研，并举行2021年合规培训暨银企对接会。

11日　赣州经开区党工委召开中央巡视反馈意见整改工作动员部署会。

同日　赣州经开区党工委党史学习教育动员会召开。

同日　市关工委主任赖义金一行到赣州经开区走访慰问“关爱明天十佳五老提名奖”获得者舒向阳。

12—14日　国机集团总经理、党委副书记吴永杰在赣州市考察。

13日　赣州经开区与吉利科技集团签署动力电池投资合作协议。吉利科技集团将在赣州开发区规划建设年产能42GWH的动力电池项目，其中一期建设产能12GWH。

22日　区政法队伍教育整顿领导小组第一次全体会议召开。

23日　区党工委党的建设工作领导小组会议召开。

同日　赣州经开区召开2021年全区安全生产工作部署会。

24日　省工信厅副厅长江明成一行到赣州富尔特电子股份有限公司，实地考察调研国家绿色工厂和绿色制造系统集成项目建设工作。

25日　区党工委书记陈水连会见中国进出口银行江西省分行副行长庞淑钦一行。

25—26日　华侨城集团党委

常委、副总经理，康佳集团董事局主席，深圳康佳控股集团总经理刘凤喜一行到赣州经开区参观考察，并座谈交流。市委副书记、市长许南吉，市委常委、副市长张鹏会见刘凤喜一行。

29日　全区关心下一代总结表彰大会暨工作会议召开。

30日　金融机构支持赣州经开区经济高质量发展2021年第一次产融对接活动召开。

31日　赣州经开区相对集中行政许可权改革第一批划转事项交接会举行。区行政审批局分别与第一批政务服务事项交接涉及的14个单位签订《审批事项划转和公共服务事项委托协议》。

同日　赣州经开区举行2021年招商引资第三批次项目集中签约仪式，现场签约项目11个，主要涉及新能源、电子信息、5G技术、人工智能、新材料等领域。

4月

1日　赣州经开区自然资源分局综合服务中心挂牌仪式举行，为赣州经开区自然资源分局下属正科级事业单位。

同日　贵州省委编办副主任赖武率调研组一行到赣州经开区调研开发区体制机制创新工作。

同日　区行政审批局市场服务和社会事务审批科颁发首张盖有“赣州经济技术开发区行政审批局行政审批专用章”的营业执照。

5日　赣州经开区一季度经济运行分析会召开。

6日　区生态文明建设领导小组暨生态环境保护委员会2021年度第一次全体会议召开。

7日　全区机关党员干部学习贯彻中共十九届五中全会精神暨党史学习教育专题培训正式开班。

同日　省商务厅副厅长罗璇率调研组一行到赣州综保区调研园区建设发展情况，指导综保区发展绩效评估工作。

12日　全区严肃换届纪律集体谈话会召开。

13日　区乡镇领导班子换届工作动员部署会召开。

同日　全区政法队伍教育整顿领导小组第二次会议召开。

同日　全区政法队伍教育整顿查纠整改环节动员部署会召开。省驻点第七指导组成员丁永卫、赵忠龙到场指导。

16日　在收听收看全市新时代赣南苏区振兴发展工作动员部署电视电话会后，赣州经开区紧接着召开会议，部署全区新时代赣南苏区振兴发展工作。

18日　赣州经开区科级干部学习贯彻中共十九届五中全会精神暨党史学习教育读书班开班。

19日　区党工委书记陈水连主持召开中央生态环保督察转办信访件整改工作现场推进会，调度解决群众反映的赣州润泰药业有限公司异味扰民、黄金岭街道一废品收购站噪声臭味影响居民生活等问题。

20日　广东省政协副主席袁宝成率调研组一行，到赣州经开区就“加快产业集群数字化转型，推动先进制造业高质量发展”“战略性产业集群发展中的问题及对策建议”等专题开展调研。

21日　省社科院院长蒋金法率省社科院和省税务局联合课题组一行到赣州经开区调研。

22日　赣州市科技创新服务中心、区公用事业服务中心、区综治中心、区综合执法大队、区疾病预防控制中心（卫生健康服务中心、健康教育所）、区人力资源和社会保障服务中心等6家事业单位举行揭牌仪式。

同日　赣州经开区电子信息产业知识产权联盟成立大会召开。会议审议联盟章程，确定理事长、副理事长及秘书长单位，举行揭牌仪式。

23日　副省长胡强一行到赣

州经开区江西中电汽车调研。

24日 赣州经开区党群系统工作会议召开。

25日 市人大常委会委员、市委第二巡回指导组组长罗俊雄率队到赣州经开区开展党史学习教育巡回指导工作，并召开见面会。

26日 赣州经开区召开区管委会廉政工作会议。

同日 省委组织部副部长、省委非公有制经济组织和社会组织工委书记周训国一行到赣州经开区调研非公有制经济组织与社会组织党建“三化”建设及党史学习教育工作。

同日 区政务服务中心全面开通“政务快递免费邮寄”服务。

29日 江西省庆祝“五一”国际劳动节暨全省五一劳动奖和工人先锋号表彰大会召开。赣州鑫冠科技股份有限公司、赣州市柏瑞凯电子科技有限公司获江西省五一劳动奖状；赣州澳克泰工具技术有限公司基体研发工程师欧阳水林、山东凯马汽车制造有限公司赣州分公司副总经理伦宗飞获江西省五一劳动奖章；赣州立德电子有限公司生产部直线切割车间、国机智骏汽车有限公司总装生产部获评江西省工人先锋号。

30日 区党工委书记陈水连集中会见2021年全国五一劳动奖章获得者温小珍，江西省五一劳动奖章获得者欧阳水林，赣州市五一劳动奖章获得者严郭林、程国庆、梁入云，第四届赣州市“十大工匠”刘松财。

同日 赣州经开区举办《赣州经济技术开发区“十四五”期间金融业发展规划》新闻发布会暨宣贯会。

5月

1日 2021年第二批项目集中开（竣）工仪式举行。轰天炮光电项目、国盛卓越偏光片项目、长益通电子项目等46个项目集中开（竣）工，总投资127.08亿元。其中，开工项目26个，总投资70.16亿元；竣工项目20个，总投资56.92亿元。

6日 赣州经开区2020年度人才工作专项述职会议召开。

同日 赣州经开区推动长江经济带建设领导小组暨2021年总河（湖）长和总林长会议召开。区党工委书记、区推动长江经济带建设领导小组组长、总河（湖）长、总林长陈水连出席会议并讲话。

同日 赣州工发融资租赁有限公司成功获得江西省地方金融监督管理局颁发的融资租赁公司经营许可证，为赣州经开区首张融资租赁牌照。

10日 市人大常委会副主任、党组副书记，市总工会党组书记、主席孙黎明到赣州经开区江西曼妮芬开展“察民情、访民意”调研活动并座谈。

同日 江西省供销社二级巡视员孙立铭到赣州经开区考察洽谈投资冷链物流项目。

同日 《赣州新能源汽车小镇概念性规划》编制阶段性成果征求意见会召开。

11日 市委常委、常务副市长，市新能源及新能源汽车产业链推进协作小组组长高世文到赣州新能源科技城调研市新能源及新能源汽车产业链工作并召开座谈会。

13日 科技部外国专家国情调研考察团到赣州经开区考察科技创新工作。

14日 由赣州市人民政府、江西省科学技术厅主办，赣州市科学技术局、赣州经开区管委会、赣州好朋友科技有限公司承办的科技赋能绿色矿山论坛暨赣州智能选矿科技新产品推介会在北京钓鱼台国宾馆举行。

17日 吉利赣州动力电池

（一期）12GWH 项目正式开工建设。市委副书记、市长许南吉出席并宣布项目开工。吉利控股集团董事、吉利科技集团 CEO 徐志豪，副市长胡聚文分别致辞。孚能科技董事长王瑀，吉利控股集团副总裁王召兴，吉利科技集团副总裁、电池项目组组长余卫等出席开工仪式。

18 日　省新冠病毒疫苗接种第七驻点指导组组长、省农业农村厅二级巡视员刘宝林一行，到赣州经开区督查指导新冠病毒疫苗接种工作。

19 日　陕西江西商会考察团一行到赣州经开区考察投资环境。

20 日　赣州 RCEP（区域全面经济伙伴关系协定）东盟产业园竣工暨“赣州—东盟”跨境直通车开通仪式在赣州综保区举行。

同日　赣州经开区正式运行公共资源“不见面”开标系统。

27 日　市人大常委会副主任欧阳世麟一行到赣州经开区开展科技创新平台建设专题调研。

28 日　2021 年区文明委全体（扩大）会议暨深化全国文明城市建设工作总结部署会召开。

同日　赣州经开区经济发展环境专项审计调查问题整改工作推进会召开。

30 日　赣州经开区举行 2021 年第五批次招商引资项目集中签约仪式，现场签约项目 25 个，总投资 111.4 亿元。

31 日　赣州经开区党工委财经委员会第六次会议及对接融入粤港澳大湾区工作领导小组、省域副中心城市建设工作领导小组会议召开。

6 月

1 日　区党工委书记陈水连先后到金星小学、区第一保育院、章江幼儿园开展“六一”国际儿童节走访慰问活动。

3 日　赣州经开区“三个规定”（《领导干部干预司法活动、插手具体案件处理的记录、通报和责任追究规定》《司法机关内部人员过问案件的记录和责任追究规定》《关于进一步规范司法人员与当事人、律师、特殊关系人、中介组织接触交往行为的若干规定》）宣讲会召开。政法队伍教育整顿省第七驻点指导组副组长、省委政法委二级巡视员王飞作宣讲报告。

5 日　江西财经大学原党委书记、江财校友总会会长廖进球一行到赣州经开区就举办第二届赣深金融高端论坛等事宜开展座谈，并进行现场考察调研。

7 日　区党工委书记陈水连会见中国农业发展银行赣州市分行行长欧阳文一行。

同日　副市长罗瑞华到“路长”责任路段赣康路督导深化全国文明城市建设工作。

8 日　赣州经开区加强对“一把手”和领导班子监督工作专题会议召开。

同日　区党工委书记陈水连主持召开全区审计整改工作调度会，对全区经济发展环境专项审计调查问题整改工作进行再强调、再部署。

9 日　赣州经开区推进企业上市“映山红行动”的若干政策措施新闻发布会暨宣贯会举行，正式对外发布《关于推进企业上市“映山红行动”的若干政策措施（试行）》。

同日　中国科协副主席、书记处书记孟庆海一行在赣州经开区调研。

10 日　赣州建控集团成功发行 3 年期 2.7 亿美元债券，巅峰订单逾 6.26 亿美元，获得 2.3 倍数的超额认购。

17 日　省政府参事、市人大常委会原副主任唐玉英一行到赣州经开区开展党史学习教育走访慰问军属、烈属和“七一”走访慰问活动。

18日　全省公安机关扫黑除恶专项斗争总结表彰会召开，区公安分局扫黑办获集体二等功。

22日　区党工委书记陈水连开展慰问军属、烈属和红军后代及“七一”走访慰问活动。

22—23日　区党工委书记陈水连到新能源科技城督导中央巡视反馈意见整改工作及开展重点项目“干部蹲工地‘三同’”活动。

23日　赣州经开区2021年第六批次招商引资项目线上集中签约仪式举行，线上签约项目8个。

同日　区党工委书记陈水连到区内部分企业、学校、医院开展党史学习教育“我为群众办实事”调研工作并召开座谈会。

24日　区党工委农村工作领导小组暨区主攻乡村振兴领导小组（扩大）会议召开。

25日　宁波北仑区副区长潘群威及北仑区相关企业家到赣州经开区考察调研。

同日　贵州省铜仁市副市长王开禄一行到赣州经开区就新型工业化发展等进行考察。市政府二级巡视员缪兰英等陪同。

同日　赣州经开区党工委统一战线工作领导小组全体（扩大）会议召开。

同日　金融机构支持赣州经开区经济高质量发展2021年二季度产融对接活动举行。区党工委书记陈水连，人民银行赣州市中心支行行长夏春雷出席并讲话。

同日　中国贸促会会长高燕一行到赣州经开区考察，先后到国机智骏汽车、凯马汽车开展调研。

26日　2021（第十届）中国国际生态竞争力峰会考察团一行到赣州经开区国机智骏汽车有限公司调研。

28日　赣州经开区“十四五”时期国民经济和社会发展规划及二〇三五年远景目标纲要新闻发布会暨宣贯会召开，正式对外发布《赣州经济技术开发区“十四五”时期国民经济和社会发展规划及二〇三五年远景目标纲要》。

同日　赣州经开区庆祝中国共产党成立100周年“七一”表彰大会举行。

29日　在参加完全市“庆祝中国共产党成立100周年”重大项目集中开工活动后，赣州经开区在金瑞琪智能制造产业园项目现场举行2021年第三批集中开（竣）工仪式。

30日　赣州经开区举行2021年第七批次招商引资项目线上线下集中签约仪式，现场签约项目13个，签约资金超140亿元。

同日　赣州经开区“两新”党工委举行“永远跟党走·迈向新征程”党史知识决赛。

同月　赣州经开区正式启用江西省特种设备智慧监管大数据平台。

同月　人社部发布《人力资源社会保障部关于公布全国创业孵化示范基地复评和认定结果的通知》，赣州国际企业中心创业园被授予“全国创业孵化示范基地”称号。

7月

1日　区党工委书记陈水连到区内医院走访慰问新冠病毒疫苗接种点工作人员。

4日　区党工委书记陈水连到赣州综保区部分在建项目，调度集群式项目“满园扩园”行动工作，协调解决有关问题，看望慰问加班加点的一线工人和工作人员。

7日　区党工委书记、区总河（湖）长陈水连到三江乡、凤岗镇开展巡河工作。

8日　江西理工大学正式出台《江西理工大学对口支援赣州经济技术开发区2021年工作要点》。

10日　赣州经开区2021年第

二季度项目建设“大比武”“奋力拼夺‘双过半’，献礼中国共产党成立一百年”九大战役总结大会暨第三季度“热战黄金季，冲刺‘一千亿’”九大硬仗动员大会召开。

13 日　市政府副市长、党组成员李文信一行到赣州经开区调研科技创新情况。

14 日　区党工委书记陈水连就解决好学前儿童“入园难”问题，开展第五次党史学习教育“我为群众办实事”实践活动专题调研。

15 日　2021 年第三季度九大硬仗“热战欧潭”誓师大会召开。

同日　省委党史学习教育第二巡回指导组组长、省人大监察司法委副主任委员陈晓春，省委党史学习教育第二巡回指导组副组长、省科协专职副主席梁纯平率省委党史学习教育第二巡回指导组一行到赣州经开区调研指导党史学习教育工作，并召开座谈会。

同日　赣州经开区“奋力拼夺‘双过半’，献礼中国共产党成立一百年”九大战役工作成果暨“热战黄金季，冲刺‘一千亿’”九大硬仗行动计划新闻发布会召开。

16 日　全区政法队伍教育整顿总结大会召开。区党工委书记陈水连出席并讲话，与会领导为“十大办案能手”和“十大为民干警”颁奖。

20 日　省发展改革委开发区处处长徐波一行到赣州经开区开展开发区改革创新发展工作调研。

21 日　赣州经开区知识产权维权援助工作站正式挂牌成立。

同日　财政部政研室财经研究处一级调研员张巍一行到赣州经开区开展“保市场主体”相关政策专题调研。

22 日　2021 中国创新创业成果交易会成果转化基地授牌暨项目发布对接会在赣州经开区高层次人才产业园举行。赣州市小微企业创业孵化基地被批复认定为“2021 中国创新创业成果交易会成果转化基地”。省科协主席史可，广州市科协二级调研员梁高峰出席会议并共同为赣州市小微企业创业孵化基地授牌。

25 日　赣州潜行精密制造有限公司水下机器人产业基地揭牌。

28 日　全国工商联党组成员、副主席邱小平一行到孚能科技股份有限公司和江西金力永磁科技股份有限公司调研。

8 月

2 日　赣州经开区安委会全体成员（扩大）会议召开。

同日　江西金力永磁科技股份有限公司向香港联交所递交发行境外上市外资股（H 股）申请。

同日　省委组织部组织四处处长汤世平一行到赣州经开区就非公有制经济组织和社会组织党建工作展开调研。

3 日　商务部副部长王受文率调研组一行到赣州经开区调研。

5 日　全区新冠肺炎疫情防控工作调度会召开。

同日　省委常委、市委书记吴忠琼到位于赣州经开区的赣南医学院第一附属医院黄金院区、赣州西站等地调研督导疫情防控工作。副市长李文信，市政协副主席姚勇，市委秘书长、办公室主任孙敏等分别参加调研督导。

同日　海关总署副署长、党委委员王令浚一行到赣州经开区调研。

6 日　区党工委书记陈水连到赣州经开区部分物流企业、工业企业和得利冷库（树林冷冻），一线督导疫情防控工作。

7 日　市政府副市长许忠华率队到赣州经开区实地调研金融支持新能源汽车产业发展及企业股改上市工作并座谈。

9 日　赣州经开区 2021 年第

一次政企圆桌会议召开。

11日　区党工委书记陈水连到赣州立德电子有限公司和赣州市宝明显示科技有限公司，开展党史学习教育“我为群众办实事”实践活动。

同日　赣州经开区数字经济和区块链赋能产业链链长会议暨政企圆桌会议召开。

12日　赣州经开区电子信息产业链第一次政企圆桌会议暨产业链链长会议召开。

同日　赣州经开区钨与稀土稀有金属、新材料产业链链长会暨政企圆桌会议召开。

13日　赣州经开区2021年第一次生产性和生活性服务业产业链链长会议暨政企圆桌会议召开。

16日　区党工委书记陈水连主持召开电子信息产业园重点基础设施项目建设现场推进会。

17日　赣州经开区举行2021年第九批招商引资项目线上集中签约仪式，签约项目6个。

18日　省委常委、市委书记吴忠琼到赣州经开区行政审批大厅，调研督导服务园区企业“一门办”、无证明办事情况。

19日　省委常委、市委书记吴忠琼到赣州经开区，就进一步减轻义务教育阶段学生作业负担和校外培训负担工作，以及学校开学疫情防控准备工作进行调研督导。

同日　赣州经开区新冠肺炎疫情防控暨疫苗接种工作调度会召开。

22日　赣州经开区召开“双减”工作推进会议。

同日　赣州经开区召开第八次党史学习教育“我为群众办实事”实践活动暨中小学、幼儿园空调安装工作推进会。

25日　区党工委书记陈水连开展第九次党史学习教育“我为群众办实事”调研，召开加快路灯建设解决群众出行难问题现场推进会。

同日　区税务局第一张一手房契税完税凭证成功开具，标志着赣州经开区顺利开通一手房涉税业务的征收办理。

30日　区党工委书记陈水连主持召开全区全国文明城市创建常态化工作调度会。

31日　赣州经开区召开成立“招商项目落地马上办”办公室新闻发布会暨宣贯会。

9月

1日　赣州经开区技工学校举行揭牌仪式及开学仪式。

2日　在收听收看全省、全市第二轮中央生态环境保护督察问题整改动员部署会后，赣州经开区紧接着召开会议，部署全区第二轮中央生态环境保护督察问题整改工作。

3日　省委常委、市委书记吴忠琼到挂点联系的赣州经开区开展“入企走访连心”活动。

5日　区党工委书记陈水连到部分社区和路段，实地督导深化全国文明城市建设常态化管理和新冠病毒疫苗接种工作。

6日　赣州经开区文化和旅游产业链第一次政企圆桌会议暨产业链链长会议召开。

8日　赣州市第六中学落成典礼暨揭牌仪式举行。赣州经开区党工委书记陈水连，市委教育工委书记、市教育局局长邓明共同揭牌并致辞。

同日　赣州经开区教育工作会议暨庆祝第37个教师节表彰大会召开。

12日　市委常委、组织部部长田辉到赣州经开区部分挂点联系企业调研。

13日　省推进创新型省份建设工作领导小组办公室公布2020年度独角兽（潜在、种子）、瞪羚（潜在）企业榜单。赣州好朋友科技有限公司获评省级潜在独角兽企业，江西裕丰智能农业科技有限公司获评省级种子独角兽企业，江西联锴新材料有限公司、赣州市瑞富特科技有限公司、江西离子型稀土工程技术研究有限公司、赣州鑫冠科技股份有限公司、江西荧光磁业有限公司获评省级瞪羚企业，赣州市微客网络科技有限公司获评省级潜在瞪羚企业。

14日　省委常委、统战部部长陈兴超到赣州经开区凤岗镇台湾部落民俗文化村调研。

15日　省生态环境厅联合市生态环境局到赣州经开区开展“企业服务接待日”活动并座谈。

23日　江西省促进开发区改革和创新发展领导小组发布《关于全省开发区2021年上半年争先创优综合考评有关情况的通报》，赣州经开区上半年争先创优综合评价总成绩及6个单项均为A等次，居全省开发区第一方阵。

同日　区党工委书记陈水连到区内部分中小学校，开展第十次党史学习教育“我为群众办实事”调研，召开加快学校直饮水机安装解决师生安全饮水问题现场推进会。

同日　区党工委书记陈水连主持召开电子信息产业园重点基础设施项目建设“回头看”现场推进会。

25日　金融机构支持赣州经开区经济高质量发展2021年三季度产融对接活动举行。

10月

9日　2021年度区党工委第三轮巡察动员部署暨培训会召开。

10日　全区2021年第三季度项目建设“大比武”、全区“热战黄金季，冲刺‘一千亿’”九大硬仗总结大会暨“沸腾四季度，奋斗新征程”八大行动、重大项目建设百日攻坚活动动员大会召开。

同日　区党工委书记陈水连主持召开区独角兽、瞪羚、专精特新“小巨人”企业家座谈会。

11日　赣州经开区举行2021年第十批招商引资项目集中签约仪式，签约项目10个，签约资金近60亿元。

15日　赣州经开区“热战黄金季，冲刺‘一千亿’”九大硬仗行动工作成果暨“沸腾四季度，奋斗新征程”八大行动、重大项目建设百日攻坚活动新闻发布会召开。

16日　赣州经开区2021年度前三季度述职评议会召开。

17日　赣州经开区启动新冠疫苗加强针接种。

21日　在收看收听省、市安委会全体成员会议暨安全防范工作会后，赣州经开区召开区安委会全体成员会议暨安全防范工作会议。

同日　赣州经开区管委会与江西省财政投资集团有限公司签署战略合作协议。

23日　赣州经开区新冠肺炎疫情防控工作会议召开。

25日　省、市重点工程项目赣州经开区顺丰创新产业园项目正式投产。

29日　赣州经开区管委会印发《赣州经济技术开发区惠企政策兑现“免申即享”工作方案》，率先在全市推出惠企政策“免申即享”新模式。

30—31日　区党工委书记陈水连到电子信息产业园项目工地蹲点“三同”，一线宣讲市第六次党代会精神，看望慰问加班加点的建设者，实地督导项目建设进度。

11月

2日　安徽省滁州市政协党组副书记、副主席高怀忠一行就

“整合科研力量，助推中小企业创新发展”课题在赣州经开区进行调研考察。

4 日　省民政厅党组书记、厅长刘金接一行在赣州经开区调研养老服务工作。

10 日　区党工委书记陈水连召开东江源大道北延项目征地拆迁工作现场推进会，调度解决项目在征地拆迁工作中遇到的难题。

11 日　由赣州经开区管委会与市科协联合举办的科技创新大赛决赛在西城科技园举办。

13 日　赣州经开区举行 2021 年第十一批招商引资项目集中签约仪式。该次签约项目 9 个，签约资金约 97 亿元。

同日　区党工委书记陈水连一线调度高铁新区建设，调度部署高铁新区建设推进工作。

14 日　赣州经开区全区领导干部会议召开，传达学习中共十九届六中全会及全省、全市领导干部大会精神，对全区学习宣传贯彻全会精神进行工作部署。

14—15 日　区党工委书记陈水连到赣州综保区开展“沸腾四季度，奋斗新征程”项目（企业）“三同”活动，宣讲市第六次党代会精神，实地督导项目建设进度，研究解决项目建设问题。

15—16 日　省委书记易炼红到赣州市社区、企业和农村，宣讲中共十九届六中全会精神。其间，易炼红到赣州经开区赣州立德电子看产品、进车间、问创新，鼓励企业强化技术创新，延伸产业链、提升价值链、融通供应链，带动更多上下游配套企业落户，实现产业集群发展。

18 日　赣州经开区与江西理工大学合作办学项目签约仪式举行。江西理工大学党委书记杨斌，江西理工大学党委副书记、校长温和瑞，区党工委书记陈水连等出席。原“赣州市金岭学校”更名为“江西理工大学附属金岭学校”。

21 日　区党工委召开党建质量过硬“先锋”行动现场推进会暨区党工委 2021 年第三次党建工作领导小组（扩大）会议。

25 日　省商务厅副厅长陈长生一行到赣州经开区调研外贸企业进出口形势。

29 日　赣州经开区党工委会议（党政联席会议）召开，传达学习省第十五次党代会、省委十五届一次全会精神和市委常委会（扩大）会议精神。

30 日　赣州经开区 2021 年第四季度政企圆桌会议召开。

同日　省委第一巡视整改抽查组督查赣州经开区情况反馈会召开，传达学习省委书记易炼红对巡视抽查工作的批示精神，反馈巡视整改抽查情况。

12 月

1 日　省委常委、副省长任珠峰一行在赣州经开区调研工业企业。

1—2 日　市政府副市长、区党工委书记陈水连到赣州新能源科技城项目工地，一线宣讲省第十五次党代会精神，开展蹲点“三同”活动，召开科技城重点工作月度现场推进会暨新能源汽车产业链链长会。

2 日　赣州经开区党工委人才工作领导小组会议召开，贯彻落实中央人才工作会议和省市人才相关会议精神，研究当前人才重点工作。

6 日　市公积金中心经开区分中心正式进驻赣州经开区政务服务大厅西楼。

8 日　赣州经开区党工委召开落实中央巡视、省委巡视反馈意见整改工作暨省委第一巡视整改抽查组督查反馈意见整改工作推进会。

同日　赣州经开区深化全国文明城市常态化建设推进会召开。

同日　赣州经开区城乡环境综合整治工作推进会议召开。

10日　“江西·赣州经开区欢迎您”赣深高铁冠名列车正式发车，赣州至深圳的时间由7小时缩短至2小时，实现融入粤港澳大湾区“2小时经济圈”。

同日　赣州经开区在深圳举办粤港澳大湾区产业招商推介会，12个项目86.2亿元顺利签约。

同日　区粤港澳大湾区招商服务中心在深圳市福田区举行揭牌仪式。

同日　区社保经办窗口正式启用，初步实现社保业务“园区事项园区办”。

13日　以“为美丽中国赋能 新合作·心腾飞·兴未来”为主题的孚能科技供应商大会在赣州锦江国际酒店举办。

20日　北航投资有限公司董事长夏炜率考察团一行到赣州经开区考察。

21日　赣州经开区联合江西理工大学共建的江西理工大学附属金岭学校揭牌仪式举行。

同日　赣州经开区劳动模范协会成立暨第一次会员代表大会召开。

同日　《资本论》中文全译本首译者之一、红色翻译家郭大力故居揭牌仪式在赣州经开区三江乡斜角村举行。厦门大学、华东师范大学、江西理工大学、赣南师范大学、厦门大学赣州校友会、赣州第一中学等院校嘉宾，市委党史学习教育第二巡回指导组、市委党史学习教育领导小组办公室、市委宣传部、市委党校、市委党史研究室、市红色资源保护发展中心、南康区委等单位代表，以及郭大力亲属代表出席。

同日　省机关事务管理局党组成员、副局长邱永强，省机关事务管理局二级巡视员敖颠根一行到赣州经开区考察。

22日　赣州经开区安委会全体成员会议召开。

24日　学习宣传贯彻中共十九届六中全会、省第十五次党代会和市第六次党代会精神区党工委宣讲团在三江乡开展宣讲。

26日　市政府副市长、赣州经开区党工委书记陈水连到区内部分小区、农贸市场、学校，实地督导深化全国文明城市建设工作。

28日　赣州经开区管委会与大余县人民政府合作共建赣州新能源科技城大余汽配产业园签约仪式举行。市政府副市长、区党工委书记陈水连，大余县委书记韩相云，大余县委副书记、县政府县长曾志平，区党工委副书记、管委会副主任宋鹏，大余县委常委、政法委书记叶永恒等出席签约仪式。

同日　在“2021中国经济高峰论坛”及颁奖典礼上，赣州经开区入选“2021中国经济十大最具投资价值开发区”。

29日　平安赣州经开区建设领导小组第二次会议暨区党工委全面依法治区委员会第三次会议召开。

同月　赣州经开区2021年度主任质量奖正式揭晓，江西亚美达科技有限公司、赣州市江元电子有限公司、江西蓝天路之友环卫设备科技有限公司3家公司获奖。

同月　江西省名牌建设促进会正式公布2021年名牌产品名单，全区19个产品获评“江西名牌产品”。

同月　江西省工业和信息化厅公布拟认定的2021年江西省大数据示范企业名单，赣州经开区江西冠英智能科技有限公司和江西裕丰智能农业科技有限公司入围。

本栏编辑：施恩沁 曾鼎

地情概览

建置 区划

【建置沿革】 1990年7月23日，赣州行署批准成立赣州市经济技术开发区领导小组。7月25日，赣州市经济技术开发区工程指挥部成立。8月1日，地委、行署在赣南宾馆会堂举行赣州市经济技术开发区成立大会。10月5日，在青光岭举行赣州市经济技术开发区建设工程开工典礼，规划面积1.88平方千米，首期开发0.53平方千米。

1991年12月，赣州市经济技术开发区改称黄金岭经济技术开发区，并成立黄金岭经济技术开发区管理委员会，定为副县级单位，主管单位为县级赣州市人民政府。1993年8月23日，赣州黄金岭经济开发区经江西省人民政府批准为省级开发区，并正式定名。1994年3月，赣州地委、行署确定赣州黄金岭经济开发区管委会升格为正县级单位。1997年6月5日，江西省民政厅批复，将赣州市水南乡金星村委会，湖边乡杨梅、大坪村委会成建制析出，组建设立黄金岭街道办事处，属县级赣州市政府派出机构，由赣州黄金岭经济开发区管委会代管。

1993年8月，为加快赣南高新技术产业发展，赣州地委、行署决定在赣州地区畜牧研究所基础上成立赣南科技城。1996年8月30日，在赣南科技城基础上成立赣南高新技术产业开发区。1997年8月27日，赣南高新技术产业开发区经江西省人民政府批准为省级开发区，占地面积1.15平方千米，为正县级事业单位。

1999年7月，赣州地区撤地设市，赣州黄金岭经济开发区上收赣州市管辖。1999年10月，经赣州市委、市政府批准成立赣州市黄金新区开发建设领导小组，决定合并赣州黄金岭经济开发区和赣南高新技术产业开发区。

2000年3月，赣州黄金岭经济开发区和赣南高新技术产业开发区合并更名为赣州市黄金开发区。原赣州黄金岭经济开发区和赣南高新技术产业开发区经省政府批准的有关管辖范围、管理权限、配套政策不变，由赣州市黄金开发区统一管理并执行。2000年5月，赣州市黄金开发区挂牌成立。2000年6月，南康市潭东镇划归赣州市黄金开发区管辖。2000年8月10日，赣州市黄金开发区管委会与章贡区人民政府完成蟠龙镇、黄金岭街道的事权交接，正式接管两镇一街道。至此，赣州市黄金开发区占地面积 119.87 平方千米。

2004 年 6 月 30 日，赣州市黄金开发区更名为赣州经济技术开发区。2004 年 7 月 21 日，赣州市黄金开发区管理委员会更名为赣州经济技术开发区管理委员会，保留赣南高新技术产业开发区牌子。

2007 年 5 月 9 日，经国务院批准，在赣州经济开发区内设立江西赣州出口加工区，规划面积 2.93 平方千米。

2008 年 3 月，经市委研究并报省编委批复同意，设立赣州出口加工区管理委员会。赣州出口加工区管理委员会与赣州经济技术开发区管理委员会合署办公。2008 年 5 月，江西赣州出口加工区海关监管隔离设施及相关配套设施经海关总署等部委联合验收小组验收合格。2008 年 9 月，赣州市委作出决定，章贡区湖边镇、南康市潭口镇划归赣州经济技术开发区管辖。至此，赣州开发区辖蟠龙镇、潭东镇、湖边镇、潭口镇和黄金岭街道四镇一街道，面积 219 平方千米。

2009 年 2 月，赣州经济技术开发区更名为赣州开发区并成立赣州开发区党委。2009 年 6 月，赣州市委、市政府决定对赣州开发区主要职责、内设机构和人员编制进行调整，成立赣州开发区管理委员会，负责所辖区内经济发展、招商服务、基础设施建设和乡镇行政管理工作，为赣州市人民政府派出机构，按副厅级机构配备干部。保留赣州出口加工区、赣南高新技术产业开发区、赣州经济技术开发区、赣州香港产业园牌子。内设 7 个工作机构，均为副县级。

2010 年 3 月 21 日，国务院批复同意赣州开发区升级为国家级经济技术开发区，定名为赣州经济技术开发区。

2014 年 4 月，赣州市委、市政府决定对赣州经济技术开发区主要职责、内设机构和人员编制进行调整，成立中共赣州经济技术开发区（赣州出口加工区）工作委员会、赣州经济技术开发区（赣州出口加工区）管委会，负责对辖区政治、经济、文化、社

区政中心大楼 （2021 年，兰红英摄）

2021年赣州经济技术开发区管辖区域情况表

表1

乡（镇、街道、管理处）	居民委员会（个）	村民委员会（个）	户籍人口数（万人）	面积（平方千米）	行政区划代码	邮政编码	行政区划隶属
黄金岭街道	9	4	5.2	16.54	360702005	341000	章贡区
湖边镇	5	12	4.51	66.57	360702108	341002	章贡区
蟠龙镇	4	9	2.91	27.35	360702107	341003	章贡区
凤岗镇	2	16	5.12	60.8	360703101	341412	南康区
三江乡	0	11	3.45	29.09	360703204	341412	南康区
赣州新能源科技城	1	9	2.5	28.88	360703203 360703100	341411	南康区

会及生态等各项事务实行统一领导和管理，为中共赣州市委、赣州市人民政府派出机构，副厅级；保留赣南高新技术产业开发区、赣州香港产业园牌子；内设10个工作机构，均为副处级。2014年9月，设立赣州综合保税区管理委员会，为赣州市人民政府正处级派出机构，不再保留赣州出口加工区管委会牌子。

2016年3月9日，南康区唐江镇的章良村、村尾村、横江村，太窝乡的太窝村、洋田村、龙潭村、中边村、高山村、范塘村9个村划归赣州经济技术开发区管理；2016年3月24日，设立赣州新能源汽车科技城管理处，负责新划入9个村和赣州新能源汽车科技城开发建设管理。2016年8月，潭东镇、潭口镇全域，以及蟠龙镇武陵村、坝上村、当塘村、虎形村、箩渡村5个村和黄金岭街道坪路村、新路村2个村，移交蓉江新区；同月，南康区的凤岗镇、三江乡的事权整建制划归赣州经济技术开发区管理。

2017年4月21日，章贡区水西镇圳头村、横江村2个村整建制划归赣州经济技术开发区管理。

2019年8月7日，设立赣州经济技术开发区高铁新区服务中心。

2020年7月6日，章贡区水西镇蛤湖村整建制划归赣州经济技术开发区管理。

【辖区情况】 赣州经开区位于赣州市中心城区西城区，2021年辖黄金岭街道、蟠龙镇、湖边镇、凤岗镇、三江乡、赣州新能源科技城，总面积229.23平方千米。

自然地理

【水文】 赣州经开区属低山丘陵区，是典型的丘陵地形。全区属长江流域赣江水系，沿线主要河流有上犹江和章水。境内流域面积10平方千米以上的中小河流有7条，分别为黄龙河、禾斋河、太和水、下雨塘河、社官背河、蛤湖河、刘家坊河。除刘家坊河直接注入赣江外，其余6条中小河流流入章水，后入赣江。

章水——古称豫章水，系赣江一级支流，发源于崇义县。河源位于北纬25°27′、东经

114° 01′，自西南向东北流经油罗口水库、大余县南安镇、南康区蓉江街道，纳上犹江于三江乡三江口，至赣州市八境台下汇入赣江，河口位于北纬25° 53′、东经114° 56′，流域中上游多山地，下游多丘陵岗地和河谷平原。流域内河系发达，上游河道窄深，河床稳定，多砾石、卵石。中下游河道宽浅，河宽大致在100—250米，河床以卵石和粗细沙为主，河道两岸多冲积沙壤土。流域面积7700平方千米（包括广东省、湖南省流入的流域面积599平方千米），主河道长度235千米，主河道纵比降0.842‰，流域长度128千米，形状系数0.21。流域多年平均降水量1575毫米。

上犹江——又名犹川江，曾名益浆水、彭山水，系赣江二级支流，章水一级支流，发源于湖南省汝城县土桥乡金山村叶家，河源位于北纬25° 37′、东经113° 43′，自西南向东北流经汝城县益将、集龙，进入江西省境内，沿途流经上犹江水库、南河水库、仙人陂水库、罗边水库，至三江乡三江口汇入章水，河口位于北纬25° 49′、东经114° 49′，流域中上游属中低山地形，间有低丘、谷地，森林茂盛，河床多砾石、卵石；下游属丘陵岗地和较广阔的河谷平原，沿河两岸多冲积沙壤土。流域内河系发达，河流水质良好，上游河道窄深，河宽一般为40米，下游河道宽浅，河宽一般在100—200米，河床多沙。流域面积4647平方千米（其中湖南省510平方千米），主河道长度204千米，主河道纵比降1.49‰，流域长度114千米，形状系数0.35。流域多年平均降水量1570毫米。

黄龙河起点及河源位于凤岗镇黄龙村石梅坑，北纬25° 54′，东经114° 46′，终点为凤岗镇长江村碓撑陂，北纬25° 51′，东经114° 47′，在此汇入禾斋河。黄龙河主河道长度9.1千米，流域长度8.2千米，流域面积15.5平方千米。主河道纵比降9.14‰，流域平均坡度9.90，形状系数0.23。流经赣州经开区凤岗镇黄龙村、天子地村、长江村。

禾斋河起点位于凤岗镇长胜村与水西镇永安村岗山里交界处，北纬25° 53′，东经114° 48′（河源位于赣州市章贡区水西村三十六坳），终点为凤岗镇横江村齐溪口，北纬25° 49′，东经114° 46′，在此汇入上犹江。禾斋河主河道长度21.4千米，流域长度17.6千米，流域面积64.5平方千米。主河道纵比降6.02‰，流域平均坡度6.79，形状系数0.21。流经赣州经开区凤岗镇长胜村、长田村、长江村、龙泉村、横岭村、大塘村。

太和水系上犹江一级支流，起点及源头位于太窝乡龙潭村傲塘，北纬25° 44′，东经114° 44′，终点位于赣州经开区三江乡东红村三江口，北纬25° 48′，东经114° 48′，汇入上犹江。太和水主河道长度15.5千米，流域长度13.9千米，流域面积32.7平方千米。主河道纵比降1.83‰，流域平均坡度1.88，形状系数0.17。太和水流经赣州经开区科技城龙潭村、洋田村、中边村、章良村、三江乡饶家陂村、新红村、东红村。

下雨塘河起点位于塘屋村塘屋组，北纬25° 50′，东经114° 48′，终点为凤岗镇岗孜村马坝背（马坝桥），北纬25° 49′，东经114° 50′，在此汇入章水。下雨塘河主河道长度7.9千米，流域长度6.2千米，流域面积10.1平方千米。主河道纵比降3.03‰，流域平均坡度3.50，形状系数0.26。流经赣州经开区凤岗镇塘屋村、路塘村、岗孜村。

社官背河起点位于湖边镇坳头村桥头组，北纬25° 54′，东经114° 49′（河源位于赣州市章贡区水西镇沙皮安），终点为凤岗镇岗孜村马埛背（马埛桥），北纬25° 49′，东经114° 50′，在此汇入章水。社官背河主河道长度12.4千米，流域长度11.4千米，流域面积32.3平方千米。主河道纵比降4.47‰，流域平均坡度2.03，形状系数0.25。流经赣州经开区湖边镇坳头村、蟠龙镇桃源村、车头村、杨边村、凤岗镇岗孜村。

蛤湖河起点位于湖边镇叶山村黄坑里，北纬25° 52′，东经114° 51′（河源位于赣州市章贡区水西镇上禾村大水坑），终点为蟠龙镇蟠龙村欧潭渡口处，北纬25° 49′，东经114° 52′，在此汇入章水。蛤湖河主河道长度18.2千米，流域长度14.4千米，流域面积34.3平方千米。主河道纵比降5.67‰，流域平均坡度6.79，形状系数0.17。流经赣州经开区湖边镇横江村、叶山村、蟠龙镇水碓村、杨坑村、田心村、河坝村。

刘家坊河系赣江一级支流，起点位于湖边镇善边村青明岭下，北纬25° 54′，东经114° 53′（河源位于赣州市章贡区水西镇窑下村龙潭山），终点位于湖边镇岗边村刘家坊，北纬25° 54′，东经114° 55′，流经章贡区水西镇罗边、黄沙，于和乐汇入赣江。刘家坊河主河道长度15.9千米，流域长度9.8千米，流域面积73.1平方千米。主河道纵比降5.67‰，流域平均坡度2.82，形状系数0.76。流经经开区湖边镇善边村、岗边村，章贡区水西镇罗边村、黄沙村、和乐村注入赣江。

【气候】 赣州经开区地处亚热带丘陵山区湿润季风气候区，光照适宜，热量丰富，雨量充沛。年平均气温为19.9℃，最

湖边镇红旗水库 （2021年，黎柏茜摄）

赣江两岸的经开区风光（2021 年，罗幸梅摄）

冷 1 月平均气温 8.4℃，最热 7 月平均气温 29.7℃，极端最高气温 40.0℃，极端最低气温－4.2℃。年平均日照时数 1746.1 小时。年均降水量 1461.6 毫米，年最大降水量为 2016 年的 2228.8 毫米，年最小降水量为 1986 年的 969.6 毫米，年平均降水日数为 149 天。

4—6 月是经开区主汛期，常年同期降水量 591.1 毫米，占全年总降水量的 40%。

赣州经开区春季（3—5 月）春雨连绵灾害多，多短时强降雨、雷雨大风和冰雹等强对流天气。夏季（6—8 月）先涝后旱少酷暑，初夏降雨大且集中，易发生洪涝灾害。秋季（9—11 月）风和日丽天气好，通常以晴好天气为主，是全年阴雨日数最少、气温宜人的季节。冬季（12 月至次年 2 月）冷而不寒少雨雪，入冬较迟，常受北方干冷空气团控制，少有云雨形成。

【土地资源】 赣州经开区山地多、平原少，耕地面积小、耕地后备资源不足；土地绝对数量大，具有人均占有量少的特点；由于地质构造关系和受成土诸因素影响，形成土地类型地域性强，土地利用差异明显。年内，全区规划城市建设用地规模 10433.38 公顷，耕地保有量 3713 公顷，永久基本农田保护面积 1093 公顷。

（曾 斌 魏 月 黎柏茜）

本栏编辑：施恩沁

营商环境

综 述

【概况】 2021年，赣州经开区先后出台《赣州经济技术开发区优化营商环境2021年工作要点》《赣州经济技术开发区优化营商环境工作领导小组及内设专项小组工作职责》《赣州经济技术开发区优化提升营商环境专项行动方案》《关于印发〈赣州经开区推进落实全市优化营商环境深化“放管服”改革 着力培育和激发市场主体活力工作会议强调部署工作事项情况表〉的通知》《赣州经开区关于印发〈江西省优化营商环境条例〉责任分工的通知》《赣州经开区关于开展“我为群众办实事”优化提升营商环境专项行动工作的通知》等文件，对优化营商环境工作建章立制，推进各项优化环境工作落地增效。在全省率先举行2021年“江西营商环境日”服务承诺宣誓仪式，开展“六减一增”专项提升行动，梳理事项69条，审批时限缩减53.62%。推进“赣服通经开区分厅”建设，线上可办事项221项；持续深化“一网一厅一窗”改革，“最多一次办结”事项735项，占比95.8%；“一次不跑”事项472项，占比61%。

【入选“2021中国经济十大最具投资价值开发区”】 12月28日，由环球时报社、中国亚洲经济发展协会和中国经济新闻联播网联合主办的“2021中国经济高峰论坛”及颁奖典礼在上海举行。该届论坛以“新经济、新格局、新征程”为主题。区党工委委员、管委会副主任万利龙在会上推介赣州经开区投资环

赣州经开区政务服务大厅引导台 （2021年，区政务服务中心供图）

境。颁奖典礼公布“2021 中国经济十大最具投资价值开发区”评选结果，赣州经开区与中关村科技园区、广州高新技术产业开发区等 10 家开发区入选，是全省唯一继 2021 年获评“中国经济营商环境十大创新示范区”之后，再次获此荣誉的县（市、区）。

【《赣州经济技术开发区优化提升营商环境专项行动方案》印发】 6 月 25 日，印发《赣州经济技术开发区优化提升营商环境专项行动方案》，涉及企业开办及注销、获得电力、获得用水用气、不动产登记、纳税、获得信贷、执行合同、劳动力市场监管、政府采购、公共资源交易、政务服务、知识产权、市场监管、大数据共享互通、人才保障 15 个领域。截至年底，所有指标任务均完成。

（成福英）

市场环境

【商事制度改革】 深入开展“一照含证”改革，按照“以照含证、集约办理、信息支撑、综合执法”的要求，通过以照含证，让部门“少证照”；集约办理，让企业“少等待”；信息支撑，让群众“少跑腿”、综合执法，让监管“高效能”4 个方面为市场主体提供办事更快、服务更好、程序更简、花钱更少的营商环境，制定区市场监管系统“一照含证”行政许可改革事项清单 8 项。截至年底，颁发“一照含证”营业执照 1186 张。推广企业开办“一网通办”，企业开办时间压缩至 0.5 个工作日。采取线上线下相结合的方式让集群注册的个体工商户在市场准入关键环节上更加便捷，每个工作日新登记百余户个体工商户，进一步激发市场主体活力。开展营商环境评价工作，电话访问市场主体 1890 余户，收集问题及建议 62 个，均及时转办处理。10 月，在全市率先开展“小个专”党建试点工作，对辖区小微企业、个体工商户、专业市场党员情况进行排查摸底，推动成立全市首个小微企业个体工商户专业市场综合党委，统筹强化指导全区 3.7 万家小微企业、个体工商户和专业市场党建工作，促进全区“小个专”经济高质量发展。

【金融助企】 深化“政、银、担、企”对接机制，年内召开金融机构支持赣州经开区经济高质量发展产融对接活动 4 次，签约项目 117 个，签约金额 130.52 亿元。制定出台《赣州经开区普惠金融改革试验区建设实施方案》，全面推进普惠金融改革试验区建设。赣州农商银行在赣州市“信用示范村”三江乡伍岭村创新开展整村授信，授信户数超过 55 户，授信总金额超过 420 万元；建设银行开发区支行、赣州农商行开发区支行挂牌“科技支行”，创设“赣建科创贷”“科创通宝贷”等产品，通过专利定贷、补贴定贷、投资定贷等新模式解决科技型企业融资难题，全年发放普惠性贷款 3460 笔，金额 56.05 亿元，同比增加 98.4%。

【企业融资】 充分发挥“三个信贷通”的杠杆作用及“输血”功能，积极破解企业融资难题。通过“三个信贷通”贷款为 200 余家企业解决融资需求近 14.43 亿元，贷款投放总量位居全省第二，为企业降低融资成本近 3000 万元。积极运用动产抵押登记、股权质押登记职能，帮助企业解决融资困难。办理股权出质 19 件，出质股权 4.25 亿元，为企业融资 102.65 亿元。深化政、银、企对接联动，举办知识产权银企对接会，助力中小微企业利用专利、商标等知识产权进行质押贷款，帮助鑫冠科技、立昌科技等7家企业办理知识产权质押融资贷款3400万元，贴息金额40余万元，为企业创新发展提供资金保障。

【创业担保贷款及贴息】 年内，全区新增创业担保贷款任务5000万元，新增发放创业担保贷款6039.9万元，其中发放个贷创业担保贷款2439.9万元，扶持个体户173家；发放企业创业担保贷款3600万元，扶持企业9家，还款率100%，共计贴息84.75万元；发放企业招工补贴、企业招工宣传补贴、企业吸纳就业困难人员社保补贴等774.1万元，补贴528家企业。

【政府诚信建设】 全年全区信用数据报送总量1072万条，双公示数据60132条，红黑名单数据2238条，荣誉信息数据116条，均居全市前列。按照权力清单和责任清单，规范行政许可、行政处罚公示事项，明确各成员单位专人负责，并在7个工作日内将数据信息进行上报与公示，确保双公示数据完整、规范、准确、及时。将信用信息查询使用嵌入行政监管和服务工作流程，在实施行政许可、财政支持、政府采购、政府投资项目招标、表彰奖励、资金奖助等行政管理事务中普遍使用信用记录和信用报告，全年查询数据量122人次，确保按照履职需要"应查尽查""奖惩到位"。

【诚信宣传】 全方位、多层次营造诚实守信的营商环境和社会氛围。出台《在全区深入开展诚信文化宣传活动的工作方案》，以开展诚信文化宣传"十三进"活动为载体，积极谋划信用建设宣传活动，组织各单位充分利用微信、微博、网站、LED（发光二极管）电子显示屏、信息公开栏、新时代文明实践中心等平台

11月26日，区财政局协助赣州康瑞金属材料有限公司与赣州银行开发区支行成功签订合作协议，解决企业融资难题 （区财政局供图）

开展诚信标语宣传，公布失信案例，加大对守信便利、失信惩戒突出案例的宣传力度，提高社会对信用的感知度。举办以“弘扬诚信文化 建设信用经开”为主题的宣传活动周。活动中制作诚信宣传横幅3条，设置咨询台2个，发放宣传资料200余份，回答职工咨询50余人次，进一步增强群众诚实守信意识，营造“人人讲诚信，事事守信用”的良好氛围。创新宣传载体，利用街道人、车流量大的优势，在主要路口的栅栏上安装诚信宣传板80余块。

【市场准入门槛专项清理行动】 落实《外商投资准入特别管理措施（负面清单）（2021年版）》及其实施条例等配套法律法规，全面取消外商投资企业设立及变更备案制，实行信息报告制度，简化备案流程。

（李敏春 汤全生 钟鑫）

政务环境

【税收服务优化】 落实制造业中小微企业延缓缴纳2021年第四季度部分税费的相关政策，缓缴税款5000万余元。打通业务壁垒，开通一手房涉税业务，让纳税人“少跑路”。推行“网上办”，实现“非接触式”全程网上办税缴费事项293项，覆盖纳税人端征管业务事项的90%以上。推行预约办税服务，全年累计预约2354人次，实际办理预约业务1807人次，预约率位列全市第一。推行“容缺办”，全年受理容缺60余次。实现纳税人首次申领发票即时办结，纳税人领用增值税发票自助办、网上办，年内纳税人增值税发票网上办、自助办比例超90%。推行“一次不跑”和“最多跑一次”服务，实现14大类146个税费事项“一次不跑”和9个大类38个税费事项“最多跑一次”，确保纳税人缴费人“一次办结”。推行“好差评”制度，全区纳税人好评率达100%。

【助力惠企纾困】 自主创新开发惠企政策信息化系统，有效解决数据信息“碎片化”问题，实现数据查询智能化，最大程度方便惠企政策查询及兑现。加大政府采购支持中小企业力度，加强宣传并督促采购人严格落实预留采购份额、价格评审优惠等措施，帮助和扶持园区中小企业发展政策落实到位。

【完善政策配套】 修订《赣州经开区应对新冠肺炎疫情促进外贸回稳向好的实施意见（修订）》（赣经开办字〔2021〕41号）《赣州经开区企业出口退税周转金暂行办法（修订稿）》（赣经开办字〔2021〕40号），组织召开专题政策培训会3场，帮助企业弄懂吃透政策，享受政策红利。

【便捷对外贸易】 对外贸易经营者备案实行“容缺办”、“线上线下”结合办，进一步简化审批流程，提高办理时效。完善赣州综保区“通道、水、电、路、网”基础设施建设，提升口岸通关查验和信息化水平，提升口岸通关物流作业效率。

【低风险事项“豁免审批”推行】 对8项低风险及形式性审批和政务服务事项采取直接豁免、告知承诺制、备案等方式提升审批效率。认领20项省级实施告知承诺制证明事项，由提供证明材料转变为告知承诺，提升群众和企业办事效率、减少办事流程、避免提交过多重复繁杂材料。

【新能源汽车“一链办”改革】 收集汇总新能源汽车产业全链审批涉及的国家、省、市、区

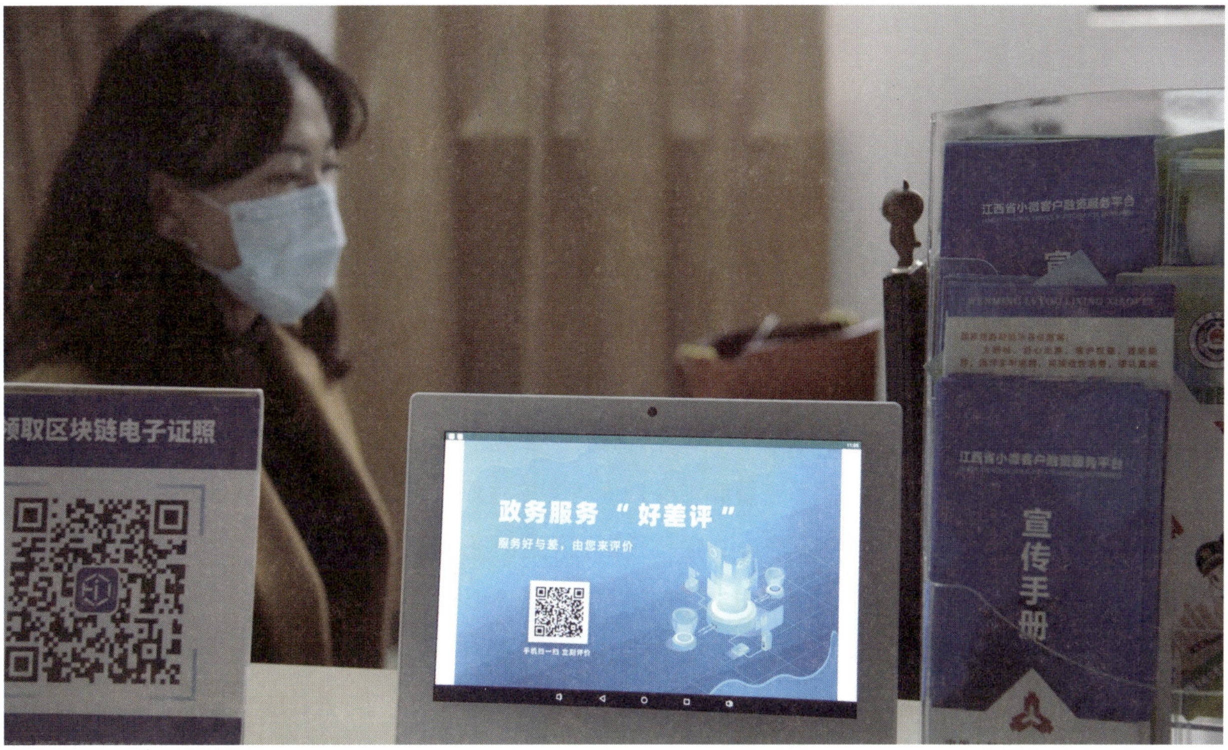

赣州经开区政务服务大厅全面推进“好差评”系统 （2021年，区融媒体中心供图）

各级审批事项39个，通过工程建设项目改革，精简事项审批时限和材料，全面优化报建流程。

【高频事项“一件事一次办”改革】 推进“赣服通赣州经开区4.0”功能升级，上线全区更多个性化政务服务事项、高频事项。加快数字改革攻坚，建设AI智能辅助审批平台，实现“一件事一次办”和“智能辅助审批”事项20件以上，区级政务服务“掌上办”上线事项100个。

【政务服务事项标准化建设】 实时指导监督各审批职能部门及时领取事项、完善资料、审核发布。全面梳理全区行政权力清单，对标省级权力事项标准，对全区权力事项进行删减、调整、归类、新增。

【政务服务优化】 实现市场服务和社会事务一窗受理、集中审批，对重大招商引资项目开通“绿色通道”，为企业在最短时间内完成办照、变更、备案等审批事项，实现102项市场服务和社会事务的行政审批均可在窗口集中办理审批；推进政务服务“好差评”系统建设，建立政务服务“好差评”长效工作机制，完成与省市“好差评”系统的对接，调试完成“好差评”评价器与数据后台系统功能。4月22日，印发《赣州经济技术开发区新开办企业首次刻制印章免费服务实施细则》，实现开办企业免费刻章，4月26日，在政务服务大厅全面实行免费邮寄服务，有效减少群众的跑腿次数，节约区内企业开办成本。

【提升财产登记服务水平】 实行不动产交易、登记、缴税“一窗式”办理，将不动产登记服务由8小时之内延伸到8小时之外，开启全年“不打烊”服务模式。实现不动产一般登记3

个工作日、抵押登记1个工作日内办结工作机制。常态化推进转移登记，化解中心城区办证历史遗留问题，完成29个返迁安置小区、12634户的首次登记。推进不动产抵押登记“不见面办理”，全年线上办理抵押登记业务1.06万件，为群众提供上门服务6次。落实小微企业减免登记费政策，全年减免登记费11.69万元。

（王 洁 唐怀智）

法治环境

【《优化营商环境条例》“进企业”】 安排290名领导干部挂点联系园区重点工业企业565家，开展《优化营商环境条例》“进企业”活动。组织首席服务员利用每月“企业服务日”及企业服务微信群，常态化宣传《优化营商环境条例》内容，扩大知晓度。

【企业司法保护】 2021年，区政法部门畅通涉企案件绿色通道，坚持服务企业、打击犯罪与维护企业权益“三结合”。审结涉企案件3298件，为259家企业执行到位金额约1.26亿元。对破坏社会主义市场经济秩序和侵害企业权益的犯罪案件提起公诉27件62人。配合区属国有企业清理回收债权（股权），对首诺铜业法人代表依法批准逮捕，并提起公诉。打掉阻挠施工的犯罪团伙3个，起诉犯罪嫌疑人24人；对涉嫌犯罪的企业经营者落实“少捕慎诉慎押”刑事司法政策，依法变更强制措施、作出不批准逮捕或不起诉决定11人，保护企业正常生产经营。建立区内各部门“互联互通、信息共享、合力处置”的破产府院联动机制，审理光辉彩印等企业破产案件6件。建立重点企业涉诉预警机制，指导孚能科技、国机智骏等企业有力化解诉讼风险；抓实“非公企业维权工作联系点”运行，每月开展“送法进企业”，向涉案企业发送检察建议6份，帮助企业堵塞管理漏洞。

【执法检查】 区司法分局印发《赣州经济技术开发区关于严格落实行政执法责任制的通知》，编制行政执法职权与责任分解表，梳理行政执法职权543项，将各项执法职权逐项分解落实到执法机构和执法岗位。开展全区行政执法案卷评查工作2次，评查14个行政执法单位（部门）案卷54本，评查发现的问题列入问题清单，通报评查结果并要求限期整改到位，落实行政执法监督。全面推行重大执法决定法制审核和备案制度，作出重大行政执法决定前，严格进行法制审核，加大重大行政执法行为备案审查力度。年内办理重大行政执法备案审查案件10件。落实行政执法和刑事司法衔接工作制度，年内行政执法单位移送“两法”衔接案件4件，其中拒不支付劳动报酬案件3件，生产、销售伪劣产品案1件。完善落实企业行政检查监测点制度。通过健全企业接受行政检查登记制度、行政检查情况信息互通机制等，加强与全区27家行政检查监测点企业的联系，及时掌握各行政执法部门涉企行政检查情况，发现和纠正行政执法部门违法检查、重复检查、人情监管、检查扰企等问题，积极为监测点企业创造良好条件，协调解决监测发现和企业反映的问题。落实“企业安静生产期”制度，规范入企行政检查。

【拖欠民营和中小企业款项清理行动】 持续开展拖欠民营和中小企业款项清理行动。联合区财政局和区国资办督促区内相关部门和国有企业开展清理拖欠民营

6月10日，赣州经开区开展“法治体检”法律服务进企业活动

（区司法分局供图）

企业账款工作。争取政府优惠政策支持，保障财政性投资项目资金，通过“自身造血”供给前期项目建设投资，预防拖欠民营和中小企业款项情况。全年区内政府部门和国有企业拖欠民营和中小企业款项事项为零。

【公共法律服务】 区司法分局出台《赣州市司法局赣州经济技术开发区分局“为民办实事”便民利民惠民六条举措》。组织区法律顾问团及区辖律师事务所，深入全区企业开展精准公益法律服务，帮助民营企业查找、梳理经营管理中存在的各类法律风险，从专业角度提出合规应对措施或合理化建议。对在开展“法治体检”活动或者日常法律顾问工作中发现的民营企业多发性法律风险进行研判，发布风险预警信息，提出防范处置建议。年内区法律顾问团开展“法治体检”19次。开展法律援助“惠民行动”。降低法律援助门槛，对贫困对象、低保人员、特困职工、重度残疾人、70岁以上老年人或者患有重大疾病的老年人、军人军属等困难弱势群体申请法律援助的，农民工讨薪或者请求工伤赔偿的，免于经济状况审查。年内为特殊人群提供法律咨询59次，受理法律援助案件31件。实行法律援助“优化审批”服务。困难群众申请法律援助，区法律援助中心即时审查，主要申请材料齐全的，当日指派案件。确因案情重大疑难复杂或受客观条件所限而未能当场审批和指派的，由法定的5个工作日缩短为3个工作日内完成。畅通法律援助渠道，由乡镇司法所代收法律援助材料。年内受理法律援助案件286件，其中民事136件，刑事150件，提供法律咨询158件。

【监管制度创新】 区市监分局坚持“党建引领+创新机制+联动融合”原则，成立赣州市首个消费纠纷人民调解委员会，与行政调解互通互补，积极探索ODR（在线争端解决方法）企业自主和解、人民调解、“和合”商事调解、行政调解“四位一体”消费纠纷多元调处机制，高效化解矛盾纠纷，推动消费维权社会共治，充分保障人民群众合法权益，工作经验在全市市场监管系统推广，《赣州市首批人民调解员上线》微视频被“学习强国”平台转载。

（刘 瑾 黄 凯 谭忠敏 钟 鑫）

本栏编辑：施恩沁

工　业

综　述

【概况】　2021年，全区工业营业收入1160亿元，规模以上工业企业269家，实现营业收入1032亿元，增长37.7%。培育营业收入超亿元企业116家，营业收入超10亿元企业22家。年内收入超10亿元的企业净增6家，其中同兴达电子科技、赣州卷烟厂等企业营业收入超100亿元。立德电子营业收入超70亿元。金力永磁营业收入超40亿元，成为全球单体最大的钕铁硼生产工厂。宝明显示营业收入6.12亿元，增长593.47%，成为世界单体最大的减薄工厂。

【产业结构优化】　2021年，大力发展新能源汽车、电子信息双首位产业及稀土和钨后端应用、新材料、数字经济、区块链赋能、粮谷深加工等N个硬科技核心领域优势产业，着力构建“2+N”产业发展体系。首位产业快速发展，主导产业亮点突出，全区产业结构更加合理。聚集工业企业1300余家，其中新能源汽车产业相关企业103家，电子信息产业相关企业206家。

企业服务

【概况】　2021年，赣州经开区出台《关于做好2021年全区领导干部挂点联系工业企业工作的通知》等文件，全面聚焦问题导向和企业需求，持续落实企业挂点帮扶机制，围绕招工用工、企业融资、要素保障等方面，千方百计帮助企业解难题、激活力，不断优化营商环境，为全区经济发展提供有力支撑。

【企业挂点服务】　区企工局牵头抓好全区挂点联系企业工作，安排290名科级干部挂点联系园区565家企业，推进园区主要企业挂点帮扶全覆盖、常态化。每月坚持组织“企业服务日”活动，通过入企帮扶解决园区企业深层次共性问题以及不同企业个性问题，推动情况在一线了解、问题在一线解决、政策在一线宣传，全年组织开展“企业服务日”活动12次。

【圆桌会议】　区企工局每季度组织召开政企圆桌会议，将需区级层面协调解决的复杂重大问题提交政企圆桌会议讨论研究，建立问题清单，进行销号管理，推进问题办理。设立企业问题“一口受理”服务专岗，利用线上处理问题的便捷性，通过企业服务微信群24小时在线解答企业困难问题，即发即办，提升问题处理效率，全年收集协调企业问题1033个，办结1011个，办结率97.87%。

【精准帮扶企业】 惠企政策宣传 印发《惠企政策摘编》《口袋书》，将国家、省、市、区各级惠企政策进行梳理、摘编成册，根据最新文件和要求及时更新。制定政策宣传链接，利用“企业服务日”等帮扶活动开展政策宣讲，扩大政策知晓度。

组织交流活动 组织赣州经开区和君小镇研修班、中山大学企业经营管理研修班，为企业提供创新思维、风险管理、后疫情时代下宏观经济形势与企业发展机遇等方面的专业知识培训，促进园区企业家交流沟通，提升经营管理水平。结合企业需求，组织召开善纳新材料产品推广交流会、钜磁科技产品推广交流会等活动，帮助企业宣传推广产品，对接上下游企业。

企业融资服务 摸排建立企业融资需求动态台账，收集各金融机构特色产品和疫情支持金融政策，做好宣传解读。先后举办政银企对接宣讲会10次，引导金融机构精准对接服务企业，畅通企业融资渠道。全年通过银行融资、供应链金融、融资租赁、直接融资、发行地方政府债券等多种融资渠道，帮助企业解决资金需求418.32亿元。

招工用工服务 持续在线上媒体发布区内企业用工信息，通过线上线下结合的方式，引导务工人员线上求职。通过入村招聘、门岗招聘、送岗下乡等方式，促进供需对接。全年帮助企业解决用工需求20466人，落实各类用工补贴政策1727.69万元，切实帮助企业降低用工成本。

（陈晓乐）

8月9日，赣州经开区2021年第一次政企圆桌会议召开 （周加相摄）

新能源汽车产业

【概况】 2021年，全区有新能源汽车及关键零部件企业103家，主要产品为整车、动力电池、驱动电机及变速器等配套产品。其中，规模以上企业44家，实现主营业务收入180亿元，比上年增长36.54%，占全区规模以上工业企业主营业务收入的15.52%。整车产销1.8万辆，为上年的2倍。

【产业链招商】 围绕整车及核心零部件企业本地配套需求，紧盯大湾区、长三角、闽东南等重点区域，组建“三电”招商小分队，主攻“三电”核心零部件项目开展招商。年内，成功引进总投资300亿元的吉利科技集团42GWH动力电池项目、总投资10亿元的腾锋机械改装车产业园、总投资1.2亿元的诸城恒业机械汽车零部件项目等20个新能源汽车产业项目，总投资474亿元。

【项目建设】 江西金瑞麒项目　项目位于赣州经开区新能源科技城，总投资60亿元，占地面积约444.54万平方米，主要生产智能漫游车、智能代步车、智能查验车汽车电子、五金配件和上下游配套产品及相关联控企业。截至年底，江西金瑞麒项目一期、二期、三期厂房主体完工。

腾锋机械年改装4000辆改装车产业园项目　腾锋专用汽车产业园位于赣州经开区新能源科技城，由赣州腾锋机械制造有限公司投资建设。项目总投资10亿元，主要生产专用车整车及零部件。规划用地面积约50亩，总建筑面积约3万平方米，其中层高12米的钢结构厂房建筑面积约2万平方米；多层厂房建筑面积约1万平方米。截至年底，腾锋机械年改装4000辆改装车产业园项目正在开展建设前期工作。

【平台建设】 赣州新能源科技城是赣州市实施“主攻工业”发展战略、承接新能源汽车及其核心零部件项目主平台，于2016年4月启动建设。年内，赣州新能源科技城新增道路约3.65千米，跨上犹江大桥、谷山路、洋田路等次干道及章良、洋田等城市组团内部支路网正加快建成，科技城“七横五纵”路网完成48千米循环路网建设。规划建设4个标准厂房园区，总建筑面积104万平方米。完成唐龙公园、科技城垃圾中转站及配套公厕工程、污水处理厂和配套截污干管工程，建成科技城学校、洋田小学、幼儿园，科技城医院基本完成主体结构。赣州新能源科技城规划5.92平方千米的教育园区，可容纳在校师生10万人，已入驻办学的有江西理工大学、赣州职业技术学院、赣州经开区技工学校，设有汽车、机械、电子、材料、信息等汽车设计制造及相关专业。规划建设新能源汽车小镇，发展汽车研发检测、科技体验、赛车赛事、汽车文化、汽车后市场等相关配套项目，着力打造集创新与人才共生、产研共通、产城融合的特色小镇。

【整车领域发展】 赣州经开区整车领域有国机智骏、凯马汽车2家具有工业和信息化部《车辆生产企业及产品公告》资质的乘用车、商用车生产企业，江西玖发、江钨汽车、赣州腾锋3家改装车生产企业。年内，凯马汽车生产16200辆，销售16355辆，为上年同期的2倍，产能利用率超过80%；国机智骏汽车生产889辆，销售905辆。

【吉利（赣州）42GWH动力电池项目签约落户】 吉利（赣州）动力电池项目是吉利科技集团与孚能科技合作建设的动力电池项目。3月13日，吉利（赣州）动力电池项目落户，在赣州新能源科技城规划建设年产能42GWH的动力电池项目，总投资300亿元，其中一期建设年产能12GWH，5月17日开工建设。

【集中开（竣）工仪式】 11月15日，赣州新能源科技城项目集中开（竣）工暨赣州经开区2021年第五批项目集中开（竣）工活动成功举行。包含晶格新材料、腾锋机械、新耀科技、力博新能源等10个项目，总投资145.79亿元。其中，开工项目8个，总投资76.99亿元；竣工项目2个，总投资68.8亿元。

【山东凯马汽车制造有限公司赣州分公司】 2021年，赣州凯马汽车主营业务收入5.18亿元，年产量16200辆，销量16355

凯马汽车产线上的智能机器人　（2021 年，刘素英摄）

辆。山东凯马汽车制造有限公司赣州分公司是隶属于中国机械工业集团旗下的凯马汽车制造有限公司，在赣州设立的整车分厂项目，位于赣州新能源科技城枫林大道，总投资 15 亿元，规划生产燃油载货汽车、新能源商用车。于 2016 年 12 月 7 日正式签约落户，2017 年 3 月启动建设，2018 年底完成 18.79 万平方米厂房建设及设备安装，2019 年 3 月取得省发展改革委项目备案，2019 年 8 月 6 日实现整车下线。2020 年 11 月 11 日，赣州凯马汽车与东风汽车合作的纯电动物流车 EM26 实现整车下线。2021 年，赣州凯马汽车主导产品有轻卡、微卡、新能源车三大系列，有员工 860 余人。

【国机智骏汽车有限公司】 2021 年，国机智骏汽车有限公司主营业务收入 1.15 亿元，累计产量 899 辆，销量 905 辆。公司是由国机集团旗下的国机汽车股份有限公司联合集团内外多家企业共同投资设立的新能源汽车公司，注册资本 8 亿元，项目总投资 80 亿元，规划年产 30 万辆新能源汽车乘用车，其中一期占地约 91.67 公顷，规划年产 10 万辆，总投资约 40 亿元，建筑面积 11.8 万平方米，包括冲压、焊接、涂装、总装、轻量化、电池工厂六大车间及技术中心、食堂等配套设施，于 2019 年 8 月 6 日整车下线。国机智骏汽车的主要产品有 A 级纯电动 SUV GX5、A0 级纯电动轿车 GC1、A00 级纯电动轿车 GC23 款车型。公司获评 2020 年江西省智能制造标杆企业。

【孚能科技（赣州）有限公司】

2021 年，孚能科技（赣州）有限公司主营业务收入 19.41 亿元。公司于 7 月 17 日在上交所科创板发行上市，成为全省第一家科创板上市企业。12 月 14 日与吉利集团达成 120GWH 动力电池项目合作。该公司是一家专业从事新能源汽车锂离子动力电池、模块及系统研发、生产及销售的高新技术企业，拥有发明专利 39 项、技术创新奖励 30 项。

【亿鹏能源二期正式投产】 2021 年，赣州亿鹏能源科技有限公司主营业务收入 1.21 亿元。是惠州市亿鹏能源科技有限公司全资子公司，于 2018 年落户赣州经开区，主营新能源汽车和储能设备用锂离子电芯及电池系统的研发、设计、生产、销售。与北京理工大学、上海交通大学等多家高校开展产学研合作，公司有自主研发的电芯技术中心和车用 PACK（包装、装配）技术中心、研发实验室，有中试线 1 条，有自主专利 41 项。公司车用锂电产品主要为宇通客车、金龙系客车、东风商用、中国重汽、特百佳等商用车企供货；民用锂电产品主要为南都电源、深圳电科电源、中国铁塔等储能及 5G 备用电源需求企业供货。

（肖　宇）

电子信息产业

【概况】　赣州经开区将电子信息产业确定为两大首位产业之一，重点规划建设 32.5 平方千米赣州现代电子科技城，培育发展智能终端、新型显示、半导体、汽车电子等细分领域，以产业链发展为主抓手，加快建链、补链、强链、延链，全力构建“芯（芯片）、屏（显示屏）、端（手机、平板电脑等）、网（物联网、区块链等）、器（5G 滤波器、电容电感等）”中高端电子产业体系，致力打造全国知名电子信息产业基地和培育千亿级产业集群，推动产业向高中端迈进，全链条带动电子信息产业高质量发展。2021 年，全区有电子信息类企业 206 家，其中规模以上企业 74 家，实现主营业务收入 420.77 亿元。

截至年底，赣州现代电子科技城完成征地约 1753.3 万平方米，平场约 617.2 万平方米，建成“两横三纵”47.1 千米循环路网，铺设供水管道 30.2 千米、供电管线 56.8 千米、燃气主管 28.5 千米，水、电、气等配套设施接入园区，国家级科技企业孵化器、加速器、综合物流园等配套功能区不断完善升级。

【赣州市同兴达电子科技有限公司】

2021 年，赣州市同兴达电子科技有限公司实现营业收入 103.32 亿元，成为赣州市唯一一家电子信息百亿企业。公司成立于 2011 年 8 月，是一家集专业研发、设计、生产、销售触控显示一体化模组的高新技术企业。产品涵盖 COB、TAB、COG 等 LCD（液晶显示器）模块产品，TFT（玻璃基板技术）、CSTN（彩滤色膜片）等彩色 LCD 显示产品以及 OLED（手机发光显示器）显示产品，广泛应用于手机、通信、数码产品、家用电器、工业控制、仪器仪表、车载显示器、彩屏显示等领域。公司集合行业内优秀研发团队、生产管理团队、品质管理团队和销售团队。有纬一路、金凤梅园 2 个厂区，总建筑面积余 20 万平方米。其中，纬一路厂区，占地面积约 4 万平方米，固定资产投资额 10 亿元，建筑面积约 11 万平方米；金凤梅园厂区，占地面积约 46666.9 平方米，建筑面积约 10 万平方米，于 2021 年 3 月实现投产，主要生产可穿戴设备显示模组等。公司获得国家高新技术企业、江西省名牌企业、江西省智能制造试点示范项目、赣州市智能制造试点示范项目、赣州市纳税大户上台阶企业、赣州市科技创新示范企业、经开区主任质量奖等荣誉。

【赣州立德电子有限公司】　2021 年，赣州立德电子有限公司营业收入 70.23 亿元。公司成立于 2016 年 12 月，主要生产经营小尺寸液晶显示模组、多点式电容式触摸屏、触控显示一体部件、VR 产品等，产品广泛应用于手机、GPS、移动电视、平板电脑、数码相框、电子书等消费电子领域，是国内液晶模组重要供货商之一。有标准厂房 4 栋，面积 4 万余平方米，全部为百级净化无尘车间，员工宿舍 9 栋。项目分 3 期建设，其中一期项目总投资 5 亿元，2017 年 3 月开工建设，2017 年 11 月投入量产；二期项目由深圳立德通讯器材科技有限公司对电子信息产业上下游进行整合，力争带动、引领、

赣州市立德电子有限公司生产线 （2021年，周加相摄）

促成相关产业链企业落户赣州经开区，最终投资总额达30亿元；三期项目将打造集创新、研发、制造、服务于一体的、面向VR时代的电子信息业基地，重点发展新型显示模组、光学及传感交互器件、新型结构材料、集成电路封测等领先产品及技术。

【赣州金信诺电缆技术有限公司】 2021年，赣州金信诺电缆技术有限公司营业收入8.6亿元，同比增长30.64%。公司成立于2006年12月，是国内射频同轴电缆品种最全、半柔射频同轴系列产品规模最大、具有较强品牌影响力的中高端射频同轴电缆生产企业之一。公司总投资2亿元，占地19766.17平方米，建筑面积9万平方米，2009年开工建设，2010年8月实现投产，年产2000万米通信电缆，主导产品涉及半柔电缆、低损电缆、稳相电缆、军标系列电缆、半刚电缆、轧纹电缆等，广泛应用于移动通信、微波通信、广播电视、隧道通信等领域。公司拥有电缆生产线30条，跳线生产线5条，年产电缆24万平方千米、跳线480万条；有发明专利3项、实用新型专利18项，通过ISO9001、ISO14001、OHSAS18001、IATF16949、GB/T29490体系认证，相关产品通过CCC（中国强制性产品认证）和TLC（泰尔认证）认证。公司电缆产品因质量把关过硬，已经被第一代预警飞机和神舟系列宇宙飞船采用，代表电缆制造行业的最高水准。

【赣州市宝明显示科技有限公司】 2021年，赣州市宝明显示科技有限公司营业收入6.12亿元。公司成立于2018年7月，占地面积6.67万平方米，是一家致力于新型平板显示器件的研发、生产和销售的国家高新技术企业。公司主营业务包含显示面板玻璃的薄化、ITO镀膜、高阻膜和低阻低反射膜，产品广泛应用于手机、平板电脑和智能穿戴等消费类电子领域，以及车载和工控等专业领域。公司已通过ISO9001：2008质量管理体系、ISO14000：2004环境管理体系、TS16949：2009汽车行业体系、QC080000国际电子电气零件及产品危害物质过程管理体系国际认证。项目分两期建设，一期项目固定资产投资6.5亿元，于2019年10月投产，二期项目固定资产投资4亿元，于2021年11月投产。

【赣州讯康电子科技有限公司】 2021年，赣州讯康电子科技有限公司营业收入1.44亿元。公司成立于2019年2月，集研发、生产、销售、服务为一体，自创TNK品牌，拥有近百项实用新型专利及发明专利，是国内5G滤波器行业产能最大的生产商。公司主要从事为5G滤波器（5G芯片）、网络变压器、通信变压器、高频电源变压器、滤波器、共模电感、功率电感、转换器及语音分离器等磁性元器件的研发、制造、销售与服务，产品广泛应用于通讯信息、数码家电、医疗设备、安防监控、工控设备、智能设备、新能源汽车、物联网、轨道航空等高新技术领域。

【睿宁高新技术材料（赣州）有限公司】 睿宁高新技术材料（赣州）有限公司成立于2011年12月，于2014年2月正式投产，有员工220人，其中各类技术、管理人员60多人，是一家专注高端集成电路半导体芯片电子材料研发、制造和销售于一体的高新技术企业，是国家发展改革改委、工信部、科技部重点扶持的高科技企业，是江西省“专精特新”企业和“创新型、成长型”企业。公司掌握集成电路半导体芯片电子材料产品核心制造技术和规模化生产关键工艺，集成电路芯片用超高纯金属靶材制造技术处于国际领先水平，面向半导体电子、集成电路芯片制造、智能制造、数字通信设备、云技术和大数据处理电子设备、高端机电及智能制造、新能源行业及相关市场，是国内拥有最完整材料链并具有国际领先制造技术的超高纯金属靶材制造企业。公司已开发生产有色金属基、稀土基、钨基、硅基、先进陶瓷基等系列的50种新型半导体芯片电子材料产品，产品凭借优异的质量和性能已经通过世界主流半导体企业苛刻的产品验证，成功进入美国、欧洲、亚洲半导体芯片和大规模集成电路制造业市场，成为中芯国际、京东方、华星光电、台积电、英特尔、三星等国内外半导体行业领先企业的合格供应商。

（陈倩倩）

钨与稀土新材料产业

【概况】 2021年，赣州经开区钨与稀土新材料产业有规上企业39家，包含金力永磁、富尔特、澳克泰、京瓷等一批优质科技型企业，形成稀土氧化物—稀土荧光粉—钕铁硼合金永磁材料—永磁电机产业链和碳化钨粉—硬质合金棒材—精密刀具产业链。全年实现营业收入149.77亿元。

【江西金力永磁科技股份有限公司】 2021年，江西金力永磁科技股份有限公司实现营业收入

江西金力永磁科技股份有限公司生产线 （2021年，区融媒体中心供图）

40.91 亿元，同比增长 69.2%。公司成立于 2008 年 8 月，是集研发、生产和销售高性能钕铁硼永磁材料于一体的高新技术企业，是全球新能源和节能环保领域核心应用材料的领先供应商。公司产品广泛应用于新能源汽车及汽车零部件、节能变频空调、风力发电、3C、节能电梯、机器人及智能制造、轨道交通等领域，与各领域国内外龙头企业建立长期稳定的合作关系。

曾获江西省科技进步二等奖、赣州市科技进步一等奖，通过江西省省级企业技术中心、江西省工程研究中心认定。获得 ISO14001：2015；ISO9001：2015；IATF16949：2016 等环境、质量体系认证。公司于 2015 年成功挂牌新三板，2018 年 9 月成功在主板创业板上市。

【赣州澳克泰工具技术有限公司】

2021 年，赣州澳克泰工具技术有限公司实现营业收入 4.19 亿元。公司成立于 2007 年，公司获评人社部“2020 年全国有色金属行业先进集体”、工信部“2017 年两化融合管理体系贯标试点企业”“2020 年工业企业知识产权运用试点企业”“2021 年建议支持的国家级专精特新小巨人企业”、江西省工信厅“2020 年江西省智能制造标杆企业”。主营产品包括高性能硬质合金涂层刀具、高性能硬质合金棒材，产品有 6000 余款，基本实现对钢件、不锈钢、铸铁、铝合金、高温合金和高硬度钢等各种材料的车、铣、钻加工产品的全覆盖，产品广泛应用于汽车、轨道交通、能源、工程机械和航空航天等行业，产销量连续多年位居国内同行业前列。

【赣州海盛硬质合金有限公司】

2021 年，赣州海盛硬质合金有限公司实现营业收入 2.6 亿元。公司成立于 2011 年，是一家集研发、生产、销售高性能硬质合金产品的综合型民营企业，主要从事硬质合金刀具等产品的深加工。主要产品包括高性能切削刀片、矿山工具及地质勘探类合金、冷镦模和拉丝模用合金、各种规格型号的硬质合金棒材等常规硬质合金产品，公司专注于高性能数控刀片和通过预成型生产各种高附加值的非标异形件硬质合金产品。先后获得 ISO9001 质量管理体系认证、ISO14001 环境管理体系认证和 ISO45001 职业健康管理体系认证，安全生产标准化三级企业（工贸）证书，全区工业企业安全生产分级管理 B 级企业证书，产销量逐年快速增长，已经成为赣州钨行业标杆企业。

【赣州富尔特电子股份有限公司】

2021 年，赣州富尔特电子股份有限公司实现营业收入 3.87 亿元。公司成立于 2011 年，主要从事高性能稀土永磁材料研发、生产和销售的国家级高新技术企业，具备年产 3000 吨高性能磁钢的生产能力。产品主要应用于新能源汽车、手机、平板电脑、无人机、风力发电、电梯、医疗器械、节能家电、轨道交通、大功率节能电机等领域。拥有江西省企业技术中心、江西省工程研究中心等 11 个省、市级科研平台。公司通过 IATF16949、军工质量体系、CQC（中国质量认证中心）质量、环境和职业健康安全管理、两化融合、知识产权等体系认证，是江西省稀土行业首家 AAA 级标准化良好行为企业，获评国家绿色工厂、江西省瞪羚企业、江西省专精特新企业、江西省专业化小巨人、

赣州富尔特电子股份有限公司 （2021 年，区企工局供图）

江西省节能减排科技创新示范企业、江西省两化深度融合示范企业、江西省智能制造示范企业等荣誉称号。

（蔡 晋）

生物制药产业

【概况】 2021 年，全区有生物医药生产企业 21 家。其中，规模以上企业 8 家，实现主营业务收入 13.38 亿元。重点企业主要有江西赣南海欣药业股份有限公司、江西山香药业有限公司、江西赣隆药业有限公司。

【江西山香药业有限公司】

2021 年，江西山香药业有限公司实现营业收入 2.45 亿元。公司成立于 1998 年，于 2016 年 1 月通过药品生产企业 GMP（良好生产规范）认证。公司拥有年产片剂 8 亿片、颗粒 3 亿袋的生产能力，拥有清淋颗粒、山香圆片、山香颗粒三个国家中药保护品种，其中山香圆系列的山香含片被授予江西省名牌产品，公司自主研发的醋酸阿比特龙片、艾司奥美拉唑镁肠溶片、甲苯磺酸索拉非尼片等 3 个品种均中标国家药品集中采购，其中艾司奥美拉唑镁肠溶片、甲苯磺酸索拉非尼片均为全国首仿。有发明专利 14 项，药品批文 30 余个，是国家高新技术企业、2021 年度江西省“专精特新”中小企业、全市质量管理先进单位、全市发展非公有制经济先进企业。

【江西赣南海欣药业股份有限公司】 2021 年，江西赣南海欣药业股份有限公司实现营业收入 6.77 亿元。公司成立于 2001 年 12 月，其前身为具有

江西赣南海欣药业股份有限公司 （2021 年，区企工局供图）

30 多年制药历史的江西赣南制药厂，是集研发、生产、销售于一体，以化学药品制剂为主的药品生产企业。公司是国家级高新技术企业、赣州市创新型成长企业、赣州市工程技术研究中心，2017 年进入“赣州市百户重点企业”行列。先后获江西省突出贡献奖、江西省优秀企业、红十字人道金质奖、江西省 A 级纳税信用企业、江西省科技型中小微企业、江西省专精特新中小企业、江西省专业化小巨人企业、赣州市主攻工业成长型企业、赣州市最佳企业、赣州市五一劳动奖状、赣州市模范职工之家等荣誉称号。

【江西赣隆药业有限公司】 江西赣隆药业有限公司成立于 2010 年 1 月，是一家主要从事中药饮片生产经营、医药技术开发、研究和医药技术转让的高新技术企业。主要产品有一次性使用医用口罩、医用防护口罩（N95）、防护服、一次性病毒采样管、核酸提取试剂盒、一次性使用氧气湿化瓶等。日产能一次性使用医用口罩 150 万个，医用防护口罩 100 万个，医用防护服 2000 套，一次性病毒采样管 20 万根，核酸提取试剂盒 10 万人份。被列为国家、江西省、赣州市等公共卫生应急物资保障供应重点生产企业。

（钟 平）

集群式项目“满园扩园”行动

【概况】 2021 年，全区深入推进集群式项目“满园扩园”行动，紧扣全年目标任务，统筹调度抓落实，推进 168 个项目加快建设，推进吉利 42GWH 动力电池、国盛卓越、吉鑫电子等 65 个项目实现开工，蓝芯科技、同兴达电子科技三期等 69 个项目实现竣工投产。

【工作机制建设】 年初，制定《赣州经济技术开发区 2021 年集群式项目“满园扩园”行动方案》，明确全年目标任务，制定项目每月推进目标，倒排工期细化周计划安排，坚持挂图作战，倒逼项目加快推进。推行“一线工作法”和“践诺工作法”，落实挂点帮扶工作机制，坚持在项目一线发现问题、协调问题、解决问题；坚持每月召开推进会，集中解决一批制约项目推进的节点、难点、堵点问题，推动一批项目实现早开工、早投产。通过每周在“满园扩园”行动微信群发布项目得分表和龙虎榜，进一步浓厚全区大干项目、干大项目的攻坚氛围。

【“招商项目落地马上办”】 充分发挥区“招商项目落地马上办”办公室工作机制作用，推动企业报建环节优化85%，材料精简85%，审批时限压缩至30天以内；全年走访企业470余次，为企业解决问题110余个，进一步完善优化服务机制，提供为企业从签约到投产的全生命周期服务，提升项目及企业服务质量，提高招商工业项目开工率、竣工率、投产率。2021年，项目开工率和竣工投产率较年初确定的目标任务分别提高38.29%和4.35%，完成全年“满园扩园”行动目标任务。

（江伟荣）

“梧桐树”计划

【概况】 2021年，全区深入实施工业标准厂房“梧桐树”计划，抓好51个工业标准厂房项目建设，总建筑面积超1000万平方米。全年工业标准厂房“梧桐树”计划在建项目22个、已竣工项目14个。累计已开工建设面积578万平方米，其中完成主体建设面积300万平方米。

【项目选介】 华昌科技园 项目位于赣州经开区社前路北侧、龙岭路西侧，项目规划用地面积约12.08万平方米，总建筑面积24.61万平方米，容积率1.88，绿地率25%，停车位516个，总投资额约7.6亿元。规划建设标准厂房13栋、员工宿舍4栋、独栋小体量厂房11栋、17层的科创大厦1栋和地下室。截至12月底，华昌科技园入驻项目19个，包括潜行精密水下智能机器人项目、国盛卓越偏光片项目、比泰新能源Wi-Fi模块载板（芯片）锂电池项目、鼎益丰科技显示模组和手机整机项目、烯鼎科技5G手机用类石墨烯导热膜项目、芯聚微电子芯片设计及封装测试项目、中国信息化发展研究院江西分

华昌科技园 （2021年，区建控集团供图）

泉岗科技园 （2021 年，区建控集团供图）

院及国际信息和数字化创意（赣州）产业园项目等。

秋葵科技园　项目位于赣州经开区江奥路北侧、秋葵路东侧，项目规划用地面积 6.1 万平方米，总建筑面积 14.74 万平方米，容积率 2.39，绿地率 20%，停车位 261 个，总投资额约 4.1 亿元。规划建设标准厂房 7 栋、员工宿舍 4 栋。截至 12 月底，秋葵科技园入驻包括虔悦新材料高性能环境功能、电子磁性合金粉体材料项目、冠腾科技智能电梯曳引机安全制动器项目、优膜科技柔性透明电子器件封装项目等 6 个项目。

泉岗科技园　项目位于赣州经开区泉岗路西侧、桑梓路南侧，项目规划用地面积 5.03 万平方米，总建筑面积约 12.65 万平方米，容积率为 2.49，绿地率为 20.12%，停车位 182 个。总投资约 31724.36 万元。截至 12 月底，泉岗科技园入驻包括印相通触摸屏显示屏全贴合总成项目、吉鑫电子智能制造项目、万宸电子光学胶 OCA 产品研发生产项目。

空港产业园一期　项目位于赣州综保区宏国路北侧、中环路东侧 B-3-3 地块，总投资约 36000 万元，规划用地面积 7.75 万平方米，建筑面积约 6.5 万平方米，规划建设冷链仓库 8 栋、办公楼 1 栋及地下室，容积率 1.16，绿地率 16.01%。

振兴科技园　项目位于赣州综保区振兴大道北侧、创业北路东侧 B-2 地块，总投资约 36000 万元，规划用地面积 7.6 万平方米，建筑面积约 14 万平方米，规划建设标准厂房 6 栋，容积率 1.91，绿地率 18.25%。

赣州综合保税区网外配套宿舍 项目位于赣州综保区创业南路西侧、岗边大道北侧B-11地块，总投资约60000万元，规划用地面积8.53万平方米，建筑面积约22.03万平方米，规划建设宿舍20栋、食堂2栋、门卫2栋、配套设施1栋、活动中心1栋、消防控制室1栋及地下室，容积率2.0，绿地率30.25%。

赣州综保区标准厂房三期 项目位于赣州综保区振兴大道北侧、创业北路西侧，总投资约30000万元，规划用地面积8.27万平方米，建筑面积约17.07万平方米，规划建设标准厂房6栋，容积率1.5，绿地率15.67%。

中国（赣州）跨境电商产业园 项目位于赣州综保区B-9-2地块、B-10地块，总投资约143966万元。其中：B-9-2规划用地面积5.13万平方米，建筑面积约16.6万平方米，共6栋厂房，分为3个标段，容积率2.46，绿地率17.06%；B-10地块规划用地面积约281亩，建筑面积约49万平方米，规划建设标准厂房9栋、办公楼1栋、仓库1栋、门卫2栋及地下室，容积率2.45，绿地率15.04%。

赣州综合保税区标准厂房 项目位于赣州综保区创业北路东侧、南环西路北侧，总投资约56600万元，规划用地面积7.27万平方米，建筑面积约12.84万平方米，规划建设标准厂房3栋，容积率2.0，绿地率15.47%。

长岗科技园 项目位于赣州经开区岗边大道北侧、长汀路西侧，总投资约29780万元，规划用地面积4.99万平方米，建筑面积约12.3万平方米，规划建设标准厂房3栋、宿舍楼1栋、配套仓库1栋，容积率为2.33，绿地率15.27%。

洋田科技园 项目位于赣州新能源科技城枫林大道南侧、章潭路东侧，总投资约19790万元，规划用地面积3.43万平方米，建筑面积约7.91万平方米，规划建设标准厂房3栋、研发型厂房2栋、宿舍1栋及地下室，容积率2.19，绿地率19.8%。

映山红科技园 项目位于赣州现代电子科技城涌泉大道以西、横江大道以南，总投资25449万元，规划用地面积4.4万平方米，建筑面积约9.02万平方米，规划建设标准厂房4栋、宿舍楼2栋及附属配套设施，容积率2.0，绿地率20%。

华昌新材料产业园 项目位于华昌路以东、湖边大道以北，总投资约42000万元，规划用地面积7.2万平方米，建筑面积约9.10万平方米，规划建设研发型厂房3栋、生产型厂房3栋、宿舍2栋，容积率1.34，绿地率20%。

金凤智谷一期 项目位于香江大道南侧、金凤西路北侧，总投资11183万元，规划用地面积2.14万平方米，建筑面积约5.7万平方米，规划建设标准厂房4栋，容积率为1.97，绿地率为25%。

江奥科技园 项目位于赣州现代电子科技城江奥路北侧、秋月路东侧，总投资59700万元，规划用地面积8.87万平方米，建筑面积为23.22万平方米，规划建设标准厂房9栋、宿舍4栋，容积率为2.47，绿地率为22.44%。

秋月科技园 项目位于赣州

涌泉科技园 （2021 年，区建控集团供图）

现代电子科技城江奥路北、秋月路西侧，总投资 57286 万元，规划用地面积 9.27 万平方米，建筑面积为 25.93 万平方米，规划建设标准厂房 7 栋、宿舍 4 栋，容积率为 2.38，绿地率为 22.65%。

涌泉科技园 项目位于赣州现代电子科技城涌泉大道西侧、横江大道南侧，总投资约 45000 万元，规划用地面积 8.17 万平方米，建筑面积约 15.2 万平方米，规划建设有标准厂房 12 栋、办公楼 1 栋、宿舍 2 栋，容积率 1.85。

秋山科技园 项目位于赣州现代电子科技城横江大道南侧、秋葵路西侧，总投资约 77000 万元，规划用地面积 11.22 万平方米，建筑面积约 28.50 万平方米，规划建设标准厂房 7 栋、宿舍 5 栋、办公楼 1 栋，容积率为 2.41，绿地率为 20.3%。

横江科技园 项目位于赣州现代电子科技城横江大道北侧、涌泉大道东侧，总投资 28799.64 万元，规划用地面积 4.54 万平方米，总建筑面积为 11.43 万平方米，规划建设标准厂房 5 栋、宿舍 2 栋，容积率为 2.47，绿地率为 19.96%。

研创光电科技园标准厂房 项目位于赣州经济技术开发区西田大道东侧、岗边大道北侧，总投资约 15000 万元，规划用地面积 3.02 万平方米，建筑面积约 6.15 万平方米，规划建设标准厂房 3 栋、宿舍 1 栋，容积率为 2.02。

叶山科技园（北区） 项目位于赣州经济技术开发区宝福路西北侧、凤凰路西北侧，总投资 24600 万元，规划用地面积 2.92 万平方米，总建筑面积为 8.13

万平方米，规划建设标准厂房 4 栋、宿舍楼 1 栋、地下室及市政配套设施，容积率 2.48，绿地率 17.52%。

叶山科技园（南区） 项目位于赣州经济技术开发区宝福路西北侧、凤凰路西南侧，总投资 22000 万元，规划用地面积 2.7 万平方米，总建筑面积为 7.93 万平方米，规划建设标准厂房 4 栋、宿舍楼 1 栋、地下室及市政配套设施，容积率 2.50，绿地率 19.86%。

梨园科技园二 项目位于赣州经济技术开发区梨园路南侧、华昌路东侧，总投资约 19354 万元，规划用地面积 2.18 万平方米，建筑面积约 6.45 万平方米，规划建设标准厂房 3 栋、宿舍楼 1 栋、地下室及市政配套设施，容积率 2.5，绿地率 18.3%。

旭日科技园二期 项目位于赣州经济技术开发区富强路南侧、华鑫路东侧，总投资约 90000 万元，规划用地面积 6.59 万平方米，建筑面积约 20.7 万平方米，规划建设标准厂房 6 栋、管理用房 1 栋、宿舍楼 1 栋，容积率为 2.49，绿地率为 23.8%。

枫林科技园 项目位于赣州新能源科技城枫林大道南侧，南顶山路西侧，总投资约 38000 万元，规划用地面积 6.67 万平方米，总建筑面积约 12.05 万平方米，规划建设标准厂房 5 栋、办公楼 1 栋，容积率 1.74，绿地率 21.55%。

亿鹏新能源科技二期标准厂房 项目位于赣州新能源科技城星光路北侧、谷山路西侧，总投资 36067 万元，规划用地面积 6.67 万平方米，建筑面积约 9.23 万平方米，规划建设生产大楼 2 栋、办公大楼 1 栋、仓库 2 栋、宿舍 3 栋和电房、污水站等配套设施，容积率 1.384，绿地率 24.62%。

讯飞腾微波天线标准厂房 项目位于赣州新能源科技城唐龙大道东侧、星光路北侧，总投资 33210 万元，规划用地面积 8 万平方米，建筑面积约 7.75 万平方米，规划建设标准厂房 2 栋、生产研发楼 1 栋、宿舍楼 2 栋及废水处理站等附属配套设施，容积率 1.18，绿地率 13.2%。

唐龙科技园 项目位于赣州新能源科技城唐龙大道东侧、星光路北侧，总投资约 88000 万元，规划用地面积 16 万平方米，建筑面积约 37 万平方米，规划建设标准厂房 11 栋、宿舍楼 4 栋、办公楼 1 栋、仓库 2 栋、食堂 1 栋、污水处理站 1 栋，容积率 2.32，绿地率 12%。

同兴达三期标准厂房 项目位于赣州经济技术开发区章贡王路东侧、金凤西路北侧，总投资约 50000 万元，规划用地面积 4.85 万平方米，建筑面积约 9.4 万平方米，规划建设标准厂房 2 栋、仓库 1 栋、宿舍楼 2 栋及附属配套设施，容积率 1.89，绿地率 21%。

（林婷婷）

本栏编辑：施恩沁

农业农村

现代农业

【概况】 2021年，赣州经开区坚持农业农村优先发展方针，深入实施乡村振兴战略，促进农业转型升级、农民持续增收。全区农业生产各项主要经济指标呈现稳中向好发展态势，全年农林牧渔业总产值61849万元，同比增长8.8%。

【农业产业升级】 实施“一带、一园、一品、两地”（打造特色农业产业示范带，高标准打造北部农旅产业园，大力发展舌尖上的农业品牌，建设农业科技企业孵化基地和农产品加工、物流中转集散地）的“3+2”农业产业发展战略，建成科技城蔬菜、三江特种水产等农业产业示范带；形成以五彩城、台湾部落等项目为代表的农旅产业园；培育“田螺哥”、煌德食品、东坚米业等企业自主品牌；建设农业科技企业孵化基地，引入裕丰科技等龙头企业，以“智慧数据+无人机+人工智能”为基础，实现科学技术向农业生产力的转化；建设农产品加工、物流中转集散地，拥有齐云山油茶、穗丰实

2021年全区绿色有机农产品一览表

表2 （单位：吨）

企业名称	两品一标	产品	基地所在地	产量
江西齐云山油茶科技有限公司	有机产品	油茶籽油	经开区黄金大道168号	8.5
	有机产品	油茶籽	全南县大吉山镇	31.6
			崇义县思顺乡	2.5
	绿色食品	高纯山茶油（浸出一级）	经开区黄金大道168号	24
	绿色食品	山茶籽油（压榨一级）	经开区黄金大道168号	144
江西东坚农业发展有限公司	有机产品	水稻	南康区龙回镇	246
	有机产品	大米	经开区纬十路	146

业、菲尔雪等一批农产品加工企业，推动三产融合。

【种植业】　赣州经开区以培育种粮主体为抓手，优化调整粮食生产奖补政策，完成粮食播种面积5.14万亩。通过构建农资、政策、技术保障，实现增油菜、增蔬菜、增绿肥，完成油菜种植2100亩，蔬菜种植5100亩，绿肥、豆类等其他冬种作物8900亩。

【农产品质量安全】　贯彻落实习近平总书记“四个最严”（最严谨的标准、最严格的监管、最严厉的处罚、最严肃的问责）要求，强化日常监督管理，切实保障群众“舌尖上的安全”。区级和乡级6个农残检测室正常运行，全年完成农残快速检测824批次，主要农产品抽检合格率100%，未发生农产品质量安全突发事件。年内，全区有绿色食品2个，有机农产品4个。

【果业】　年内，全区果业面积达480公顷，产量6933.7吨，其中柑橘类面积455公顷，产量6524.2吨，柑橘黄龙病发病率控制在2.81%。全年开展果业技术培训3期157人次，规范调运

4月2日，赣州经济技术开发区党工委农村工作会议召开　（周加相摄）

无病毒苗木19792株，清理圩镇市场“三无”苗木846株，建设标准果园2个、木虱监测点1个。

【两个“信贷通”】　积极发挥政府资金的引导和杠杆作用，拓宽贷款渠道，全年“农业产业信贷通”放款42笔4568.24万元，“财政惠农信贷通”放款3笔255万元。

（聂婷华）

农业机械化

【概况】　2021年，赣州经开区围绕“提质增效转方式、稳粮增收可持续”发展任务，以加快农机化供给侧结构性改革为主线，以全程机械化推进行动为抓手，不断创新落实服务措施，全力打好现代农业发展攻坚战，推动全区现代农业建设。

【农机推广】　年内，出台《关于切实做好2021年粮食生产工作的通知》，对水稻种植实行全程机械化的新购买农机，除享受国家购机补贴政策外，再增加补助20%。开展农业科技下乡、精准扶贫等工作，通过多种途径向农民群众大力宣传农机安全信息和农机购置补贴相关政策，提升全区农户的农机购买热情。

【农机购置补贴】　完善农机购置补贴和农机报废更新补贴制度，规范档案资料管理，提高工作人员业务水平，简化办理手续，方便购机者申领补贴，推进信息公开，强化社会监督。年内，全区使用中央农机购置补贴资金54.788万元，拉动农民购机资金241.667万元，补贴机具83台

（套），受益户数68户，新增农机动力1129千瓦。

【农机安全与监管】 开展农机安全生产隐患排查治理及拖拉机和联合收割机“牌证”专项整治等活动，对农机安全生产工作进行督导检查并建立监管台账。年内，全区新上牌拖拉机7台、收割机6台，新增农田作业机械上牌率、检验率和持证率均达到100%。

（杨　扬）

水利

【概况】 2021年，拉网式排查全区安全饮水情况，投入建设资金1500余万元，进一步保障3个镇8个村35个村小组饮水安全，实现全区61个行政村“村村通”自来水。

【农村饮水安全】 推进全区城乡供水一体化建设，完成规划编制并推进规划实施落地。对全区脱贫户和“三类对象”用水安全情况进行动态监测，形成监测台账。出台《赣州经开区2021年农村区域安装自来水工作实施方案》，继续对脱贫户和“三类对象”安装自来水进行补助，其中纯低保脱贫户、“五保”脱贫户和“三类对象”每户补助资金1600元，一般脱贫户补助资金800元，确保农村居民安装自来水“能装尽装”。每季度对区内3座百吨千人以下农村供水工程进行水质检测，合格率100%；对未使用自来水的农村居民，以村小组为单位抽取水样按生活饮用水检测标准对36项指标进行检测，合格率100%。

【水利建设与管理】 完成三江圩堤整治防洪工程建设，堤防建设长度约2千米，形成上犹江右岸三江大桥至大广高速桥的闭合防洪圈，保护耕地5000余亩，保护人口约3万人；推进唐江堤项目实施；建设农田水利水渠37.1千米，投入资金2945万元，解决1670亩农田灌溉问题，惠及6284户24380人。

【水生态保护】 调整河（湖）长制组织体系，将河（湖）长名单通过政务网站向社会公开，落实各级河（湖）长巡河1029次。年内，赣州经开区上犹江江口国家考核断面水质年均值达到Ⅱ类，赣州经开区窑背长江经济带考核断面、武陵大桥省级考核断面水质优良率达到100%，中心城区第二水厂饮用水水源水质达标率100%，未出现劣Ⅴ类水。

根据《关于印发〈赣州经济技术开发区2021年“清河行动”实施方案〉的通知》（赣经开河办字〔2021〕5号），针对河流湖泊突出存在的乱占、乱采、乱堆、乱建问题，排查出“清四乱”问题14项并完成整改，重点拆除上犹江三江乡段、章江蟠龙段沿岸搭建的钓鱼台现象；对辖区内河湖圩堤管理范围内房屋问题进行实地排查，排查房屋97栋，经鉴定后组织人员拆除影响行洪安全的房屋9栋，在61个行政村张贴《江西省人民政府关于禁止在河流湖泊管理范围内违法建房的通告》，引导群众禁止在河流管理范围内新建房屋，切实加强河流水域岸线管理保护。

全面开展水环境综合治理。安排部署多次“清洁河流，畅通河道”主题活动，整治河道10条，长约42.5千米，水库9座，清理水葫芦、树枝、河面漂浮物等垃圾约1162吨，投入人力1389人次，资金120余万元，切实巩固提升全区河流湖泊水质。持续清理河滩非法种植，对全区河道非法采砂和沿岸滩涂非法种植行为进行监管。常态化监管全区9座水库，对存在网箱养殖行为的水库下发督办函，在水库库区范围内全面禁止饲料养殖和肥水养殖并限期拆除网箱，相关问题均整改到位。

（张　藤　黎柏茜）

林　业

【概况】　2021年，赣州经开区林地面积6204.64公顷，其中森林面积5933.94公顷，森林覆盖率25.59%；活立木总蓄积量22.24万立方米，其中乔木林蓄积量19.31万立方米，乔木林面积5439.53公顷。

【营林绿化】　出台《关于印发〈赣州经济技术开发区2020—2021年度低质低效林改造实施方案〉的通知》，2月下旬，全区完成2020—2021年度低质低效林改造点苗木种植66.68公顷。2月24日，市四套班子与市直（驻市）有关单位和区内部分干部职工，在赣州高铁新区朝阳公园一期，参加2021年义务植树活动，以实际行动号召全市干部群众积极参加植树造林。

【森林资源保护】　推进林长制工作，全年召开总林长会议1次，签发总林长令2次，区级林长开展巡林和现场调度16次。全区“两长两员”完善森林资源源头管理体系，将全区森林资源划分成76个网格，落实专职护林员、明确责任区，实现森林资源网格化管理全覆盖。进一步强化《中华人民共和国森林法》《森林防火条例》等森林资源保护方面法律法规的宣传，全年发放禁火令、禁火通告、宣传画、致广大林农朋友们的一封信等宣传资料7万余份。完成湖边镇蛤湖村29千米防火林带新建任务和湖边、凤岗林区村44千米防火带扩宽建设。

科技城管理处范塘村蔬菜大棚乡村振兴示范点建设　（2021年，赵国梁摄）

【野生动物保护】　加强野生动物保护宣传活动，持续抓好野生动物保护专项行动，严厉打击乱捕滥猎野生动物违法犯罪行为。全年发放野生动物保护宣传资料5000余份，刷新宣传标语40余条，拆除捕鸟网1处，救助鸺鹠等野生动物2只，邀请专家对4棵古树进行复壮保护。市、区两级联防联控，联合市森林公安、市林业局、市质监局在蟠龙镇农贸市场开展打击野生动物违法交易联合执法。

【林业有害生物防治】　推进松材线虫病疫情防控五年攻坚行动，除治松材线虫病死树（含旱死松树）1.1万株，治理松林面积4.1万亩。采购马尾松毛虫防治生物农药11吨，治理马尾松毛虫发生面积0.77万亩。发放致广大林农朋友们的一封信、防火防疫宣传年历、宣传手册等9.58万份。

（曹礼圣）

本栏编辑：曾　鼎　王　颖

乡村振兴

综 述

【概况】 2021年，赣州经开区把乡村振兴作为重点主攻方向，围绕“守底线、抓衔接、促振兴”工作主线，聚焦“五大振兴”（乡村产业振兴、乡村人才振兴、乡村文化振兴、乡村生态振兴、乡村组织振兴）目标，成立乡村振兴专项小组5个，统筹推进全区农业农村各项工作。

【巩固脱贫攻坚成果】 落实脱贫攻坚“四个不摘”制度，把防止出现规模性返贫作为首要政治任务，围绕“两不愁三保障”和饮水安全等重要指标，推行防止返贫“农户自主申报、基层干部摸排、行业部门筛查预警”3线并行排查法，开展“三类对象”（脱贫不稳定户、边缘易致贫户、突发严重困难户）全面摸排24次，织密织牢防贫监测网络，对有返贫致贫风险农户“应纳尽纳”“应帮尽帮”。投入3940万元财政衔接资金实施项目52个，精准惠及脱贫户、脱贫村和“三类对象”，优化完善利益链接模式，将项目绩效与壮大村集体经济挂钩，激发农户自身发展潜力。精准落实教育、健康、就业、兜底保障等延续的帮扶政策，发放各类民生保障资金4894.09万元，惠及“三类对象”及脱贫户5402户19106人。全年脱贫户人均纯收入17480元，同比增长9.6%。

产业振兴

【项目建设】 落实“2+5+N”政策体系和五个专项小组协同推进机制，延续“三会三看三查三制三提”（工作交办会、调度审批会、现场交流会工作机制，看项目、看产业、看环境变化，督查责任措施落实、工作进展、队伍作风，联合协调、考核评比、资金激励工作机制，未开工项目前期工作提速、已开工项目建设提标、已完工项目效益提效）推进办法，全年组织现场推进会、问题研判会35次，开展项目督查15次，下发工作通报13期，编印工作简报78期，县处级以上领导调度460余次，重点推进巩固脱贫攻坚成果、产业提质增效、基础设施提升、乡村建设、人居环境改善等项目。59个主攻乡村振兴项目全部完工，年度实际投资20.1亿元，完成年度投资率的105.8%。

【特色产业】 实施“一带、一园、一品、两地”的“3+2”特色农业产业发展战略。稳定发展粮食生产，优化2021年奖补政策，推进集约化经营，重点支持连片种植50亩以上新型经营主体，种粮大户达50户。持续推动脐橙、蔬菜、油茶、水产产业高质量发展，建设标准果园2个，柑橘面积455.08公顷；种植蔬菜786.67公顷，总产量3.32万吨；水产养殖74.87公顷。用好财政引导资金，支持一批重点龙头企业开展农产品加工技改、扩建项目。玖旭辉进境粮谷加工、穗丰实业米面加工等粮食加工项目的投产和东坚米业、煌德食品等仓储、冷链项目的建成，实现全区总仓容量提升1万吨，粮食日产能力提升1000吨，禽肉冷冻收储、加工及冷链配送能力提升3500吨。延伸发展乡村旅游业，五彩城花博园、台湾部落民俗文化村顺利开园。

新型农业经营主体培育 重点强化龙头企业培育，年内齐云山油茶和裕丰科技分别获评赣州市供应链创新与应用示范企业和省级农业物联网示范企业，凯大脐橙场和齐云山油茶完成市级龙头企业监测工作。持续开展合作社“空壳社”清理、规范合作社运营管理，累计清理“空壳社”32家。

补齐产业发展突出短板 推进农业机械化全程全面高质高效发展，办理农机补贴34台；开展水利建设三年行动，安排2100万资金实施农田水利及机耕道项目27个，全面提升农田基础设施。发展科技农业、数字农业、“区块链＋农业”，全区439家经营主体完成国家农产品质量安全追溯平台注册。

生态振兴

【农村人居环境整治】 开展农村人居环境整治提升五年行动和乡镇建设三年行动，落实每个村长效管护资金5万元，完成40个新农村建设点道路、水沟等基础设施建设，完成各类改扩建任务13千米，创建美丽生态文明农村路25.5千米；安装太阳能路灯2716盏，农村村组干道实现太阳能路灯全覆盖；完成农村户厕问题摸排录入，农村卫生厕所普及率99%；建成三江污水提升泵站和4个农村生活污水治理项目，纳污面积提升70平方千米；打造科技城范塘村、湖边镇善边村为乡村振兴示范村，创建美丽村庄4个、美丽庭院635个；清理农村生活垃圾6.09万吨、水塘420个、沟渠615.53千米、农业生产废弃物93.24吨；落实林长制、河（湖）长制，改造低质低效林66.68公顷，新建森林防火林带29千米，扩建44千米，增绿复绿369.1公顷，完成低产油茶林改造任务的146.2%；清理河流10条约42.5千米，水库9座，水葫芦、树枝、河面漂浮物等垃圾1162吨；整治高铁、105国道沿线环境，拆除铁皮棚22处4452平方米，立面粉刷6.3万平方米，整治沿线料场违法用地5处14.67公顷，拆除沿线违章建筑39处16057.88平方米。

【乡村治理体系建设】 以基层党建“三化”（标准化、规范化、信息化）建设提质增效和质量过硬行动为主抓手，推进抓党建促乡村振兴。为21个村选配驻村干部68名，开展督促工作责任暗访5次，书面通报批评单位8个、驻村干部18人。完成村（社区）“两委”换届选举，实现村（社区）党组织书记“两升一降”目标。出台村（社区）干部激励措施和优秀村（社区）评选系列文件，保障村干部福利待遇。在5个乡（镇、管理处）分别打造1个“乡村振兴模范党组织”；推进村集体经济发展，全区村集体经济经营性收入6308.14万元，村均103.41万元，15个村经营性收入超100万元，2个村经营性收入超1000万元。按照“四助五有”（助餐、助安、助医、助娱，有场所、有设备、有经费、有队伍、有制度）标准推动“党建+养老服务”，实现农村养老服务设施全覆盖，黄金岭街道办事处杨梅村获评“全国示范性老年友好型社区”。推进平安乡村建设，建立集综治、信访、民生等为一体的网格化服务管理模式，完成16个村（居）综治中心建设；建成75个覆盖区、乡、村三级的综治视联网系统点位，落实“一村一辅警”61名及乡村专职人民调解员87名，推行“12345”“老书记工作室”“三办”工作法等乡村治理模式。

9月25日，赣州经开区高素质农民培训种植业（蔬菜、水稻）班开班。图为学员合影　（区农办供图）

文化、人才振兴

【新时代乡村文化建设】 安排专项经费238万元，打造省级文明村1个、市级文明村镇5个、区级文明村镇44个，全覆盖式推进6个新时代文明实践所、80个新时代文明实践站建设；建立“星级”评定机制，43个区直单位参与文明实践结对共建，推动新时代文明实践中心（站、所）“软件”“硬件”双提升。开展“我们的节日”中秋、国庆、重阳等系列文明实践主题活动100余场，开展中共十九届六中全会、省第十五次党代会、市第六次党代会精神宣讲活动120余场，受众1.3万余人次，在各级媒体刊发乡村振兴有关稿件670余条；发挥村规民约、红白理事会、道德评议会作用，组织开展道德评议活动，发布道德“红黑榜”，发放《赣州经开区中元节文明祭祀倡议书》《文明婚俗新风倡议书》1万余份，树立“文明乡风·宜居乡村”新风尚。

【乡村人才队伍建设】 围绕乡村振兴发展要求，实施“新时代赣鄱乡村好青年”“一村一名大学生”计划，培育大学生7名。开展高素质农民培训2期100人次；开展“电商人才”和“网络新农人”培训3期90人次；培养农村个体建筑工匠80人次；实施新生代农民工职业技能提升计划，开展培训19期412人次；培育农村创业致富带头人101人，乡村人才（能手）19人，其中种植技术人才16人、食品加工人才1人、木制品加工人才2人；举办村（居）干部集中培训2期。6月15日，围绕学贯“一法一条例”举办全区副科级以上干部乡村振兴专题培训班，邀请省农业农村厅领导作专题辅导报告。

（刘高斐）

本栏编辑：施恩沁　王　颖

经贸合作

招商引资

【概况】 2021年，赣州经开区围绕新能源汽车、电子信息双首位产业，组建8支由区领导带队的专业招商小分队北上南下开展招大引强。全年开展项目评审会议20次，项目集中签约13次，签约项目137个，签约资金1314.38亿元。签约资金1亿元以上项目93个，其中10亿—50亿元项目34个、50亿—100亿元项目6个、100亿元以上项目2个。

【实施“四个一”招大引强行动计划】 制定“产业经济政策研究院”组建方案，由区管委会和清华大学共同设立。依托高校产业经济政策领域的人才智力优势，整合优秀研究团队，围绕全区“2+N”产业布局重大战略性问题，加强产业经济政策研究，参与区内产业发展重大战略研究、重大政策制定和重大项目招商，谋划“产业地图”，从政策研究、产业发展、远景服务等方面，为产业发展提供高水平的研究成果和智力支撑。

从全区各部门抽调人员成立“招大引强追梦办”，针对各大产业集群追逐大项目、强项目。年内，对接富士康、华为、小米、联想等世界500强企业，对接TCL、康佳、创维等中国500强企业，对接国机、一汽、中化等央企，促成吉利科技投资42GWH动力电池项目签约。

形成“社会化招商盟军”，利用招商顾问盟军的人脉资源，在各产业集群对接龙头产业。年内，签约深圳市科比特航空科技有限公司投资10亿元建设无人机产业园总部基地项目。向个人和商会（企业）发放聘书30余本，发放招商信息奖励214.63万元。引进宝明显示、金瑞麒等一批重点项目。

推动发挥“一杆”作用。自2020年12月对外发布50亿元赣州经开区重大项目产业基金以来，区工发集团以对接融入粤港澳大湾区、打造省域副中心为契机，以12.5亿元赣州经开区工发引导基金为抓手，以打造金融创新平台、推进区域性金融中心建设为目标，加速构建赣州经开区“1+N”基金生态体系。设立领骏创投基金、梅岭春来基金、晟博悦基金、晟富基金等7只子基金合伙企业，总规模超31亿元，通过基金合作机构引进北京领骏科技、潦河新材料、新立讯、中安百傲、中科半导体等招商项目。

【优化项目入园流程】 规范招商引资合同文本，制定《供地项目合同》《租赁厂房项目合同》《租赁厂房且供地项目合同》《总部经济项目合同》《高层次人才项目合同》《未供地项目解除协议》《已供地项目解除协议》《租用厂房项目解除协议》8个合同（协议）范本，明确合同条款，严把项目入园关。规范审核流程，防范风险，制定《招商引资项目洽谈流程》《关于招商引资项目防范风险有关事项的通知》《区招商局投资合同审核流程》。

【对接融入粤港澳大湾区】 印发《关于做好“粤企入赣”系列招商活动的通知》，向8支招商小分队、31个部门分配广东省制造业500强、广东省国企100强、广东省和深圳市物流企业对接任务。对接中国宝安集团、深圳和而泰智能控制股份有限公司、奇信股份有限公司、南光置业有限公司等100余家重点目标企业。12月10日，在深圳举办2021年赣州经开区（粤港澳大湾区）产业招商推介会并签约项目12个，签约金额86.2亿元。12月17日，在深圳参加2021年江西省对接粤港澳大湾区投资合作推介会、赣州市打造对接融入粤港澳大湾区桥头堡推介会暨“粤企入赣”启动仪式并签约投资50亿元项目1个。全年签约大湾区项目74个，签约资金437.38亿元。

【补强发展链条】 针对孚能科技（赣州）有限公司上下游产业，专项制定《孚能科技（赣州）有限公司上下游产业链招商方案》《孚能科技（赣州）股份有限公司上下游产业链企业发展支持政策》，从专项投资优惠政策、承接平台建设、上门对接吉利集团、编制上下游企业名录、开展上门招商、推动储能电站建设等6个方面入手，培育完善新能源汽车电池产业集群。

围绕延链补链强链，积极推动双首位上下游产业链招商。全年引进新能源汽车产业项目20个，签约资金474亿元；引进电子信息产业项目59个，签约资金485.09亿元。对标扩大开放新要求，破除外资外贸“木桶效应”，引进外资外贸项目31个。

内资 外资

【概况】 2021年，全区实际利用内资150.06亿元，增长10.82%，新增纳入内资统计项目36个，其中投资0.2亿—1亿元项目14个，1亿元以上项目22个（含10亿元以上重大项目1个），同比增长33.33%；合同资金121.66亿元，同比增长35.03%。实际利用外资30949万美元，同比增长13.95%，总量、增幅均排名全市第一。

【利用省外资金】 从引进项目产业类别看，引进亿鹏动力锂离子蓄电池建设二期项目、轰天炮投影设备一期项目等工业项目18个，引进赣州顺丰创新产业园、中海滨江壹号等现代服务业项目18个。

从引进资金来源地看，引进纵凯智能手机、平板等终端产品生产项目，鑫冠3C产品周边元器件二期项目等16个大湾区项目，占比44.44%，签约金额59.5亿元，占比48.9%。

【外资引进】 年内，赣州经开区新设立外商投资企业15家，其中合同外资额超1000万美元的6家，最大的宝百有限公司电子产业及设备保税项目合同外资额2亿美元。5月19日，参加“2021年江西（东莞）招商引资推介会”，区内广仑电子工业有限公司投资1000万美元的精密零部件和非铁金属台资项目现场签约。11月3日，2021江西省与跨国公司（上海）合作交流会在上海举办，江西圆通速递有限公司圆宁物流外资项目现场签约。

【外资企业服务】 举办外资培训会。3月4日，举办外资外贸政策宣讲暨业务培训会，邀请赣州海关、赣州综保区、中国银行等相关业务专家进行授课，全区近百家外资外贸企业参会。会上，相关部门分别就外资外贸（含跨境电商）、海关通关及AEO认证、外汇管理进行培训，讲解最新的政策和扶持措施，齐心协力应对当前严峻的市场环境和日益复杂的国际形势，共同推动实现外资外贸高质量发展。

外资企业走访调研。6—8月，区招商局对金进实业、五矿三德、京瓷精密等区内重点外资企业进行走访调研，了解企业2021年现汇进资、利润再投资计划等情况，宣传区内外贸进出口及现汇进资奖励政策，加强对外资企业的服务，鼓励企业做大做强。

外资政策兑现。年内，为区内5家外资企业申请市、区外资扶持资金372.5万元。

（曾钰婷　陈彦婕）

进出口贸易

【概况】 2021年，赣州经开区有外贸出口实绩企业151家，实现进出口突破200亿元大关。

【政策扶持】 区招商局于2月24日印发《赣州经开区应对新冠肺炎疫情促进外贸回稳向好的实施意见（修订稿）》（赣经开办字〔2021〕41号），加大对外贸企业的扶持力度，缩短政策兑现时间。年内，组织区内6家外贸企业申请省级出口信用保险政策，申报补贴金额51.26万元。根据省、市、区相关政策文件，省级文件给予50%的投保费用支持，市级文件给予40%的投保费用支持，区内对应出台文件对区内企业投保出口信用保险业务给予10%的保费支持。

【外贸企业服务】 5月28日，全市外贸、口岸政策宣讲暨业务知识培训会（第三期）在赣州经开区召开。来自赣州市的90家企业参会，此次培训会重点宣讲国家、省、市外贸相关政策，国际贸易“单一窗口”平台使用方法，海关、税务、出口信用保险、展会及市场开拓等业务知识。

6月30日，区招商局外资科走访综保区内重点外资、外贸企业，了解企业上半年进出口情况、下半年进出口计划及存在困难问题，宣传省、市、区外资、外贸扶持政策。8月26日，分管区领导走访金进实业、卫诚火机、禾江科技等区重点外资外贸企业，了解企业生产经营情况，推动协调解决企业因疫情导致的货柜积压、法检品检疫证书过期和出口退税等问题。要求商务部门和区相关单位进一步解放思想，合力营造良好营商环境，共推全区外贸高质量发展。10月13日，区招商局走访区内外贸企业卫诚火机、澳克泰，了解企业进出口情况及存在困难问题、沟通推动申报海关AEO（经认证经营者）高级认证事宜并洽谈卫诚火机新外资外贸项目投资事宜。

【出口预警监测】 区招商局在每月5日前登录外贸出口预警监测信息网络报送系统，上传当月区内20余家重点外贸企业进出口预计数据，实时了解企业运营动态，及时帮助企业分析问题，制定应对策略。

（严　霞）

赣州综合保税区

【概况】　赣州综合保税区于2014年1月22日经国务院批准设立，是江西省第一家综合保税区，规划面积4平方千米，分2期建设。一期于2015年10月20日正式封关，2016年10月19日正式通关运行。赣州综保区具有保税加工、保税物流、货物贸易、服务贸易、口岸作业等政策功能。赣州综合保税区围绕建设加工制造中心、研发设计中心、物流分拨中心、检测维修中心、销售服务中心“五大中心”的发展目标，提高发展水平。

【主要指标】　年内，赣州综合保税区外贸数据、签约资金、跨境电商单量等主要指标均创历史新高。实现一线进出口额120.28亿元。全年签约引进项目17个，总投资227.25亿元，同比增长58.4%。完成跨境电商业务订单52.14万单，实现进出口货值28.18亿元。

【改革创新】　赣州综合保税区创新突破“优”无止境。坚持深化改革，不断发展新业态，聚合发展新动能。继开行赣州—香港货运直通车后，在全省率先开行赣州—东盟跨境直通车，贯通东盟七国，为全市乃至全省新增出境、出海通道。运行以来累计开行563车次，货值1.96亿美元。正式开通跨境电商“9710”（跨境电子商务企业对企业直接出口）模式，进一步拓宽跨境电商企业的出口通道，为外贸高质量发展提供新动能，成为赣州综保区外贸的重要增长点。仓储货物按状态分类、一般纳税人资格试点、保税维修等一批新政策落地见效。

【平台发展】　聚焦产业发展、项目建设和服务保障，推动综保区平台开发建设，促进综保区高质量发展。保税加工、保税贸易、保税物流三大产业发展初具规模。蓝芯科技、锐晶科技相继竣工投产，新增3家企业实现入规。进境粮谷产业“1+N”发展体系初步形成；跨境电商等保税贸易产业蓬勃发展；以赣州—香港货运直通车、赣州—东盟跨境直通车以及供应链服务为主体的保税物流逐步壮大。

总体量29.8万平方米的标准厂房三期、标准厂房项目相继交付企业使用；中国（赣州）跨境电商产业园、网外配套宿舍实现开工建设，为综保区企业入驻、产业发展提供有力支撑。

赣州保税实业集团总资产突破50亿元，市场化运营程度逐步提高。全年完成融资16.7亿元，为区内外企业提供供应链服务51.58亿元，提供进出口报关服务2707单次，金额超百亿元。

（戚箭斌）

赣州综合保税区　（2021年，区融媒体中心供图）

本栏编辑：曾　鼎

经济管理

宏观经济

【“十四五”规划编制】 2月5日，印发《中共赣州经济技术开发区工作委员会关于制定全区“十四五”时期国民经济和社会发展规划和二〇三五年远景目标的建议》（赣经开区党字〔2021〕1号），确定“十四五”时期全区国民经济和社会发展的总目标：“一极两地四中心”建设取得重大进展，经济发展质量和效益显著提高，全市工业龙头地位更加凸显，产城融合发展的良好格局再上新台阶，乡村振兴战略全面实施，生态环境质量持续提升，公共服务水平和质量达到全国平均水平，主要经济指标占全市比重提升1—2个百分点、人均水平保持全市领先并争取进入全省前列，实现“一个跨越，两个完善，三个提升”，进入并持续巩固全国国家级经开区50强、奋力冲刺30强，打造成全国一流的现代化国家级经济技术开发区，确保全区社会主义现代化建设新征程开好局起好步。

6月15日，印发《关于印发〈赣州经济技术开发区“十四五”时期国民经济和社会发展规划和二〇三五年远景目标纲要〉的通知》（赣经开政字〔2021〕76号），围绕建设“一极两地四中心”和进入并持续巩固全国国家级经开区50强、奋力冲刺30强，打造成全国一流的现代化国家级经济技术开发区目标，明确持续推进创新驱动发展、加快发展现代产业体系、加快深层次市场化改革、推进内陆开放先行走前列、推动产城深度互融、全面实施乡村振兴战略、打造绿色生态之城、增进社会民生福祉、推进平安经开区建设9个重点任务和保障措施。

【经济运行监测与分析】 4月30日，印发《赣州经济技术开发区2021年国民经济和社会发展规划》，明确地区生产总值、财政总收入、消费、固定资产投资、对外贸易和利用外资、人民生活、人口就业和社会保障、安全生产、工业化、服务业、城镇化、信息化、科技与创新、教育、文化、卫生、社会福利及社区服务、农业农村、旅游、人民防空、土地利用、资源节约和环境保护、工业主要产品产量指标、农业主要产品和播种面积、消防安全25项指标年度计划。

【保障能源供应安全稳定】 印发《赣州经济技术开发区电网

2021年有序用电预案》和《赣州经济技术开发区电网2021年有序用电预案（迎峰度冬）》，保障迎峰度夏（度冬）电力供应。落实重要节假日能源保供和安全生产工作督导工作机制，开展能源安全生产现场检查12次。完成湖边110千伏变电站改扩建项目及10千伏以下供电网络升级改造。

【综合考评争先创优】　在全省开发区2020年度争先创优综合考评中，赣州经开区位居第三，连续3年位列全省第三、全市第一，稳居全省开发区第一方阵。赣州经开区营商环境指标位列全省第二，综合效益指标位居全省国家级开发区第一，经济发展、科技创新、生态文明、开放水平等指标均位列全省前列。在2021年上半年争先创优综合考评中，赣州经开区综合评价总分及经济发展、科技创新、生态文明、开放水平、综合效益、营商环境6个单项均为A等次。在全市2021年第三季度争先创优综合考评中，赣州经开区位列全市第一。

（陈正东　成福英）

科技创新

【概况】　2021年，市科创中心聚焦平台建设、创业孵化服务、“双创”赋能活动、产学研合作、人才引进等工作重点，着力健全创业孵化生态、完善孵化服务体系，为在孵企业成长提供全方位要素保障。年内，新入驻小微企业25家，帮助在孵企业解决融资需求1000万元，为在孵企业减免厂房租金121万余元。

【平台建设】　年内，全区新增国家级科技创新平台3家，省级以上创新创业平台6家。其中，

恒科产业园　（2021年，区融媒体中心供图）

由市科创中心运营的赣州市小微企业孵化基地获批为2021年中国创新创业成果交易会成果转化基地，全国37个单位获批，为全省唯一；自2019年连续3年获评A级（优秀）国家级科技企业孵化器，为全市唯一。由市科创中心指导的中科（赣州）科创智库众创空间、赣州国际企业中心众创空间顺利通过2020年度国家级备案众创空间复核。赣州国际企业中心、市科创中心、西城节能公司运营的小微企业孵化基地分别获评人社系统国家级、省级、市级创业孵化示范基地，恒科东方小微企业孵化基地获评省级小型微型企业创业创新示范基地。

【创业孵化服务】 年内，市科创中心组织招商分队赴北京、广州、深圳、上海等地区开展招商活动14次、接待外地客商108批次，对接小微企业项目30余家，新入驻小微企业25家，孵化平台体量进一步提升。将驻企联络员制度延伸到企业服务工作中，实施“一对一”帮扶服务，解决在孵企业实际困难106件次；推广小微信贷通等融资政策，帮助康达新能源、博立科技、沐坤科技等在孵企业解决融资需求1000万元；发挥创新创业扶持政策叠加效应，为在孵企业减免厂房租金121万余元，帮助在孵企业申请高企税收优惠减免60余万元；动态更新创业导师库，采取独建和联建相结合的方式，促进区内创业孵化平台资源共享，邀请培训机构导师对各创业平台运管人员进行系统培训，颁发毕业证书56人次，运营孵化能力和管理水平进一步提升。

【“双创”赋能】 年内，举办全区首届科技创新大赛，为广大创客搭建逐梦舞台，区内30多个项目同台竞技。其中，获奖企业获得银行授信贷款2400万元，为企业开辟融资新路径。组织区内7家企业参加2021中国创新创业成果交易会，拓宽企业对接创新资源渠道。举办科技融资、创业辅导、项目路演、财务管理、税收减免、人力资源、知识产权、法务风险、高校对接等“双创”赋能活动40余批次。开展技术交流、产品展览等活动6场，参加人数2600余人次。

【人才引进】 开展“欧潭麒麟”人才评选工作，在区级层面评选一批创新能力强、社会贡献大的科技人才和团队；赴中科院对接高层次人才3批次，走访中科院深圳先进技术研究院、华南理工大学等粤港澳大湾区科研院所，梳理合作意向2个、对接可落地科技成果3个。全年引进高层次人才项目1个，博士10人，各类高级专业技术人才20人。截至年底，金岭科技园、香江科技园共有高层次人才10人，高层次人才项目12个，博士30余人，各类高级专业技术人才90余人。

【政校企联动】 与江西理工大学、赣南师范大学等市内高校搭建战略合作协议，不断巩固拓展合作事项。与江西理工大学合作共建赣州市大学生创新创业园，截至年底，累计孵化企业62家，在孵企业25家。年内，与江西理工大学举办大学生创业实战课“走进双创”平台活动3场。走进市内高校开展对接交流活动4次，指导园区在孵企业江西众安检测有限公司与赣南师范大学化学化工学院共建大学生创业教育实践基地1家，提供大学生实训岗位5个，委托高校订单式培养人才，输送院校人才10人次。

区内各级研发检测机构和创新创业平台载体汇总表（国家级）

表 3

序号	创新创业平台名称	依托（或运营）单位	认定部门	层级	认定时间	平台载体类别
1	国家企业技术中心	孚能科技（赣州）股份有限公司	国家发展改革委	国家级	2020 年	国家级企业技术中心
2	国家离子型稀土资源高效开发利用工程技术研究中心	中国南方稀土集团有限公司赣州有色冶金研究所江西理工大学	科技部	国家级	2018 年	国家级工程技术研究中心
3	钨与稀土采冶及深加工技术国家地方联合工程研究中心	江西钨与稀土研究院	国家发展改革委	国家级	2011 年	国家级工程研究中心
4	国家钨与稀土产品质量监督检验中心	江西省钨与稀土产品质量监督检验中心	国家市管总局	国家级	2010 年	国家钨与稀土产品质量监督检验中心
5	国家级科技企业孵化器	赣州市创业服务中心有限公司	科技部	国家级	2016 年	国家级科技企业孵化器
6	赣州恒科东方国家级科技企业孵化器	赣州恒科东方实业有限公司	科技部	国家级	2016 年	国家级科技企业孵化器
7	中科（赣州）科创智库国家级众创空间	赣州市创业服务中心有限公司	科技部	国家级	2017 年	国家级众创空间
8	赣州国际企业中心国家级众创空间	赣州恒科东方实业有限公司	科技部	国家级	2017 年	国家级众创空间
9	工信部第三批产业技术基础公共服务平台	江西钨与稀土研究院	工信部	国家级	2018 年	工信部第三批产业技术基础公共服务平台

续表 3

序号	创新创业平台名称	依托（或运营）单位	认定部门	层级	认定时间	平台载体类别
10	赣州国际企业中心创业园第五批全国创业孵化示范基地	赣州恒科东方实业有限公司	人力资源和社会保障部	国家级	2021 年	国家级创业孵化示范基地
11	国家级小型微型企业创新创业示范基地	赣州恒科东方实业有限公司	工信部	国家级	2018 年	国家级小型微型企业创新创业示范基地
12	国家级小型微型企业创新创业示范基地	赣州市创业服务中心有限公司	工信部	国家级	2019 年	国家级小型微型企业创新创业示范基地
13	国家级中小企业公共服务示范平台	江西钨与稀土研究院	工信部	国家级	2016 年	国家级中小企业公共服务示范平台
14	赣州新能源汽车科技城专家服务基地	赣州新能源汽车科技城	人力资源和社会保障部	国家级	2018 年	国家级专家服务基地
15	中国（赣州）稀土产学研合作创新示范基地	赣州经济技术开发区	中国产学研合作创新促进会	国家级	2012 年	中国（赣州）稀土产学研合作创新示范基地
16	赣州钨和稀土新材料科技兴贸出口创新基地	赣州经济技术开发区	商务部、科技部	国家级	2017 年	赣州钨和稀土新材料科技兴贸出口创新基地
17	赣州钨与稀土新材料国家 HJ 计划特色产业基地	赣州经济技术开发区	科技部	国家级	2009 年	赣州钨与稀土新材料国家 HJ 计划特色产业基地
18	赣州钨与稀土新材料国家新型工业化示范基地	赣州经济技术开发区	国家	国家级	2010 年	赣州钨与稀土新材料国家新型工业化示范基地
19	国家新型工业化赣州稀土新材料产业示范基地	赣州经济技术开发区	工信部	国家级	2010 年	国家新型工业化赣州稀土新材料产业示范基地

【产学研合作】 推动企业与国内高校开展技术对接、资源共享、联合开发。其中，研创光电科技（赣州）有限公司自主研发团队与电子科技大学展开合作，成功研制出从原材料到成品的国产化陶瓷生瓷带，材料性能可媲美杜邦、ferro（主导高效能材料生产商的全球性以技术为基础的制造商）等进口薄带；促进在孵企业与高校材料学院、信息学院开展技术合作，有效解决企业发展过程中遇到的新能源电池续航、快充、传感器灵敏度提升等产业共性问题。以高层次人才引进带动产学研深度合作、科研成果有效转化。年内，国家高层次人才钟盛文创办的赣州市康达新能源材料有限公司实现“入统入规”；江西理工大学高层次人才任嗣利创办的赣州力健新材料有限公司实现“投产当年营收破千万”；济南大学高层次人才蒋旭川创办的江西善纳新材料科技有限公司为国内隔热纳米功能材料填补空白。整合各方资源，编印孵化器联合会内部刊物《欧潭创友》4期，常态化推介双创动态、产品信息、技术成果，拓宽产学研合作信息交流渠道。

（曾　琛　刘谊秋）

国有资产管理

【概况】 2021年，区国资办进一步深化全区国资国企改革创新工作，做强做优做大区属国有企业。截至年底，赣州建控集团资产总额901亿元，区工发集团资产总额100亿元，赣州保税实业集团资产总额51.21亿元。

【国资国企改革】 出台《赣州经开区国资国企改革创新三年行动实施方案》，重点从优化产业布局、完善治理体系、提升企业竞争力、积极推进混合所有制改革、构建区级现代企业制度、加强党的建设6个方面26项任务，寻求改革创新。

【国资国企监管】 规范区出资监管企业出借款项及担保行为，印发《赣州经开区区属国有企业出借款项及担保监督管理办法》。规范国有企业材料甲供制度，印发《赣州经开区区属国有企业甲供材料管理办法（试行）》《赣州经开区区属国有企业甲供材料采购实施细则（试行）》，进一步提升项目建设质量、节约建设时间、降低建造成本、保障廉洁采购。

【国资增值保值】 开展区属国有企业防范腐败风险专项行动，印发《区属国有企业防范腐败风险专项整治工作方案》，重点围绕2018年以来区属国有企业投资并购及使用资金设立、招标投标及物资采购租赁、工程款项支付、出借款项及担保、内部财务控制机制建立及执行、廉政风险等风险点，排查隐患，完成问题整改。加强对外债权（股权）管理，确保对外债权（股权）按规定时限清理回收，加强对外股权（债权）跟踪问效，确保国有资产保值增值。

（江　晨）

财政管理

【概况】 2021年，区财政局坚持稳中求进工作总基调，克服经济下行压力，切实履行财政职能，规范财政管理，深化财政改革，强化疫情防控，狠抓作风效能，推动财政各项工作迈上高质量发展快车道。财政总收入完成82.84亿元，一般公共财政预算收入完成25.47亿元，2项总量均全市排名第一。

【财政改革】 构建“全方位、全过程、全覆盖”预算绩效管理体系，于9月正式上线运行预算管理一体化系统，通过信息化手段进一步加强对财政资金的管控。压缩代理记账行政许可审批时限，在全市率先开展政府采购“不见面开标”，激发“放管服”改革活力，构建财政改革发展新格局。严格执行财经纪律，开展会计质量信息监督、公务接待、“小金库”专项清查等财政检查6次。全年评审政府工程项目206个，审减资金4.29亿元，确保资金安全规范。

【财政政策运用】 年内出台《关于加快培育专精特新、“小巨人”“单项冠军”企业的若干措施》《关于推进企业上市“映山红行动”的若干政策措施（试行）》《赣州经开区数字金融产业园建设实施方案》等一系列惠企政策。发挥财政资金引导作用，推行政策兑现“免申即享”，做好兑现政策“及时办”，加大对区内企业的扶持力度。全年兑现惠企奖励14.93亿元，减税降费4.4亿元，惠及企业7812户次。

【全区财政总收入首次突破80亿元】 全年全区财政总收入完成82.84亿元，同比增长58.6%，总量首次突破80亿元大关；一般公共预算收入完成25.47亿元，同比增长4.6%，同口径增长17%。从总量上看，全区财政总收入和一般公共预算收入总量均在全市排名第一；从增幅上看，全区财政总收入增幅在全市排名第一，一般公共预算收入增幅在全市排名第六；从结构上看，地方税收收入占一般公共预算收入比重78.7%，环比提高6.1%，同比提高3.9%，全区财税收入质量进一步提高。

【优化财政支出结构】 全区一般公共预算支出39.77亿元，增长0.2%，完成全年财政预算的163.8%。兜牢“三保”（保基本民生、保工资、保运转）底线，坚持“三保”支出在财政支出中的优先顺序。加大民生投入力度，减少行政开支，将资金向民生倾斜，保障民生方面支出27.3亿元。其中教育支出4.73亿元，增长6.7%，确保教师待遇和学校各项工作正常运行；社会保障和就业支出2.75亿元，增长27.2%，提高城乡低保、特困供养以及残疾补助等社会救助水平，确保困难群众基本生活水平只升不减；节能环保支出2.65亿元，增长6%，提升全区生态环境水平；住房保障支出1.56亿元，增长210.3%，支持保障性安居工程建设。

【防范化解债务风险】 区财政局牵头全区各部门（单位）严格执行化债计划，切实防范化解地方政府债务风险，坚决守住不发生系统性风险的底线，顺利完成年度化债目标。强化政府债务风险防控，组织第三方机构对国有企业债务风险情况进行核查，核查债务化解、政府债券使用等情况。加强法定政府债务管理，全年争取到政府债券资金15.85亿元，提高政府债券资金使用绩效。

【民生资金保障】 坚持“理财为民”的服务宗旨，全年保障全区民生支出23.2亿元，特别是教育事业方面，投入学前教育发展民生工程资金3.6亿元，用于新建、改扩建20所幼儿园；投入资金3000余万元为全区所有

10月14日，区税务局在办税服务厅举办聘任仪式，聘请辖区各行业具有代表性的5名税费人担任“税费服务体验师” （区税务局供图）

公办学校安装空调和直饮水机。安排乡村振兴项目资金2.4亿元，助推52个乡村振兴项目顺利实施，全力支持巩固拓展脱贫攻坚成果同乡村振兴有效衔接，在年内开展的2020年度省级扶贫资金绩效考核中获优秀等次。保障返迁房建设资金6.4亿元，助推返迁房建设提速增效，提前2年完成返迁安置问题整改。

（唐　宇）

税务管理

【概况】 2021年，区税务局推进组织税费收入、减税降费、深化税收征管改革等工作，取得良好成效。全年获得省级荣誉2项、市级荣誉3项和区级荣誉8项，1名干部获得省级以上表彰，5名干部职工获得市级表彰，17名干部职工获得区级表彰。

【深化税收征管改革】 区税务局贯彻落实《进一步深化税收征管改革的意见》（简称《意见》），成立《意见》落实工作领导小组，明确工作职责，制发任务分工，推进各项改革任务落地见效。将《意见》纳入党委理论学习中心组、“三会一课”学习研讨内容，依托“学习兴税”平台、青年理论学习小组、大调研和大研讨等形式，组织全员学习，把思想和行动统一到《意见》部署要求上来。利用线上辅导、“微”电子交互平台等“云端”宣传方式，针对性地解读各项税费优惠政策，及时答疑解惑。成立推进以数治税工作领导小组，建立健全日常工作机制，推动以数治税工作进一步落实。

【税收收入】 全年全区组织入库税收52.08亿元，同比增收5.97亿元，增长12.96%，完成年度计划的103.83%。从全市一类县市（区）2021年收入排名看，全区累计收入总量排名第一，增幅排名第三，工业税收和工业增值税总量和增幅均位列第一。

【社保征收】 年内，顺利完成企业社会保险费、土地出让金等非税收入征收职责划转，征收2334户企业和机关事业单位社会保险费9.19亿元、5.68万人次城乡居民基本养老保险1705.11万元、26.37万人次2022年度城乡居民基本医疗保险8903万元。

【减税降费】 年内，减税降费4.42亿元，退库税费11.71亿元，其中出口退税6.21亿元，同比增加3.65亿元，增长142.58%；留抵退税2.92亿元，同比增加2.34亿元，增长403.45%。

（王 洁）

审计

【经济审计】 部门预算执行情况审计 对区农办、区企工局、区企服中心、蟠龙镇4家单位2020年度部门预算执行情况审计，发现问题36个，提出整改建议23条。

财政性投资项目审计 完成固定资产投资全过程审计项目19个，在工程项目立项、招标投标、签证变更、结算审核以及资金管理使用等方面发现问题112个，关注类情况4个，提出审计建议75条，节约财政资金300.26万元；完成4个财政性工程项目结算复核审计，发现问题4个，提出审计建议4条，结算复核审减金额70.98万元。

【专项审计】 领导干部自然资源资产审计 对凤岗镇原党委书记黎俊开展自然资源资产离任审计，出具审计意见1份，发现问题9个，提出意见建议4条。

领导干部任职期间经济责任审计 全年对15名区管领导干部（其中乡镇党政主要领导12名）进行任职期间经济责任审计，出具审计结果报告15份，发现问题169个，提出整改建议85条。

征地拆迁资金专项审计 对湖边镇、蟠龙镇、凤岗镇2020年9月至2021年8月征地拆迁专项资金使用情况审计，发现各类问题14个，涉及直接问题资金59.74万元，提出审计整改意见建议5条。

（颜 剑）

统 计

【概况】 2021年，区经发局紧扣统计“信息、咨询、监督”三大功能，对国民经济和社会发展情况进行统计调查、统计分析，提供统计资料和统计咨询意见，对国民经济和社会发展的运行状况实行统计监督。全区新入规企业171家，继续位列全市第一。其中，新增规上工业企业57家，12月在库269家；新增资质等级建筑业企业50家，12月在库160家；新增限额以上批零住餐企业40家，12月在库97家；新增规上服务业企业20家，12月在库44家；新增房地产企业4家，12月在库39家；12月在库“四上”（规模以上工业企业、资质等级建筑业企业、限额以上批零住餐企业、国家重点服务业企业）企业609家。

【中国统计开放日宣传】 为提高统计意识保证统计数据质量和服务水平，9月17日，组织开展第十二届中国统计开放日宣传活动。开放日的主题是“赓续红色血脉，奋进统计未来”，发放宣传手册1200余份，增强大众对统计知识的了解。

（张 敏）

价格管理

【概况】 2021年，赣州经开区紧盯居民消费价格涨幅“一个目标”、配合市级完善定价机制“一个重点”，强化价费管理、价格认定“二项基础”，全力稳定市场价格、疏导价格矛盾、提升价格服务，营造良好的市场价格环境。

【价格监测】 在做好常规价格监测的基础上，密切关注春节、“两会”、疫情防控等重点时段猪肉、蔬菜、粮油等重要民生商品价格情况，灵敏反映苗头性、倾向性价格异动，做好预警提示工作。每月报送赣州市卫诚火机制造有限公司、江西曼妮芬服装有限公司2家企业普通劳动力的收入、数量等信息，为国家发展改革委就业司、价格监测中心建立全国性的劳动力市场价格监测体系及时掌握全国不同地区、典型行业的就业量与收入变化等情况提供依据。年内，全区重要民生商品价格稳定，劳动力市场价格平稳增长。

【价格服务】 强化价格形势联合分析研判，抓紧重要民生商品保供稳价与新冠肺炎疫情防控期间生活物资保障等工作，成立区疫情防控期间生活物资保障小组，制定《赣州经开区应急物资运输中转站实施预案》《赣州经开区疫情防控生活物资保障应急预案》，主要从物资供应、交通运输、分类配送、水电气等方面重点保障，全区重要民生商品价格平稳，供应充足。强化停车场收费管理服务，年内批复10家具有自然垄断经营和公益性特征的政府投资建设停车场收费标准，对2019年以来批复的公共停车场近2年的停车费收入和支出情况开展统计核查。

【价格认定】 抓好涉纪检监察、涉刑事、涉税价格认定工作，深化价格认定综合业务平台推广应用，加快价格认定业务线上线下一体化办理进程，做好存量案卷数据加载和价格认定信息宣传工作。年内，受理涉刑事价格认定案件133件，高效高质出具价格认定报告133件，案值115.35万元；完成价格认定存量案卷录入83件，为司法机关和行政执法部门提供办案依据。

（刘　萍）

市场监督管理

【概况】 2021年，区市监分局围绕“践行‘六者’使命、守住安全底线、服务发展大局、争创一流监管”总体思路，年内获评“全市食品安全示范县（区）”“赣州市第四次全国经济普查先进集体”称号。截至年底，全区有各类市场主体52342户。其中，个体工商户36122户、企业16148户、农民专业合作社72户。全年新增各类市场主体19054户，增长161.12%。其中企业4148户，增长23.71%；个体工商户14906户，增长277.94%。

【规范市场秩序】 办结市场监管领域举报1019起，对市场监管领域各类违法违规行为立案166件。其中，查办房地产开发商非法采集消费者人脸信息案3起，某公司销售未经检验检疫冷链猪肉案，某商行销售添加有毒有害非食用物质的黄元米果案，某公司生产销售以次充好的混凝土案，某大学物业公司使用未经检验合格的电梯案等一批危害人身、财产安全的重大案件。全年实施首违不罚、轻微违法行为不予处罚300余件。

针对天价茶、公务员考试、极端恶劣天气、印章市场、医疗机构、民办学校、转供电等开展价格专项检查。出动执法人员100余人次，检查医疗机构5

所、民办学校64所、技工院校6所、经营户100余户。开展流通领域产品抽检、重点领域广告监测和专项整治、校外教育培训机构专项整治、粮食市场秩序专项整治工作，保障区内线上消费者的合法权益。

【企业信用体系建设】 依托官网、微信公众号等媒介向社会公众宣传公示系统，引导广大市场主体在法定期限内报送年度报告，全区企业年报公示率89.41%、个体工商户年报公示率98%、农专年报公示率96%。开展“双随机、一公开”抽查工作8次，检查各类市场主体204户，发现问题被列入异常名录企业46户。区市场监管分局、区法院、区应急管理局、区自然资源分局等部门全年录入上传信息13407条，其中行政许可4865条，行政处罚441条，抽查检查215条，小微企业扶持619条，部门公告1条，荣誉信息85条，判决文书606条，信用承诺6467条，抵押登记85条，备案登记23条。

【质量强区】 3月，制定《2021年赣州经济技术开发区质量强区工作要点》，全面推进质量强区。在2020年全市质量强市考核中，赣州经开区位居全市第二。9月，举办全区“质量月”现场宣传咨询服务日活动，向市民宣传标准、计量、品牌、特种设备、食品、农副产品、工程、环境、旅游、金融等方面的知识。10月，江西阿姆源餐饮有限公司的《让更多的人吃好一碗饭》餐饮文化入选2021年全国“质量月”苏浙皖赣沪优秀企业文化（全国50例、全省10家）。江西章贡酒业有限公司获得2021年苏浙皖赣沪质量品牌故事演讲大赛二等奖（全市2家）。12月，赣州市同兴达电子科技有限公司成功获评赣州市长质量奖（全市2家），赣州好朋友科技有限公司获评赣州市长质量奖提名奖（全市2家）；全区19个产品获评“江西名牌产品”，数量创历史新高；全年指导区内44家企业进行标准自我公开声明124项，指导赣州富尔特电子股份有限公司、江西摩力斯科技股份有限公司等企业参与国家标准制修订18项，数量均位居全市第一，赣州富尔特电子股份有限公司获评2021年江西省企业标准“领跑者”（全省21家、全市4家）。

9月24日，2021年赣州经开区“质量月”宣传现场咨询服务日活动举办
（区市场监督管理局供图）

【知识产权保护】 3月，印发《2021年赣州经开区知识产权行政保护工作方案》，从严格专利保护、强化服务宣传等方面优化知识产权服务，全面提高区内知识产权行政保护能力。4月22日，赣州经开区电子信息产业知

识产权联盟成立大会召开，是全市首家以知识产权为纽带，以专利协同运用为基础的产业发展联盟。首批联盟成员包括同兴达、赣州立德电子、柏瑞凯等50余家电子信息企业及知识产权服务机构，成员单位拥有专利、商标等知识产权成果超过800件。全年全区新增专利授权1302件，其中新增发明专利授权449件，占全市总量34.49%；新增企业发明专利授权407件，同比增长51.3%，新增发明专利授权量、企业发明专利授权量位居全市第一。

【食品、药品、医疗器械、化妆品安全监管】 食品安全监管 全区有注册登记食品生产经营主体4727家。其中，食品生产企业36家，食品小作坊89家，食品销售单位2124家，餐饮服务单位2178家，企事业单位、学校及幼儿园食堂300家。开展食用农产品、餐饮等四大类食品监督抽查712批次，合格率98.31%。开展禽蛋质量安全、网红餐厅、粮食制品等专项整治20余次。开展疫情防控期间培训和行政约谈4次、核酸检测6500余批次，形成每周对冷链食品、生产经营环境及从业人员进行排查和核酸检测的工作机制。创建省级优秀小作坊示范点5家，食品小作坊的清查和登记率达100%。8月，赣州经开区获评“全市食品安全示范县（区）”。

药品安全监管 2月7日，召开药品经营零售企业提醒告诫会，要求药品经营零售经营企业签订承诺书。督促辖区120余家在营药品经营零售企业落实进店扫码、戴口罩、测体温，严格处方药销售。开展新冠病毒疫苗储运质量安全监管，年内检查疾控机构和接种单位121家次。开展

9月15日，区市场监管分局工作人员正在检查药品销售台账 （赵国梁摄）

中药饮片专项整治，检查相关企业48家次。开展含兴奋剂药品经营专项检查工作，组织含兴奋剂药品零售企业开展自查，检查经营企业16家、相关药品70个。督促辖区内经营“重点品种药品”的零售药店完成与第三方追溯平台对接，对药品经营、使用单位检查（巡查）500余家次。督促各药品零售企业执业药师落实在岗打卡要求，责令31家存在不凭处方销售处方药、药学技术人员不在岗销售处方药行为的药品零售企业整改存在的问题。完成辖区零售药店药品经营许可证统一编号换证。加强执业药师队伍建设管理，督促零售药店有效期内的执业药师在“江西执业药师”App打卡。华润医药江西有限公司赣州德信行新特药店执业药师余晓林获得2020年全省“身边最美药师”称号。

医疗器械安全监管　开展新冠病毒检测试剂监督检查，检查相关单位12家次。开展第一类医疗器械备案监管，检查线管单位6家次。开展医疗器械质量安全风险隐患排查治理工作，检查经营使用单位210余家次。

化妆品安全监管　开展婴幼儿和儿童化妆品专项治理，检查备案人1家、母婴用品专卖店30家、商场14家、其他化妆品经营者30家，移交化妆品案件线索1条。开展有关化妆品违法宣称促进睫毛生长功效问题调查，检查3家化妆品经营单位、2家美容美发企业。

安全监测工作　全年药品抽检37个（区级抽检计划4个），化妆品抽检1个，对1批次不合格药品（五倍子）依法处置。年内完成药品不良反应报告总数293份，完成年度目标任务数的146.5%，医疗器械不良事件报告86份，完成年度目标任务数的107.5%，化妆品不良反应报告25份，完成年度目标任务数的125%。

【特种设备安全监察】　开展特种设备安全专项整治三年行动，推动全区460多家特种设备使用单位开展安全专项整治集中攻坚，保障4600多台（套）特种设备平稳运行无事故。常态化开展危险化学品等重点行业特种设备领域安全大检查、隐患大排查工作和城镇燃气安全隐患再排查再整治活动，以特种设备安全生产“打非治违”百日行动为抓手，做好低温寒潮天气特种设备安全防范工作。联合区相关职能部门开展隐患大排查整治行动，对全区8个燃气单位开展联合巡查检查，出动监察人员586人次、巡查特种设备使用单位362家次，对36个隐患问题进行隐患攻坚，实施挂图作战，对2个隐患问题挂牌督办，与区市监执法稽查分局携手开展行政执法监察，依法拆除4家5台无证制造的简易升降机，罚款金额23万元；对6个返迁小区64台电梯突出问题进行整改，向有关单位争取维修经费25万元，解决返迁房维修经费无着落的问题3个，解决小区电梯故障频发的问题4个；派出特种设备安全监察人员驻点重要会议接待场所，全力保障2021年全省旅发大会、中国稀土集团挂牌大会、赣商大会等7个重要会议期间的特种设备安全；关注民生热点，配合房管部门审核32台加装电梯的申报材料，其中29台通过联合会审，8台通过监督检验、办理注册登记。及时受理有关电梯安全的投诉举报工作，积极协调开发单位、电梯生产厂家、电梯维保单位处理88起电梯故障投诉事项，解决群众的电梯安全出行需求，受到群众的好评。在10个小区组织开展电梯应急救援演练活动，提升电梯维保单位的快速反应能力和应急救援水平。主动对接区建设项目，为全区28家企业在特种设备检验申报、登记注册、技术改造等方面提供优质服务。协调市特检中心为区内16个重大项目建设开辟安装、检测“绿色通道”。

【计量及认证监管】 计量监管 3月，在三江乡、凤岗镇开展2021年度“计量保春耕”活动。5月，开展“5·20”世界计量日系列主题宣传活动。7月，区市监分局协调市计量所为11家眼镜店的33台验光仪、焦度计、镜片箱等计量器具进行现场检定，合格率100%。10—12月，开展涉粮企业专项监督检查，对辖区8家涉粮企业电子汽车衡、水分测定仪、天平、台秤等计量器具的检定情况进行全面查验。围绕涉及民生的加油机、衡器等计量器具，对辖区集贸市场、超市、加油站等重点领域计量器具的配备、定量包装等情况开展全面检查。

认证监管 7—8月，开展强制性认证产品生产企业专项检查，检查特风暖通设备制造、银源消防器材、金信诺电缆等11家重点强制性认证生产企业近40个产品批次。9月，开展“有机产品认证宣传周”系列活动。全区获有机产品认证证书企业3家。

【检验检测监管】 利用日常巡查、节前专项检查、“双随机”检查、参加各项现场评审等方式，对辖区80余家各类检验检测机构进行拉网式检查，全年检查178户次。约谈13家“双随机”抽查的检测机构负责人、授权签字人并下发责令改正通知书，对违法情节较重的3家机构移交区市监执法稽查分局立案查处，列入重点监管台账。全年对5家机动车检测机构的机动车尾气环保开展专项检查60次。

【打击传销与规范直销】 制订《赣州经济技术开发区打击传销工作实施方案》，将打击传销工作列为各乡（镇、街道、管理处）、各部门社会管理综合治理目标管理考核项目。全年捣毁传销窝点12个，传销立案1起，遣散传销人员53人，起诉组织、领导传销活动案2件10人，审结生效1件1人。联合区公安分局、区金融服务中心、黄金岭街道办，在金东路七一九社区（北区）开展“抵制传销 从我做起”打击传销进社区宣传活动，张贴宣传画2326张，悬挂横幅253条，发放宣传资料8000余份，设立宣传栏（板报）65个，在广播、电视、报刊等媒体刊（播）“打传”专项整治活动宣传稿件15篇。

（钟 鑫 周宏刚）

本栏编辑：施恩沁 曾 鼎

服务业

综述

【概况】 2021年，赣州经开区有规模以上服务业企业43家，净增13家，实现营业收入31.2亿元，增速25.3%。限额以上住宿餐饮企业13家，从业人员859人，全年营业收入1.24亿元，其中营业收入超千万元2家，江西博鑫酒店有限公司赣州锦江国际酒店分公司营业收入超4500万元。全区住宿业实现地区生产总值2.51亿元，同比增长22%，餐饮业实现地区生产总值16.9亿元，同比增速28.9%。邀请专家编制《赣州经济技术开发区"十四五"现代服务业发展规划》，明确加快构建"543"（打造以现代物流、现代金融、科技服务、商务服务、电子商务为主体的五大生产性服务业；品质发展以高端商贸、"旅游+"产业、健康养老、社区服务为核心的四大生活性服务业；

2021年区内住宿餐饮限额以上企业一览表

表4

序号	单位名称	职工（人）	营业收入（万元）
1	赣州曼思酒店有限责任公司	37	625.7
2	赣州慕凯酒店管理有限公司	32	310.4
3	江西金智园运营管理有限公司	28	769.2
4	赣州君澜酒店有限公司	57	727.3
5	赣州迎宾宾馆有限公司	29	589.2
6	赣州客家金园酒店管理有限公司	44	285.7
7	江西阿姆源餐饮管理有限公司	71	539.9
8	赣州祥善餐饮管理有限公司	18	248.9
9	赣州祥善食品有限公司	211	1621.2
10	赣州经开区蟠园餐厅	50	831.8
11	赣州经济技术开发区世纪华悦酒店	50	821.5
12	赣州经济技术开发区客家大院餐饮店	32	231.5
13	江西博鑫酒店有限公司赣州锦江国际酒店分公司	200	4870.2

以总部经济、平台经济、创意经济为主体的三大服务业新业态）现代服务业发展体系，着力优化“一轴两核三园四中心”（现代城市商务中轴，生产性服务业核心区和生活性服务业核心区，智慧综合物流园、数字金融产业园、高铁低碳示范园，综保跨境电商中心、凤岗北农旅休闲中心、华坚北服务业创新创业中心和蟠龙文化体娱中心）空间布局。出台《赣州经开区服务业高质量发展行动方案（2021—2025年）》，为全区现代服务业的发展谋划方向。举办生产性和生活性服务业产业链政企圆桌会议2次，参会服务业企业22家，解决企业难题38个。

【经开万达综合体项目】 经开万达综合体项目于1月开工，总投资50亿元，占地面积约290亩，总建筑面积约50万平方米，其中商业综合体面积18万平方米，项目主要建设商业MALL、甲级写字楼、学校教育、城市公寓、高端住宅等，高标准规划建设一批教育、医疗、文化、体育等公共服务设施，补齐健康养老、家政物业、社区商业等生活性服务业短板，促进社区服务业全面发展。

【服务业平台建设】 数字金融产业园 结合全区金融产业发展实际，以发展数字经济为切入点，以金融科技为抓手，高起点打造服务地方、特色鲜明、功能突出的数字金融产业园。10月26日，数字金融产业园正式开园，落户企业32家，涵盖金融科技、金融、类金融、第三方中介服务类等机构。

商贸服务型国家物流枢纽 赣州传化南北公路港、传化腾宜达金属物流园、传化企亿物流、万吉智慧物流等项目先后投入运营。顺丰产业园项目完成项目建设及内部装修，开始试运行。赣州传化南北公路港获得2021年省预算内基建投资现代服务业发展专项项目资金400万元，入驻企业103家，直接新增就业岗位2300个。万吉智慧物流项目获得标准厂房补助300万元，“吉集号”平台通过大数据等技术融入智慧物流，依托以现代信息技术为核心的供应链管理技术，建设物流公共信息平台网，覆盖江西省全境并完成周边省份主要城市布局，实现智慧物流与制造业、商贸业、金融业、信息服务业融合发展。

小微企业创业孵化基地 基地成功打造赣州市高层次人才产业园、中科（赣州）科技创新智库暨中科（赣州）科技创新研究院、赣州市智能产业创新研究院和江西赣州人力资源服务产业园，吸引一大批服务业企业集聚，涵盖知识产权申报、智能提升改造、软件开发、代理记账、职业卫生健康检测、融资担保服务、人力资源服务等业务。年内，基地企业主营收入8.5亿元，纳税0.4亿元，从业人员近2000人。基地企业拥有专利451件，其中发明专利143件；拥有高新技术企业5家，科技型中小企业14家；拥有国家高层次人才11人。

恒科产业园 园区以智能科技、电子信息、软件电商等现代服务业为主导，兼顾引进光机电、新材料、服务外包、节能环保等领域的科技企业。项目总用地面积120亩，建筑面积18.9万平方米。截至年底，园区入驻综合类企业385家，集聚青年创业就业人数近5000人，年纳税超1.5亿元。

（曾　鹏）

金融服务

【概况】 2021年，赣州经开区有银行机构14家，营业网点

36个，保险机构9家，小额贷款公司2家，融资租赁2家，股权交易中心1家，综合性金融机构1家，数字金融产业平台1家。

【企业上市“映山红行动”】

制定出台《关于推进企业上市“映山红行动”的若干政策措施（试行）》，对境内上市奖励提高至4100万元，其中区级奖励提标至3000万元，新设入选新三板精选层区级奖励100万元，激发企业上市挂牌内生动力，播恩集团于12月7日完成“一反回复”，金力永磁于12月2日完成港交所聆讯。推进企业股改，赣州建控集团签约申万宏源证券、安永会计师事务所和上海锦天诚律所服务中介机构；好朋友科技签约兴业证券、龙城会计师事务所、上海锦天诚律所服务中介机构；荧光磁业与招商证券签订辅导协议，引入财务顾问等机构；鑫冠科技于7月招聘董事会秘书等专业人才并与申万宏源证券签订协议。全年区内有亚美达环保股份等5家企业完成股改。10月18日，组织区内企业开展赣州经开区“走进北交所”活动。截至年底，全区有上市挂牌企业11家，入选省级上市后备库10家，市级后备库19家，区级企业上市后备库企业30家。

2021年区内银行基本情况一览表

表5

序号	银行名称	网点（个）	员工（人）	年末本外币存款余额（亿元）	年末本外币贷款余额（亿元）
1	中国银行	2	25	12.12	16.64
2	中国工商银行	3	43	21.83	29.78
3	中国农业银行	5	107	38.79	43.72
4	中国建设银行	2	23	15.08	7.61
5	交通银行	1	15	8.1	17.35
6	中国邮政储蓄银行	2	17	1.83	2.65
7	江西银行	1	15	23.06	29.91
8	赣州银行	5	71	32	37
9	九江银行	1	3	1.68	0.27
10	招商银行	1	22	9.2	11.4
11	兴业银行	1	15	26.46	25.73
12	赣州农村商业银行	8	70	49.16	19.57
13	江西赣州银座村镇银行	2	47	8.73	8.81
14	南康赣商村镇银行	1	9	3	0.32

2021 年区内各类保险机构一览表

表 6

序号	机构名称	网点（个）	员工（人）	保费收入（万元）	赔付支出（万元）
1	中国太平洋财产保险股份有限公司赣州经济开发区支公司	1	7	3227.00	2831
2	渤海财产保险股份有限公司赣州中心支公司	1	11	218.85	351.66
3	都邦财产保险股份有限公司赣州中心支公司	1	1	0.34	0
4	中国人寿财产保险股份有限公司赣州市中心支公司	1	115	14629.28	7120
5	华泰财产保险有限公司赣州中心支公司	1	4	1031.87	661.51
6	太平财产保险有限公司赣州中心支公司	1	29	5595.89	2515.68
7	中国人民财产保险股份有限公司赣州市经济技术开发区支公司	1	24	14422.42	6491.28
8	永诚财产保险股份有限公司赣州中心支公司	1	10	6391.42	4956.58
9	农银人寿保险股份有限公司赣州中心支公司	1	24	11908.33	250.57

2021 年区内现有上市挂牌企业一览表

表 7

序号	公司名称	上市挂牌时间	所在板块
1	孚能科技（赣州）股份有限公司	2020.7.17	上交所科创板
2	江西金力永磁科技股份有限公司	2018.9.21	深交所创业板
3	天音通信控股股份有限公司	1997.12.02	深交所主板
4	品钛集团	2018.10.25	美国纳斯达克证券交易所
5	趣店集团	2017.10.18	纽约证券交易所
6	康尔国际	2013.12.23	马来西亚证券交易所创业板
7	江西恒玖时利电传动系统股份有限公司	2016.1.18	新三板
8	研创应用材料（赣州）股份有限公司	2016.8.8	新三板
9	赣州富尔特电子股份有限公司	2018.1.31	新三板
10	江西江悦新能源科技股份有限公司（原芮森鑫服）	2017.5.24（2020.4.28 从上海引入）	新三板
11	江西基骏科技股份有限公司（原汉鼎绿能）	2016.9.13（2020.6.12 从深圳引入）	新三板

【金融创新】 制定出台《赣州经济技术开发区“十四五”期间金融业发展规划》《赣州经开区数字金融产业园建设实施方案》《赣州经开区外商投资股权投资企业试点管理暂行办法》等政策文件。赣州建控集团发行美元债2.7亿美元，区工发集团设立全区首家融资租赁公司。获批全省首个QFLP业务试点，与中传金控达签订4亿美元外汇进资落地协议。

【防范金融风险】 开展区防范金融风险专家宣讲团进学校、社区、养老机构等开展防范非法集资、反电信诈骗、防范套路贷、校园贷等宣传活动33场次。组织区内金融、类金融、处非相关成员单位分批次至国盛证券投资者教育基地开展《江西省地方金融监督管理条例》《防范和处置非法集资条例》专题培训14场次。根据“赣金鹰眼”平台预警提示，联合区公安、市监等部门对辖区内12家高风险企业、区内注册名称或经营范围含有“金融”“投资”“财富管理”等字样的270家机构、6家基金公司进行现场摸底检查，综合研判风险情况，引导企业合法合规经营。完成2018年至2020年非法集资陈案化解25%的任务指标，2021年全年陈案化解销号4件，超额完成3件陈案化解任务指标。

（汤金生）

数字经济

【概况】 2021年，全区围绕数字经济和区块链产业创新发展，紧扣“促进数字经济和实体经济融合发展”主线，先后出台《赣州经济技术开发区促进数字经济产业发展若干措施》《赣州经开区区块链产业发展三年行动计划（2021—2023年）》《数字经济和区块链产业“十四五”时期发展规划》。全年建设5G基站700个，互联网软件和信息技术服务业营收实现1.8亿元，同比增长36.44%。国机智骏汽车入围2021年江西省“5G+工业互联网”应用试点示范项目，冠英智能、裕丰智能获评2021年江西省大数据示范企业。

【区块链产业发展】 2021年，赣州区块链技术产业园签约引进浙江微医区块链互联网医疗平台、香港东英集团滴灌通平台等区块链项目，汇聚“区块链+”企业132家，营收突破4亿元，获批2021年度赣州市小型微型企业创新示范基地。区块链应用不断拓展，“赣南脐橙链”先后参与博鳌论坛品牌建设与保护暨2021年赣南脐橙无假劣产品发布会，直接拉动上链果品平均每市斤增加收入1.03元，

4月30日，赣州经开区举行“十四五”期间金融业发展规划新闻发布会暨宣贯会 （区金融服务中心供图）

被工信部评为区块链十大经典案例并写入白皮书。“家居木材链”与国家林草局国贸中心联合打通木材跨境产业链全流程溯源，助力赣州市成功入选国家区块链创新应用综合性试点城市名单。

【数字产业化和产业数字化】 围绕5G、大数据、工业互联网等应用方向，培育裕丰智能、慧通力合、银盛电子等数字技术应用创新企业。年内，裕丰智能5G+赣南果业大数据服务平台项目在第四届“绽放杯”5G应用大赛江西赛区获区域赛一等奖。孚能科技等7家企业入选江西省制造业数字化转型典型应用案例。冠英智能、西克节能入选江西省第一批制造业数字化转型服务商。裕丰智能、冠英智能2家企业获评省级大数据示范企业。国机智骏获批省级“5G+工业互联网”应用试点示范项目。

（谢珊珊）

电子商务

【概况】 2021年，全区有电商企业629家，其中规模以上电商企业42家，有较大知名度和影响力的电商企业有曼妮芬、九鲤湖、冠宏亚太、江西华寇、万吉物流、老果农等。九鲤湖在薏米杂粮类目全国销量排名第一。江西章贡酒业、齐云山等一批传统线下企业触网电商直播，通过电子商务拓展销售渠道。引进建立赣州国企中心、猪八戒网赣南总部园、科创中心青年创业园、冲天跨境电商产业园4个电商产业基地，为电商企业发展搭建平台。2021年现代服务业攻坚战市级重点调度项目中，区内有现代商贸产业重点项目7个，其中电子商务物流企业有赣州安能物流园项目、顺丰创新产业园项目、赣州万吉智慧供应链产业园二期项目、赣州综合物流园（传化志申物流园）。赣州安能物流园项目及顺丰创新产业园项目建成并投入运营。

【中国（赣州）跨境电商综合试验区】 建成运营“赣州保税商城”线上平台和实体体验店、摩卡莎啤酒音乐文化广场，商品涵盖亚洲、欧洲、澳大利亚等地100多个品类。出台《关于支持跨境电商产业发展的若干政策（试行）》，从跨境电商平台建设、交易奖励、场所租金减免等方面，对电商平台、物流仓储、跨境支付等各链条企业给予扶持。截至年底，在平台注册运营的跨境电商企业有40余家，完成跨境电商业务订单57万单。

【电商扶贫】 拓宽扶贫产品销售途径 推动扶贫产品上线电商平台，搭建连接贫困人口和社会爱心人士、爱心企业爱心帮扶、电商扶贫、扶贫众筹、扶贫展示、扶贫评价网络服务平台，累计发布需求28919条，成功对接24924条，成为贫困户销售扶贫产品的新渠道。开展扶贫专场活动4期，销售扶贫农产品1598单。培养“田螺哥”严来春等33名贫困户成为“懒得社区团长”。在疫情防控期间，销售果蔬肉蛋等生活必需品35万元，人均增收1000余元。鼓励工会会员参与消费扶贫，全年安排1/3的工会资金兑换“懒得社区”电子购物券，用于采购扶贫产品。

农村电商基础设施建设 在全区建设农村电子商务配送点，组织邮政、顺丰、菜鸟、京东、本地社区电商配送企业等社会力量，建设“多站合一”乡镇物流服务站和村级综合服务点85个，实现全区61个村全覆盖。

电子商务知识培训 积极提升贫困劳动力创业和就业能力，培育壮大农村电子商务人才队伍。联合赣州市虔立职业培训学校开展电子商务知识免费培训，邀请专业讲师围绕电子商务发展趋势、电商政策、各销售平台运营方法、新手网店开设及后台运营、客服技巧、PS软件使用、抖音直播方法及电商相关法律法规等内容进行授课，现场指导学员注册店铺、上传审核资料、编辑商品详情及店铺日常管理，引导参训学员更快掌握营销策略和营销技巧，培养懂技术、知流程、会操作的农村电子商务能手。全年举办电子商务培训班3期，近百人实现网上销售晋档升级。

（吴 滔）

房地产业

【概况】 2021年，区房管所围绕建设“一极两地四中心”目标，履行房管工作职能，推行价格联席会制度，加强房地产市场监测，完善预警预报体系，密切关注房地产市场运行情况，紧盯房价指数、成交量、成交价格及土地供应量、土地价格等主要指标，加强房地产市场分析研判，及时提出房地产市场调控政策建议，协调解决困难问题，全区房地产市场平衡健康稳定发展。

【房地产市场管理】 坚持“房住不炒”定位和稳地价、稳房价、稳预期“三稳”目标，持续推进房地产市场平稳发展。年内，办理商品房预售49宗，新增商品房供应量80.23万平方米，其中住宅61.85万平方米、商业用房11.87万平方米。召开联席会议5次，指导江理新苑、美的·君兰学府等14个项目商品房住宅定价。持续加强预售资金监管，全区应监管预售资金项目21个，应监管预售资金约13.94亿元，在账金额12.4亿元，保函金额3.89亿元，监管比例达116.83%。

【房产交易】 全年受理办件业务量7475件，其中商品房交易备案4942件、房产交易存量房（买卖）备案2056件、存量房其他转移377件，开具购房资格确认95件，房屋租赁备案5件。协助核查贫困户、低保户房屋交易备案信息739户。配合完成存量企业“两个信贷通”贷前评审及贷后管理工作230件。

【物业管理】 建立94个住宅小区的开发企业、物业服务企业、业委会台账，完善全区物业服务企业及从业人员信用信息管理机制。深化全国文明城市常态化建设，区房管所按照“党组成员包片，挂点干部包干”原则，将所有物业服务小区划分成4个大片区由4名党组成员担任片区挂点领导，19名干部分别挂点5—8个小区，细化工作任务，明确整改落实时限，强化责任落实，推动制度到位、措施到位、人员到位。完善巡查督办机制，及时跟踪并处置反馈问题。

【住宅专项维修资金】 全年办理住宅专项维修使用业务13笔，涉及584户，申请使用资金119.51万元。截至年底，区内95个小区归集资金2.44亿元，摊销利息1702.18万元。

【城市棚户区改造】 紧扣全年3706套城市棚户区改造开工及2042套基本建成目标任务，科学制定任务分解落实方案，明确部门职责、工作目标和要求，全面推进棚改项目建设。年内，3706套开工目标任务按时间节点要求完成，2042套基本建成目标任务提前完成。

【人才住房建设】2021年度区人才住房建设（筹集）任务3198套，实际开工（筹集）3318套，其中商品房配建796套，政府新建859套，企事业单位自建1663套，总开工率103.75%。

【公共租赁住房管理】2021年度，全区建设公租房6302套，分配率100%；入住6092套，入住率97%。加强公租房后续管理，为585户承租家庭办理后续管理相关业务，其中为85户承租家庭办理承租权变更手续，为42户家庭办理承租资格或轮候资格放弃手续，为204户承租家庭办理退房手续，为254户家庭办理公租房房源互换手续。落实省审计厅对赣州市本级和中心城区2020年度保障性安居工程资金投入和使用绩效审计发现问题整改，违规享受公租房待遇的9人全部清退到位。开展常态化公租房网上申请受理工作，全年受理审核公租房申请968户。

（凌　海）

物流产业

【概况】2021年，赣州经开区有注册登记物流企业221家，其中A级以上物流企业11家。江西全承港网络科技有限公司获省综合交通运输事业发展中心颁发的线上服务能力认定，“吉集号”获批赣州市首张网络货运平台道路货物运输经营许可证。

【物流产业发展】谋划物流产业“十四五”规划，编制赣州国际空港高铁产业园战略规划，高标准打造“铁、陆、空、区”三港一区联合的区域性国际物流集散基地。引进总投资50亿元的恒慧智慧冰温冷链项目及总投资10亿元的圆通速递（赣南）智创园项目。年内，实现万吉智慧供应链产业园一期、顺丰创新产业园竣工投产，赣州综合物流园四期开工建设。

【赣州顺丰物流创新产业园】项目位于长泾路以西、黄龙路以南、石湾路以北、华屋前路以东。总投资10亿元，占地面积204.38亩，建筑面积91878.35平方米，包含大型仓库4栋和办公楼1栋。11月1日，项目正式投产运营。

（吴常铭　郭永平）

本栏编辑：曾　鼎

2021年区内物流企业一览表

表8

级别	公司名称	类型	级别	公司名称	类型
AAAA	赣州万吉物流有限公司	综合服务型	AA	赣州鑫旺物流有限公司	运输型
AAA	赣州灵通物流有限责任公司	综合服务型	AAA	赣州建辉物流有限公司	综合服务型
AAA	赣州市众诚物流有限公司	运输型	AAA	赣州远陆物流运输有限公司	综合服务型
AAA	赣州力佳物流有限公司	综合服务型	AAA	赣州市虔顺物流有限公司	综合服务型
AAA	赣州市森浩物流有限公司	运输型	A	赣州长赢物流有限公司	仓储型
AAA	赣州市祥亮物流有限公司	运输型	—	—	—

区属国有企业

赣州建控投资控股集团有限公司

【概况】 2021年赣州建控投资控股集团总资产901.15亿元；实现主营业务收入37.91亿元，增长18.98%；净利润7.2亿元，增长9.76%；项目建设总产值约86.7亿元，增长69.77%；被中诚信国际授予AA+主体评级。赣州建控集团项目涵盖科技创新、新型城镇化、工业倍增、现代服务业、基础设施、民生实事6个领域，全年实际开工项目205个，开工率94.47%；实际竣工项目122个，竣工率122%。

【信用评级提升与企业融资】 利用AA+信用评级优势，创新融资方式。发行赣州市首单、江西省2021年度以备证方式发行的最大规模境外债2.7亿美元。

【项目建设】 规划建设标准厂房项目27个（含工业预留地项目3个）。其中，开展前期工作的有春花科技园、旭日科技园二期项目、官田科技园、长岗科技园4个项目；在建的有秋山科技园、江奥科技园、秋葵科技园、横江产业园、金凤智谷、秋月科技园、洋田科技园、唐龙科技园、研创光电、科技城员工倒班宿舍10个项目；竣工的有华昌科技园、华昌新材料产业园（能之光项目）、涌泉科技园、泉岗科技园、科技城标准厂房、亿鹏新能源科技、金信诺光纤预制棒厂房、联建科技园、电子信息产业园标准厂房（映山红科技园）、香江科技园配套10个项目；村集体共同开发工业留用地项目3个（叶山村2个、梨园村1个），总建筑面积约420.13万平方米。

【市场化发展】 全年建设商业地产项目16个、实现产值10.4亿元，其中开展前期工作项目5个，开工建设项目9个，竣工项目2个。开工建设中恒—富春园、中恒汽车交易中心、科技城商业综合体项目（唐凤商业中心）、涌泉综合体项目。建成赣州经开区临时汽车交易中心，入驻二手车车商数量占全区的20%。车管服务站建成开业，车辆停放率80%。新建宝塔、田心、华鑫等现代化农贸市场，完成赣港、杨坑等老旧农贸市场现代化升级改造，农贸市场全年实现租金收入667万元，物业费收入34万元，其他收入3万元，2021年度经营收入总计704万元。教

2021年区内农贸市场一览表

表9

序号	农贸市场名称	所在乡镇	员工（人）	占地面积（平方米）	建筑面积（平方米）	年度经营收入（万元）	备注
1	宝塔农贸市场	黄金岭街道	13	8997.6	7318.82	304.3714	
2	华鑫农贸市场	湖边镇	2	4500	3200	0	临时关停
3	湖边农贸市场	湖边镇	15	25419.27	12073	135.5502	
4	杨坑农贸市场	蟠龙镇	17	3641.53	7283.06	225.5921	
5	阳光农贸市场	黄金岭街道	3	2498.72	4997.44	17.1655	
6	田心农贸市场	蟠龙镇	1	1419.775	2839.55	21.5747	

育、医疗在建项目14个，施工合同金额14.4亿元。交付并投入使用赣州市第六中学、恒大悦府配套幼儿园、恒大悦龙台配套幼儿园、新力帝泊湾配套幼儿园项目。拓展新能源汽车租赁业务，恒畅汽车及鑫泰汽车购置国机智骏新能源汽车305辆，申领首汽约车赣州市网络预约出租车经营许可。组建全资子公司赣州恒昇新能源科技有限公司，推进“梧桐树”计划标准厂房项目屋顶光伏发电工程，完善园区新能源基础设施配套。集团旗下祥善餐饮公司年营业收入2756万元，同比增长243.23%。祥善食品（中央厨房）承接学校19个、食堂3个、社会餐单位3个，日供餐量1万余份，全年累计供餐约151万份。集团旗下吉园农业公司立足绿化项目施工及养护、苗木等业务，全年实现营业收入800万元；同时开拓环境治理业务，与广州经开区成立合资公司赣州广开投环保公司，全年实现营收约355万元。

【建筑全产业链发展】 *建筑施工业务方面* 全年建筑施工类子公司完成工业产值7.03亿元。其中工建公司完成产值1.56亿元，承建的泉岗科技园项目一期、二期入选2020年江西省建筑安全生产标准化示范工地，成功申办建筑装修装饰工程专业承包一级、市政公用工程施工总承包二级资质，完成纯市场化项目“赣县区城北加压泵站工程”。磊昇公司完成产值5.47亿元，完成赣州经开区一中、香江路中学、吉祥路小学、金凤梅园养老服务中心等民生项目建设。

建筑材料生产业务方面 建恒建筑材料公司和华东交大共同建设实验室，依托华东交通大学在新型建筑材料科技研发方面的优势主动向市场靠拢，全年各类建材总产值2030万元，销售总额2010万元，装配式产品总产值816万元，水稳料总产值1000万元。

建材贸易业务方面 与深圳卓宝、福建三棵树、立邦公司签订品牌代理协议，全年销售额11.8亿元。其中钢材、防水材料、涂料、水泥等主要建材销售额4.1亿元，与上海均

和集团国际贸易有限公司开展大宗商品贸易合作，销售额超7.7亿元。

工程监理业务方面 赣州恒立项目管理有限公司取得市政公用工程监理丙级和房屋建筑工程监理丙级资质。恒立公司成功申办工程监理资质，补齐赣州建控集团建筑全产业链链条。

（温宝平）

赣州经开区工业发展投资（集团）有限责任公司

【概况】 2021年是赣州经开区工业发展投资（集团）有限责任公司的业务元年，集团资产总额达100.01亿元，净资产34.63亿元，实现营业收入17.79亿元。

【基金组建】 设立赣州梅岭春来基金、赣州晟富科创基金、赣州耀能合伙企业等基金及合伙企业。通过基金投资北京领骏科技、赣州吉利电池、赣州好朋友科技有限公司等高精尖技术企业项目6个，投资总额超19亿元。协助推进合格境外有限合伙人业务试点，与中传金控签约合格境外有限合伙人基金合作协议。

【供应链金融服务】 成立赣州工发供应链管理有限公司，与赣州银辉供应链公司合作。年内，为赣州立德科技、钜磁科技、光华有色、巨龙回收等企业提供供应链服务价值12.49亿元。

【融资租赁业务】 区工发集团获得江西省地方金融监督管理局颁发的融资租赁公司经营牌照，成立融资租赁公司，成为赣州市唯一一家县（区）级全国资的融资租赁公司。与金信诺、亚美达、柯百微、钜磁科技、摩力斯、富尔特电子、英华利汽车零部件、弘耀达电子、裕丰智能和讯康电子等园区生产性企业对接，完成融资租赁项目投放6个，金额2.3亿元。

【资产运营】 成立赣州工发资产运营有限公司，推进园区麦格纳资产并购及盘活园区国有资产，壮大集团资产规模。围绕“财园信贷通”追偿工作，梳理完善工作管理办法。全年追回不良逾期贷款14笔次，金额784.53万元。

【市场化业务】 通过设立供应链、资产运营公司、融资租赁公司等市场化子公司，储备新融资主体。对接各大融资机构，盘活应收账款；用好保理等金融工具，推动业务票据化，撬动“供应链金融+票据”融资杠杆。

（钟丽萍）

区工发集团新大楼　（2021年，区工发集团供图）

赣州保税实业集团有限公司

【概况】 2021年，赣州保税实业集团有限公司资产总额52.7亿元，为区内外38家企业报关2707单116.67亿元；提供供应链服务51.58亿元；完成跨境电商订单约52.14万单。

【市场化融资】 实现赣州经开区首单“债贷组合”，跨境电商产业园项目获批专项债配套项目贷款6.42亿元，专项债获批率100%。智能终端、空港产业园一期和停车场项目当年申报当年获批。

【服务园区企业】 报关服务破百亿，较上年增长250%。新增无抵押控货融资模式，助力蓝芯半导体当年投产和当年产值过5000万。打通拼多多、阿里国际等电商平台，为跨境电商企业落户提供平台支撑。启动企业团餐业务，开通“流动餐车”服务，全年提供工作餐6.5万份，缓解企业职工用餐难问题。

【项目建设】 年内，综保区标准厂房和标准厂房三期竣工，跨境电商产业园一期6号、8号厂房完成主体封顶；空港一期冷链仓储、振兴科技园、跨境电商产业园二期、自贸小镇B/C组团、保障性租赁住房、赣州航空服务中心、停车场项目、综保区二期C1/C3地块项目前期工作加快推进。

（温世李）

赣州国瑞新能源汽车产业发展有限公司

【概况】 2021年，赣州国瑞新能源汽车产业发展有限公司资产总额5.27亿元，净资产1.13亿元。根据中央、省、市、区关于国有企业改革的决策部署，出台市场化改革方案，筹建江西省新能源汽车产品质量监督检验中心（赣州）项目，依法清收对外股权（债权）。

【拆除赣州中航项目烂尾楼】 赣州中航项目位于迎宾大道北侧、宝福路东侧，项目自2017年烂尾以来，影响城市形象。2021年，在区法院、公安、交警、城管、建控集团等单位的配合下，依法拆除烂尾楼3.37万平方米，收回土地8.67公顷，收回办公楼、厂房2.16万平方米。

【清收财政补助和对外投资】 通过法律诉讼手段，依法扣划、拍卖赣州中航公司资产，收回财政补助款592.22万元；收回江西韵动研究院项目投资款359.43万元。

（邹开艳）

赣州满园建设开发有限公司

【概况】 赣州满园建设开发有限公司在市场化融资、项目建设和项目管理等工作方面取得新成效，公司业绩再上新台阶。

【市场化融资】 年内，公司完成争资争项8.34亿元，其中中央专项债及专项资金2.43亿元，美元债融资5.36亿元，一般债0.55亿元，有效保障项目建设资金需求，缓解财政压力。

【项目建设】 全年建设项目132个，其中市政基础设施87个、保障性住房项目11个、科教文卫体项目3个、其他项目31个。总投资142.8亿元，其中全年计划投资33.6亿元（含征拆等费用）。完成投资32.6亿元（含征拆等费用）。在项目完成投资中，完成工程直接投资19.7亿元，实现工程投资3年三连升，年产值同比增长38%。

建成叶山大道、涌泉大道、华昌路等道路25条，道路通车总里程25.45千米；新开工横江大道、忠妙大道、长汀路等道路25条，总里程11.47千米；新建雨污管道43千米；新开工电子信息产业园污水改造一期等项目，完成雨污管网改造10.3千米；完成绿化种植面积约4万平方米、裸土复绿约33.33公顷；建成香港工业园园区员工宿舍，电子信息产业园13万平方米标准厂房建成投入使用；解决江钨集团、研创光电等71家企业的平场、开口、排水排污、施工便道、环境整治等问题170余个。

【项目管理】 强化合同履约管理，约谈34家单位16个项目，清退项目履职不到位人员10名，按合同约定进行处罚；强化施工现场管控，落实项目主材甲供；履行项目报验制度，查验1250余次，下发《整改通知单》490余份；监管项目现场安全，下发整改通知单230余份。强化项目造价监管，选取第三方中介机构，对项目工程款申报、设计变更、结算审核进行全过程专业化管控，完成各类费用审批690笔、结算审核项目92个。

（漆玉华）

赣州西城建设开发有限公司

【概况】 2021年，赣州西城建设开发有限公司建设项目67个，投资71.43亿元，完成投资28.56亿元。其中，返迁房项目16个、市政项目20个、科教文卫体项目6个，开展前期工作项目25个。

【返迁房项目建设】 2021年，规划返迁房项目16个，规划9383套183.9万平方米。竣工项目6个，3800套61.6万平方米，分别为章江E5、章江E6、杨边一期、大坪返迁安置商铺、河坝陈屋、河坝返迁地配套项目。续建项目10个，5583套122.3万平方米，分别为章江B21项目、黄金E3地块、黄金A8地块、金星棚改、黄金A5地块、溪水六期、客家大苑、杨边二期、蓝翔二期、溪水七期项目。

【市政项目建设】 在建市政项目20个，其中道路、桥梁及其他设施项目12个。新开工龙岗路、杨边路和栖凤山路、交通信号灯及控制柜更换、清溪南路4个项目，开工率100%；在建项目8个，其中龙岗路、杨边路、曼妮芬路道路提前4个月通车，为赣州市第六中学开学提供便利；竣工思源路、东江源社会停车场2个项目，进场实施犹江路剩余路段。新建给排水项目7个，竣工华坚南路雨污水改造、凤岗圩镇截污干管、西城区污水干管、西城区雨污管网整治项目5个；在建工业路污水提升泵站扩建、工业路压力管工程及高铁截污干管项目2个；汉字文化主题公园园林绿化项目1个。

【科教文卫体项目建设】 全年建设科教文卫体项目6个。区文艺中心项目（A、C地块）完成总工程量的36%，其中3号楼篮球馆、4号楼羽毛球馆主体结构封顶。新开工建设灌婴小学二期、紫荆路小学二期项目2个；竣工交付杨边棚改一期幼儿园、凤岗之星幼儿园项目2个。

【项目监管】 完善制度建设，制定并落实《西城公司生态环境保护工作方案》《西城公司考评考核方案》《西城公司2021年项目建设攻坚行动实施方案》《西城公司2021年安全生产工作方案》4个方案，提高公司规范化、精细化管理水平。全年提出并整改质量安全问题98项，整改完成率100%；对施工、监理单位下发处罚通报45份，处罚金额35.8万元。

（罗小贞）

赣州新能源汽车科技城建设开发有限公司

【概况】 2021年，赣州新能源汽车科技城建设开发有限公司实际开工项目46个，实际开工率90.2%；实际完工项目26个，实际完工率136.84%。

【工业厂房建设】 年内，公司新建标准厂房约20万平方米，包括亿鹏和金信诺代建厂房约13万平方米。有力有序高质高效推进项目建设，重点推进唐龙科技园项目，新建16栋单体建筑厂房约7万平方米，7家企业签约入驻。

【市政设施建设】 交通设施 推进飞翔路快速路、金湾大道等主次干道建设，新建南康机场快速路跨上犹江大桥、旭日大道、车都大道、谷山路、洋田路、白桦路等和章良、洋田2个城市组团内部道路，打通断头路4条，建成通车道路约10.8千米，建成行车道面积50.92万平方米，园区新建通车道路58.42千米。

其他市政设施 新建科技城污水处理厂及配套提升泵站、截污干管，新建市政道路配套雨、污管网约34.26千米，形成园区内污水处理循环网络，不断提升污水处理能力，提高资源利用水平，促进污水处理建设系统升级。保护和改善生态环境，实现可持续发展。

【科教文卫体设施建设】 年内，新建赣州经开区技工学校并交付使用；新建小学1所、幼儿园1所，面积约6.39万平方米，新增教学班108个、学位5200个。

【其他项目建设】 续建赣州新能源科技城员工宿舍项目人才公寓2栋、人才住房188套。完成大广高速公路一侧等地块约54.67公顷植被复绿、撂荒耕地复种（含复林面积20公顷），新建上犹江三江段河堤、理工大学（三江校区）旁章田路停车场和枫林大道旁公共厕所1座。

【服务园区企业项目建设】 主动出击，靠前服务，全年协助完成7家企业签约入驻科技城标准厂房和唐龙科技园，协助区汽车办等部门（单位）完成吉利耀能、金瑞麒、晶格新材料、开源科技、长沙力博、洪荒之力等企业地块平场工作，化解企业施工过程中的用水、电接驳问题，争当的“店小二”疏通堵点破解施工难题，为企业入驻科技城园区奠定基础。

（陈 炜）

本栏编辑：廖宝建

城乡规划建设与管理

规划管理

【概况】 2021年，区自然资源分局围绕规划职能工作、重点工程项目规划等重大职责，强化担当担责抓落实，统筹推进各项规划工作任务落实见效，服务赣州经开区城乡发展。

【规划统筹编制】 建立健全国土空间规划委员会制度，成立赣州经开区国土空间规划委员会，制定《赣州经济技术开发区国土空间规划委员会议事规则》；完成《赣州西城区暨香港产业园北区控制性详细规划（迎宾大道两侧区域修编）》《迎宾大道两侧（东江源大道—保税大道段）规划绿带空间景观设计项目》《湖边镇善边村村庄整治规划暨赣南客家风貌示范村风貌营造提升规划》《赣州新能源汽车科技城管理处范塘村村庄整治规划暨赣南客家风貌示范村风貌营造提升规划》。编制完成辖区内土地利用总体规划延续方案，于6月7日获省自然资源厅批准实施。编制《赣州经济技术开发区全域规划农村村民建房赣南传统风貌标准户型图集》供村民挑选，加强村民建房风貌管控，提高农房设计水平，保障赣南乡村建筑风貌保护与传承工作的延续性。

【国土空间规划编制】 协助编制赣州市国土空间总体规划、市“百里滨江绿廊”，完成辖区内“三区三线”2轮试划工作。编制赣州经开区土地利用总体规划延续方案，获省自然资源厅批复同意实施。优化园区空间布局，赣州新能源科技城首期控规TJ14-2-2地块和综保区控规B-7-2、B-8-2（局部）地块规划调整论证报告获赣州市政府批复实施；西城区M-11-02等地块调整论证报告通过赣州市国土空间规划委员会审议。

【重点工程项目规划】 审批重点工业项目规划14个，其中旭日科技园、研创光电等标准厂房“梧桐树”计划项目5个，泓宇科技、中石新材料等“满园扩园”促开工项目9个。审批重点民生工程项目55个，其中香江路中学、牡丹亭路小学、凤岗镇中心小学异地新建等学校类项目9个，赣南医学院第一附属医院感染楼医院类项目1个，金凤梅园养老服务中心养老院项目1个，高铁新区朝阳公园、赣州经开区绿色产业提升配套（一、二期）公园、杨梅渡公园（二期）等公园绿地项目7个，黄金大道、华坚北路、横江大道等8条主干道及29条（次干路、支路）等道路工程项目37个。完成七一九社区、大坪明德小学等人行天桥工程项目规划3个。

（曾 玲）

自然资源管理

【概况】 2021年，区自然资源分局贯彻落实《土地管理法》《城乡规划法》等法律法规，在构建国土空间规划体系、谋划城市组团发展、服务乡村全面振兴等方面持续发力。围绕要素保障、资源保护等重大职责，强化担当狠抓落实，不断提高自然资源管理水平。

【自然资源要素保障】 《赣州经济技术开发区土地征收成片开发方案（2021—2022年）》通过江西省政府审批；全年报批土地17批次，面积340.67公顷。全年完成收储土地4批次，面积498.4公顷，完成率149.52%。全年供应土地102宗485.37公顷，其中出让用地49宗206.22公顷（住宅用地8宗44.35公顷、商服用地4宗10.39公顷、科教文卫用地7宗18.39公顷、工业用地30宗130.08公顷），划拨用地53宗279.15公顷，完成吉利动力电池、华鑫科技园、圆通速递、赣州经开区文化艺术中心、大广高速太窝互通、新能源大道、客家大苑棚户区改造安居小区、唐龙公园、金凤路梅花公园等项目土地供应，保障重点产业项目、基础设施项目和民生项目用地需求。

【土地节约集约利用】 推进“标准地+承诺制”改革。年内，完成压覆重要矿产资源评估、地质灾害危险评估等工作，按“标准地”模式供应工矿仓储用地24宗100.6公顷，供应数量占出让工矿仓储用地的80%。按“标”出让土地，企业“承诺制”报建，大幅压缩项目开工时间，引导企业走高质量发展之路。开展节地增效行动，印发《赣州经济技术开发区2021年闲置土地清理处置工作方案》《赣州经济技术开发区2021年度批而未用土地消化处置实施方案》，通过促开工、延期开竣工、调整推出、闲置处置等举措，全年处置闲置土地22宗，面积2166.94公顷，消化批而未用土地87宗，面积391.93公顷。

【法治宣传】 在全国土地日、全国测绘日、国家宪法日等特殊时期赴各乡镇开展自然资源法制宣传活动5次，参与人数2000余人次，发放宣传资料6000余份、宣传物品2000余份，营造全民学法守法用法的氛围。

【地质灾害防治】 印发《赣州

6月24日，区自然资源分局开展全国土地日集中宣传活动 （区自然资源分局供图）

经开区2021年度地质灾害防治方案》，明确全年地灾防治工作职责和安排，对全区132个地质灾害隐患点开展汛期常态化巡查监测，发布地质灾害气象风险预警4次，预警信息560 余条；完成1/5万地质灾害风险调查成果汇编；完成对湖边镇涌泉村3户地质灾害隐患点房屋提前征迁工作，拆除房屋面积1344.88平方米，保障受威胁群众的生命财产安全。完成地质灾害防治“十四五”规划编制工作。

【矿山管理及生态修复】 开展矿山生态环境破坏大排查、大整治专项行动，联合区生态环境分局、区农业农村工作办公室、区应急管理局等部门成立专项领导小组，排查发现并完成整改问题15个。对标市级国土空间生态修复规划，开展赣州经开区国土空间生态修复“十四五”规划编制。完成对辖区持证矿山裸露山体复绿工作，委托专业测量单位对辖区持证矿山开采现状进行实测，排查并完成矿山裸露山体复绿面积2.45公顷。推进昌赣高铁沿线废弃露天矿山治理，治理湖边镇岗边村废弃露天砖厂2.91公顷。

【用地执法监察】 建立健全执法监察工作机制，通过移动执法手机客户端等技术终端定期开展土地动态巡查工作，对国家下发卫片监测图斑以及群众举报、执法巡查等方式发现的违法用地线索及时核查处理，对符合立案条件的违法用地行为坚决立案查处，实现对违法行为的早发现、早制止、严查处。全年下发责令停止违法行为通知书32份，有效遏制新增违法用地行为。

【房地一体确权登记办证】 推动赣州经开区农村房地一体确权登记发证工作，做到应发尽发。截至2021年底，农村房地一体确权累计登簿19897宗，发证17045本，发证率85.67%。

（曾 玲）

征地拆迁与安置

【概况】 2021年，区征迁服务中心加强全区征迁工作的统筹调度，服务中心大局，规范协调服务征迁工作，保障市、区重点项目建设征迁需求。

【项目征迁】 全年下达征迁项目117个，其中省级项目5个、市级项目31个、区本级项目81个。签订征迁土地459.87公顷、实际完成263.07公顷，签订房屋拆迁协议2628栋103.26万平方米，拆除房屋1571栋62.55万平方米，搬迁企业56家。化解国家交办的征地拆迁类重复信访积案30件，化解率100%。

【征迁业务指导】 加强对各乡镇征地拆迁业务指导，牵头制定《赣州经开区征收搬迁档案管理办法》，完善征地拆迁档案管理流程、操作程序、征地拆迁特殊问题研究处理和房屋拆迁备案抽查制度。举行全区征迁政策、实际操作业务培训及违法违纪案件警示教育工作，规范各项制度，强化对征地拆迁领域的警示教育。

【返迁安置】 指导各乡镇完成章江B21地块、E3地块等18个项目1.56万套返迁安置房分配，安置拆迁户7317户，分配湖边自建房项目返迁地966块。推进返迁安置房项目“三年行动计划”，加快省委巡视反馈问题整改落实，完成拆迁户分配安置6210户。

【失地农民保障】 落实失地农民保障各项政策措施，解决群众拆迁后顾之忧。年内，审批失地农民14批次1299户5317人；发放失地农民保障资金95人次253.87万元；落实教育补助与奖励6999人次1241.82万元；发放失地农民过渡补助115.82万元。

（刘珈序）

城乡建设

【概况】 2021年，区住建局围绕“一极两地四中心”目标定位，推进城市能级提升行动，不断完善城市功能、优化城市形象、提升城市治理服务水平，推动全区城乡建设工作高质量发展。

【新型城镇化建设】 年内，全区主攻新型城镇化方向安排项目346个，总投资1044.38亿元，完成年度投资246.15亿元；安排中心城区城建项目47个，总投资262.2亿元，完成年度投资79.16亿元。上犹江大桥、飞翔路、叶山大道、车都大道、客家大道等实现通车，思源路、大坪路等“断头路”接连打通。赣州新能源科技城完成“七横五纵”循环路网、唐龙公园、科技城学校等配套设施建设，江西理工大学、南方新能源汽车工程研究中心、赣州经开区技工学校投入使用。赣州现代电子科技城建成“两横三纵”47.1千米循环路网，叶山大道—横江大道—涌泉大道“小循环”全面畅通，涌泉科技园、泉岗科技园、秋葵科技园建成，水、电、气等配套设施日益完善。

12月10日，章江E6返迁安置房项目 （赣州西城公司供图）

【海绵城市建设】 年内，唐龙公园、云星公园华府项目列入全市海绵城市精品项目，全区建成区面积54.5平方千米，海绵城市建设面积17.03平方千米，占建成区面积的1/3，排名全市第一。

【返迁房建设三年行动】 全区返迁安置房（保障性住房）项目建设三年行动计划共安排返迁安置房项目35个（不含适时开工项目6个和未安置返迁地处置项目2个），总建筑面积约466.9万平方米，其中年内完成返迁安置房建设总建筑面积205万平方米，完成返迁房分配安置6294户，分配房源约1.1万套。

【乡镇建设三年行动】 全区乡镇建设三年行动（2021—2023年）安排项目103个，年度投资额9.26亿元，计划竣工项目18个，已竣工项目18个；2022—2023年计划竣工项目85个，已开工项目49个。提前完成曼妮芬路（蟠龙路—赣丰路）、香江大道与金东北路交叉口改造（通往锦江国际段）、三江乡圩镇区域道路“白改黑”等项目15个。

【农村住房安全保障】 完成全区 36286 户农村房屋安全隐患排查工作，其中经营性自建房 2408 户，非经营性自建房 22345 户，非自建房 11533 户。对全区 110 户农户的房屋进行提升改造，劝导 89 户老人搬离老旧房屋，对动态监测发现的问题及时督促“清零”，实现农村地区人人住房安全有保障。提升农村房屋质量安全，增强农村建筑工匠业务水平，对全区 80 余名工匠进行培训，提高建造从业水平。

【工程质量安全监管】 开展建设安全专项整治三年行动，派出检查组对全区建筑工地开展安全检查，结合两会、五一国际劳动节、汛期等关键节点开展专项检查，下发整改通知单 645 份，其中停工整改通知单 42 份，发现并督促整改安全隐患 3515 处，移送行政处罚案件 18 起，行政处罚金额 78.12 万元。通过开展质量安全标准化创建，帮助企业树立精品意识、打造样板工程。江西理工大学新校区建设项目第七标段、博罗洲路（振兴大道—凤翔大道）道路建设工程两个项目被评为“江西省建筑工程质量管理标准化工程”，江西金力永磁科技股份有限公司二期成品仓库、成品大楼及二期 1 号、2 号、3 号宿舍楼工程等 5 个工程项目被评为“赣州市工程质量管理标准化示范工地”，赣州经开区第一中学建设项目等 9 个工程项目被评为“赣州市建筑安全生产标准化示范工地”，香格里拉小区 1 号 -12 号楼工程等 3 个项目被评为“赣州市优质建设工程”。抓好建筑工地扬尘治理，全年巡查项目 595 个次，下发扬尘治理限期改通知单 266 份，发现建筑扬尘问题 507 条，整改完成 489 条，整改率 96.4%。

【绿色建筑和装配式建筑】 全年新开工执行绿色建筑标准项目 29 个，建筑面积 269 万平方米，城镇绿色建筑占新建建筑比例 100%；新竣工执行绿色建筑标准项目 7 个，建筑面积 72.31 万平方米。新开工装配式建筑项目 21 个，装配式建筑面积 85.57 万平方米，装配式建筑占新建建筑比例达到 30% 以上，新开工装配式建筑面积占全市 1/3，全市排名第一。其中，赣州经开区凤岗中学异地新建项目和赣州绿地国际博览中心项目装配率分别为 58.5% 和 51.6%。

（李贤伟）

【路网建设】 2021 年，新建改造农村公路 13 千米，建设美丽文明生态农村路 25 千米。推动农村公路管理体制创新改革，推行“路长制”管理组织体系。截至年底，辖区内有 105 国道 19.01 千米，县道 49.66 千米，乡道 102.31 千米，村道 256.46 千米，226 省道升级改造为市政道路（飞翔大道）。

（吴常铭）

供水 供电

【供水】 赣州市第二水厂位于赣州经开区东江源大道 229 号，占地面积约 10 公顷。设计日供水量总规模 25 万吨。其中，一期供水量 5 万吨 / 日，于 1995 年 5 月 18 日正式投产；二期供水量 10 万吨 / 日，于 2009 年 5 月 20 日正式投产；三期日供水量 10 万吨 / 日，于 2020 年 9 月 17 日正式投产。第二水厂主要以章江为供水水源，采用常规净水工艺，水源水量充足，水质良好，常年保持在三类水源标准以上。2021 年，第二水厂总供水量为 7073.87 万立方米，日均供水 9.38 万立方米，最大日供水量为 9 月 28 日 23.51 万立方米。年内，进一步完善支付方式，增加支付宝、微信等扫码支付渠道。上线微信公众号“指尖水务”“网上营业厅”，让群众足不出户就能办理各项业务。完善营销服务综合管理平台建设，推进“一站式”和“互联网+”服务模式，做到“一窗受理、一网通办、一站办结”。

（刘志刚）

【供电】 赣州经开区电网处于赣州中心城区，形成以220千伏为支撑、110千伏多电源供电的网架。2021年，赣州开发区供电公司完成配电网投资6224.05万元；完成售电量19.95亿千瓦时，同比增长18.64%；完成购售同期线损率2.72%，同比下降0.28%；完成主营业务收入净额11.74亿元，同比增长6.87%；缴纳利税1896.47万元。

电网前期及建设稳步推进，完成5个变电站内60个10千伏间隔扩建，改造开闭所2座、环网柜40台、分支箱36台；新建改造10千伏线路80.69千米、配变台区44台/9905千伏安、低压线路151.463千米。履行属地责任，助力220千伏和乐输变电工程顺利开工，开展110千伏哈湖变输变电工程、110千伏赤珠变3号主变扩建工程、110千伏游屋输变电工程前期工作。

制定有序用电方案，平稳应对年初、年末2个度冬负荷新高，编制下发《今冬明春保供电暨应对拉尼娜现象专题工作方案》，明确任务分工，保障社会民生用电。

深化“四零四省”（零费用、零条件、零审批、零跑腿，省钱、省时、省力、省心）接电服务，打造与粤港澳大湾区无差别的电力营商环境，全年完成报装容量32.16万千伏安，节约用户投资成本986.62万元，办电时间下降42%。编制《全力服务赣州市重大项目建设百日攻坚活动行动方案》，在服务吉利（赣州）42GWH动力电池生产项目基建用电接电工程中从企业提出需求到具备送电条件用时7天，保障重大项目的建设进度。

完善《供电服务评价奖惩方案》，以标准化供电所建设为基础，通过明确奖罚权重、完善奖罚制度、实施管控前置等措施，开展优质服务评价工作。全年收到“95598”投诉1起，同比下降90%。

加强政企联动，每月开展工业用电量分析，向地方政府报送《工业用电量分析报告》。在援豫防汛抢险保电中派遣4位志愿者奔赴一线，发挥国企“顶梁柱”作用。完成第十届中国国际生态竞争力峰会、中国共产党成立100周年庆祝活动、第三届世界赣商大会等32次保电任务。

（肖凤）

公用事业服务管理

【概况】 2021年，区公服中心围绕服务“一极两地四中心”建设大局，紧扣城市管理养护“精细管养、提升品质、创新服务、打造品牌”年度目标，实现城市功能与品质“双提升”工作目标。年内，纳入管理（养护）的市政道路由86条增至160条，增加86.05%；保洁面积由886万平方米增至1000万余平方米，增加12.87%；绿化养护面积由30万平方米增至120万平方米，增加300%；道路路灯管护数量由6390盏增至1.6万盏，增加156%。

【市政道路管养】 按照深化全国文明城市建设工作要求，重点整治沿线市政道路、人行道、窨井盖等市政道路设施。年内，修复市政道路6.5万平方米、人行道4.2万平方米，更换破损路侧石9700米、车阻石87套、树围1174套、雨污井盖（含雨水箅）741套，清理堵塞雨水

赣州西站高速出口新建公厕 （2021年，廖万茂摄）

算399个，混凝土路面沥青灌缝2510米。开展哈湖河、社官背河流经区域市政雨污管网整治，分别排查、疏通雨污管网110千米、6.4千米，维修雨污水管道220米，改造积水点2个。聚焦群众出行难题，完成章贡王路“白改黑”提升改造、华坚南路人行道提升改造等项目。完成水碓桥、金龙西桥等5座桥梁的安全检测。

【城市绿化品质提升】 实施园区裸土覆绿及绿化提升改造，持续优化人居环境。利用“金角银边”公共绿地，新建小游园4个，实现荒地变绿地1.8万平方米。年内，对江西理工大学、华坚路广厦电子、华坚路恒骄玲珑苑等24处企业、学校、住宅区周边的闲置裸土进行翻土堆坡、植被覆绿，完成退红线覆绿9万平方米。对科技大道、岗边大道等16条道路绿化进行提升改造，完成11.7万平方米绿化提质升级。完成保税大道、科技城唐龙大道沿线等绿地莳花种植6次，莳花种植及更新3.6万平方米。对主次干道的“小老头树”及行道树缺株问题进行普查，补种、更换行道树1400株。

【城市卫生管理】 完善智慧环卫调度中心机制流程，开展市容环境卫生整治，提高道路机扫率及清扫保洁精细化水平，中心城区机械化清扫率91%。开展道路扬尘整治“4+2”清扫保洁作业，实施路面“洗城行动”，全区市政道路辅道、路缘石、人行道、护栏、道路双黄线、垃圾桶果壳箱等设施得到全面彻底清洗，雾炮车空中降尘作业5060趟次，做到城区道路全覆盖立体降尘。推进“厕所革命”拓展项目建设，全年目标完成率100%。推动生活垃圾分类全覆盖，全区有70个政府机关单位实行垃圾分类，垃圾分类覆盖率100%。实施章江苑、七一九（南、北）社区生活垃圾分类市场化运作，督导黄金岭街道办事处杨梅新村二期、蟠龙镇田心康居、湖边镇江边巷3个社区生活垃圾分类试点。

【管线协调】 协调新建工业企业杆线迁改，年内协调各通信、电力、水务、燃气单位，推动杆（管）线迁改项目125个，其中电力杆（管）线迁改项目90个，供水杆（管）线迁改项目16个，通信杆（管）线迁改项目8个，燃气杆（管）线迁改项目11个。完成横江大道秋山科技园10千伏高压架空线路迁改工程等项目63个。拆除供电线路17.9千米、供水管9.67千米、通信光缆28.1千米、燃气管道4.12千米、铁塔1座，新建供电线路15.33千米、供水管11.22千米、通信光缆12.3千米、燃气管道8.02千米。

【道路照明管理】 年内，维修恢复缺亮路灯100盏，排查线路故障恢复亮灯4555盏，敷设路灯电缆32.28千米，更换路灯LED新光源306盏、主电缆6.84千米，检测路灯线路134条，检修路灯控制柜89台，处理路灯变压器故障1台，保养路灯变压器4台。实施路灯“增灯补亮复亮”行动，完成乡镇及社区新建路灯900余盏、维修路灯500余盏。

（曾宪沛）

城市管理

【概况】 2021年，区城管大队抓紧抓实抓细疫情防控、文明城市和城乡环境市容秩序常态化管理，护航城市安全有序运行，提升城市环境品质和群众获得感、幸福感、满意度。

【市容市貌整治】 全年开展“扫街”行动80余次，收到赣州文明城市智能化管理平台整改单600余份，整改率100%。按照《赣州市中心城区五区一体化发展规划》要求，加快推进“门前三包”联包联创智慧平台建

常态化开展文明志愿服务活动 （2021年，廖万茂摄）

立，全年发放责任告知书3000余份、宣传册2000余份、补挂责任牌1000余块。先后开展对禁止燃放烟花爆竹、餐饮油烟治理、扬尘治理、控违拆违、市容秩序等专项整治，施划路内临时停车泊位952个、无障碍停车泊位14个、二轮车停车线3680.9平方米、禁停网格线1091.56平方米，增划校园周边减速带9处。

【“两违”整治】 根据《2021年赣州经济技术开发区查违拆违集中整治工作方案》工作要求，全年拆除违法建筑、乱搭乱建390栋（处），面积26.07万平方米。行政处罚规划建设类案件16起，处罚金额93.31万元。采用微信公众号、手机短信、标语、宣传栏、公益广告、宣传单等宣传形式，营造良好的“两违”拆除工作氛围。

【城市生态环境治理】 开展餐饮油烟治理专项行动，对餐饮企业油烟净化设施设置情况进行专项排查，通过现场讲解油烟污染的危害和大气污染防治相关知识，引导业主提高油烟治理的认识和环保意识。督促餐饮企业安装油烟净化设施，全区1017家餐饮企业安装油烟净化器，安装率100%。开展城区道路扬尘污染防治专项行动，按照“源头治理、常态整治”的工作思路，严控扬尘污染物存放点，对辖区内未采取覆盖防尘措施的扬尘污染物存放场点进行执法检查，督促业主完善防尘措施，加强施工工地出入口管理。开展城镇污水处理设施建设及运行管理，全年有污水管网建设项目27个，新建污水管网27.86千米，完成投资5174.95万元。完成社官背截污干管工程和赣州新能源科技城污水处理厂（一期）项目污水干管建设工作。

【城市运行领域安全生产】 发挥安全生产监管责任，落实每月户外广告、临时渣土收纳场、渣土运输等方面安全隐患排查工作。全市有渣土公司34家，其中在经开区开展运输作业的有18家，占中心城区53%，安全生产主体责任书签订率100%；开展“僵尸围挡”专项排查整治工作，巡查围挡321处，发现并整改有问题围挡102处，其中拆除9处1300平方米；排查建筑垃圾消纳场约80余次，消除消纳场积水隐患2处，确保消纳场汛期安全；投入使用杨边弃土场、横坑排弃土场、岗边排消纳场3处；规范道路开挖、顶管、道路修补、园林绿化等临时占道施工，落实围挡施工作用，定期排查围挡设施及工棚安全隐患情况，排查出安全隐患问题12处，责令修复围挡200余起。

【智慧城管】 运用数字化城市管理监督指挥系统、信访网上服务中心、“问政”平台、“12319”城管服务热线等平台，畅通群众监督、举报、投诉渠道，建立便捷、高效的问题处置机制，让市民反映的问题事事有回音、件件有着落。全年收到赣州市指挥平台派遣城市管理问题86985件，结案75776件。区城管大队立案39592件，结案38451件，结案率97.12%。接收数字城管热线2643件，结案2400件，结案率90.8%。“12345”政府服务热线接收案件2576件，结案2576件，结案率100%，满意率92.13%；受理信访平台案件99件，结案92件，结案率92.92%；受理“问政”平台投诉件350件，结案350件，结案率100%。

（陈 婷）

本栏编辑：廖宝建

交通 通信

交通管理

【概况】 2021年，区交警大队抓住交管主业，以交通事故预防“减量控大”为主线和抓手，坚持问题导向、科技支撑、民意引领，提升道路交通管理能力，确保辖区交通安全形势持续稳定。全年获“省字号”奖牌7项、市级荣誉27项。年末，辖区机动车保有量82422辆，驾驶人保有量106997人。全年查获各类交通违法行为289104起，道路交通亡人事故同比下降13.51%。

【交通事故预防】 加大对事故易发多发路段、施工路段、学校和企业周边路段、农村地区等的隐患排查力度，撰写研判分析报告16篇，召开赣州经开区道专委全体成员会议4次，推动隐患消除率100%。深入重点运输企业开展安全隐患“清零”工作，辖区大中型客货车综合检验率97.39%，“两客一危一校”检验率100%。安全生产持续压实，对辖区6家企业开展安全大检查25次，督促企业落实安全生产主体责任，发现并督促企业整改隐患125条。提高道路交通事故应急处置能力，完善道路交通事故应急救援机制，与赣南医学院第一附属医院签订“创伤救治联盟合作协议”，建立道路交通事故救治的“绿色通道”。与应急管理局等部门举行联合应急救援演练，提高协同作战能力和应急处置能力。启用6笔11.5万元道路交通事故社会救助基金，提升道路交通事故救援救治效能。

【交通秩序管控】 推进货车超载、公路违法超员、违法载人、拼车包车超员载客专项治理，工程运输车辆整治、酒驾醉驾专项整治、“零点”夜查等行动。年内，与区经发局、区交通运输执法大队、区城管大队、区公安分局等开展联合整治行动67场次，查处各类交通违法行为28.9万起，办理行政案件59起、刑事案件183起，交通肇事吊销驾驶证7本，醉酒驾驶吊销驾驶证165本。完善道路交通组织，优化车道64条，改造路口30个，新增主干道“绿波带”3条，改造升级智能交通信号灯并优化配时116次；推动55个路口完成交通信号灯建设，城区信号灯建灯率由59%提升至86%。提升科技支撑水平，自主研发“二轮车管理”微信小程序，推动辖区重点路口二轮车驾乘人员头盔佩戴率80%以上。

【交管业务服务】 深化公安交管改革，重点落实机动车驾驶证电子化、二手车跨辖区转移登记、电动自行车“五区”（章贡区、赣州经开区、蓉江新区、赣县区、南康区）同城通办等群众“急难愁盼”的民生问题。服务触角再延伸，新增4S店便民服务站3家，推动辖区6所派出所受理3类19项高频交管业务。全年办理车驾管业务14.9万笔，处理交通违法24.5万起，推动群众使用“交管12123”App办理车驾管业务18992笔、处理交通违法136374起、开具事故认定书1946起。化解交通事故矛盾纠纷，运用“道交一体化”平台调解交通事故纠纷509起，事故调处率90%以上。全年对7万余名办事群众进行“满意度”短信抽访，办理人大代表建议、政协委员提案13件、社情民意件656件，及时签单率和办结率100%。组织策划平安建设、安全生产、“一盔一带”、反电信诈骗、“美丽乡村行”、优化营商环境等特色主题宣传活动594场次，完成各类报道543篇，交通安全宣传教育氛围进一步浓厚。

（曾珺）

交通综合行政执法

【概况】 2021年，区交通运输综合行政执法大队把“崇法、敬民、保通、兴赣”核心价值理念贯穿到交通运输综合执法工作中。全面开展道路运输、公路路政、水路运输等行业综合行政执法工作以及交通运输安全执法。

7月2日，区交警开展夏季酒驾醉驾集中整治百日行动　（袁祥勇摄）

12 月 26 日，运政执法人员在赣州西高速收费站查处非法营运车

（区交通运输执法大队供图）

辖区内有各类交通运输企业 377 家，其中危险货物运输企业 8 家，客运企业 4 家，出租车企业 1 家，普货企业 167 家，汽车维修企业 189 家，机动车驾驶员培训学校 7 家，汽车客运站 1 家。

【安全执法】 道路运输执法。全天候、全时段在赣州西站、黄金机场维护管理出租车经营秩序，及时查处出租车拒载、不打表等违规经营行为，全年查处出租车违规经营行为为 61 起。

规范非法营运车运营 打击区内高速路口以及各场站、医院等人流密集地段非法营运车运营。全年查处非法营运车 78 辆（其中包括非法网约车 38 辆），查处无证经营危险货物运输车 3 辆。

水域及路政巡查 联合区农办、蟠龙镇政府、区城管等部门，对辖区水域“三无”船舶开展专项行动，拆解“三无”船舶 4 艘。加强日常路政巡查，对辖区国省道、县乡道影响通行安全、侵占路产路权的违章现象进行全面整改，全年责令整改隐患路段 23 处，行政处罚未经许可擅自增设平面交叉道口违法行为为 1 起。会同区交警、城管等部门联合执法 27 次，出动执法人员 190 人次，检查车辆 2322 辆次，查处超载超限车辆 123 台。

【安全监管】 深入辖区道路“两客一危”企业、水路运输企业和重要场站，全年检查客运站 1 家，道路运输客运企业 4 家，出租车企业 1 家，道路运输危货运输企业 7 家，水路运输企业 1 家。联合区经发局、公安交警、应急、城管等部门开展联动执法 10 余次、普法教育 4 次、应急演练

1次，发现并整改一般隐患21条、整改率100%。

（万贤卿）

通 信

【电信】 2021年，中国电信赣州经开区分公司完成建设投资1000万余元。其中，高校室内分布系统投资约50万元。重点保障新建工业园、江西理工大学三江校区、涉及网络安全隐患的杨坑到新能源、黄金到杨坑及飞机场等路由建设、新建的住宅小区等能力建设。解决老105国道、黄金大道、潭东、潭口、凤岗、三江等地的道路建设和医学院、卫校校区建设造成的频繁故障问题，解决潭东、潭口、凤岗、三江民资建设造成的故障频繁问题。

通过客网、客端一体化，加强人员培训，实现针对商业客户和重点客户一站式服务。通过请进来、走出去，在实战中成长建立一支家庭DICT（全屋智能产品）支撑队伍。通过优化包区增加装维人员的方式减轻装维人员的工作量，提高服务满意度。

邀请60余家规模以上企业参加由区企工局主办、中国电信赣州经开区分公司承办的万企上云推介会，中国电信云网专家做天翼云助力企业数字化转型演讲、“5G+”工业互联网运用案例分享、企业上云云产品介绍等活动，推动网络通信产业健康发展、普及共享。

（李 霜）

【移动】 2021年，赣州移动经开区分公司有手机用户数34万户、有线宽带用户10.9万户。开通5G宏站70个、室内分布系统66个，在赣州经开区累计建成4G/5G基站2943个，受到区管委会、区公管处锦旗表彰3次。开通弱覆盖补点站52个、解决热点投诉106处，实现5G网络覆盖从“县县通”到“乡乡通”，重点场所5G网络通达率100%。推出“千兆宽带惠民”政策，开展千兆宽带“免费提速”行动，惠及客户7.8万户；办理乡村振兴资费5570笔、消费帮扶40740元，办结“我为群众办实事”项目6个。

加快新型基础设施建设，建设防溺水点位15个。落实“5G +”计划，拓展新技术应用场景，助力数字经济发展的应用环境加速形成，增强经济发展新动能。借助高品质移动云服务，帮助国机智骏汽车有限公司完成智能制造转型升级申报，助力区内200余家企业上云，促进产业集群发展。构建数字化生态“朋友圈”，结合各行业优质合作伙伴，构建新型合作生态，加快信息服务融入百业、服务大众。落实通信行业提速降费，针对新增中小企业用户重点推广商务快线政企版产品，覆盖赣州经开区1705家企业，专线平均资费同比下降10.4%。落实“反诈”措施，推进断卡行动，联合建立反诈工作站29个，发放防范电信诈骗资料14万份，推送反诈宣传短信184.89万条。

（罗杰腾）

本栏编辑：廖宝建

生态环境

环境影响评价

【概况】 2021年，区生态环境分局聚焦精准治污、科学治污、依法治污，推动污染防治攻坚战各项工作取得积极成效。积极落实省、市生态环境部门“放管服”政策措施，围绕环评审批，简化办事流程，优化服务质量，创优发展环境，实现环评审批提质增效，重点做好建设项目环境影响评价、排污许可证核发等工作。

【建设项目环境影响评价】 加强环评审批，提高环保审批质量和效率，严格控制新增污染源，对接招商引资企业，发送工作提醒函34份，指导、配合企业办理项目环境影响评价手续。全年审批环评报告书1个、环评报告表36个，企业自行登记备案项目60个。

【排污许可证发放】 组织乡（镇、街道、管理处）和企业工作人员进行排污许可发证登记培训，委托第三方机构协助开展审核工作，指导督促全区企业在国家平台进行排污许可证申请，全年企业排污许可证网上申报完成25家、企业排污登记完成39家。

（邹保平）

污染防治

【概况】 2021年，区生态环境局坚持以习近平生态文明思想为指导，贯彻省、市污染防治攻坚战决策部署，推进污染防治攻坚，开展环保督察问题整改，推动生态环境质量持续改善，大气、水、土壤各项环境质量全面达标，环

11月4日，区生态环境分局在凤岗镇开展断面水质污染源排查
（区生态环境分局供图）

保督察反馈问题和信访件整改销号达到时序进度。

【水污染防治】 2021年，区生态环境分局组织开展赣州市第二水厂水源地保护标准化建设工程项目编制并完成中央生态环境资金项目入库，推进水源地水质自动监测站建设。完成3个“百吨千人”农村饮用水水源地保护区划分专家评审。推进黄沙溪水体整治，出台《赣州经济技术开发区黄沙溪流域污染源整改方案》，通过督促香港工业园工业污水处理厂提升改造、赣州嘉道畜禽水产批发市场新增污水处理设施等方式提升黄沙溪水质。完成湖边镇蛤湖村、善边村、科技城范塘村、凤岗镇长田村等4个农村生活污水治理项目建设。针对省级农村黑臭水体——凤岗镇岗孜村黑臭水体制定整治方案，对水塘垃圾进行清理。开展入河排污口整治，对全区45个航测解译数据反馈的疑似排污口进行逐一核实，列出疑似排污口清单并进行溯源和整治。年内，赣州经开区国控、省控及长江经济带考核断面水质优良率100%（达到或优于Ⅲ类），赣州市第二水厂饮用水水源水质达标率100%。

5月27日，赣州经开区重点行业企业VOCs综合整治培训会召开
（区生态环境分局供图）

【大气污染防治】 2021年，区生态环境局开展VOCs专项排查整治，督促整改企业46家，组织重点行业企业开展挥发性有机物综合整治培训会2次。持续整治生物质锅炉和工业窑炉，下达责令改正违法行为决定书2份、行政处罚决定书1份。实施项目开工联合审批制度，审批项目13个，巡查项目120个，发现并移交问题59个。强化臭氧污染预警预判和管控，制定并印发《赣州经济技术开发区臭氧污染防治管控措施》。强化机动车排污监管，抓拍黑烟车152辆、查处柴油货车闯禁行608起。严格管控露天焚烧行为，常态化开展秸秆禁烧宣传教育。大气PM2.5年均浓度23微克/立方米，同比下降11.54%，首次达到世界卫生组织第二阶段标准(25微克/立方米)，在全省设区市建成区排名并列第三，实现四连降；空气质量优良率97.3%；PM2.5浓度、空气质量优良率均优于省、市下达的考核目标值。

【土壤污染防治】 落实建设用地准入管理，受理土壤污染初步调查1份并配合市生态环境局完成专家评审。加强土壤环境重点监管企业监管，确定1家重点监管企业（赣州江钨新型合金材料有限公司）。督促企业开展污染隐患排查治理和土壤自行监测，整改土壤污染隐患点6个。深化固体废物污染防治，完成全市首家小微产废单位危险废物集中收集转运暂存库（九江浦泽环保科技有限公司赣州暂存库）建设，将139家涉危险废物企业纳入危险废物监管平台管理，较上一年度增长17.9%，开展危险废物监管平台操作及危险废物规范化管理培训5次，提升企业危险废物信息化管理水平。推进农用地污染防治，全区345亩受污染耕地安全利用任务全部完成。年内，全区受污染耕地安全利用率、污染地块安全利用率均达100%。

【环保督察问题整改】 历次中央、省环保督察及“回头看”反馈问题整改方面，赣州经开区共涉及整改问题67个，均完成整改或达时序进度，其中，涉及赣州经开区的华坚南路排污口、香港工业园规划环评编制、赣州经开区工业污水处理厂、农村生活污水处理设施建设等4个个性问题全部完成整改，除农村生活污水处理设施建设问题需待市级核验后销号外，其余3个均已销号。历次中央、省环保督察及“回头看”信访件整改方面，共涉及交办信访件63件，完成整改并销号60件，剩余3件继续整改。

（邹保平）

环境管理

【概况】 2021年，区生态环境局坚持精准治污、科学治污、依法治污，利用科技、行政、宣教手段系统开展环境管理，推动污染源自动监控系统的安装和应用，落实行业监管责任，严厉打击环境违法行为，提升企业、单位和个人环保意识。

【环境监控】 全区11家企业安装污染源自动监控系统，与生态环境部门进行联网，在江西省污染源自动监控系统平台中企业联网率达100%。执法人员通过污染源在线监控平台对数据异常的企业进行督办，定期对企业自动在线监控设施进行现场检查。

【环境监管执法】 严格实施“双随机、一公开”监管制度和监督执法正面清单制度，出台《赣州经开区生态环境保护监督执法正面清单实施办法》，将20家符合条件的企业纳入正面清单并进行动态管理，实现对守法企业无事不扰；完成85家企业“双随机”检查任务。化解环境信访投诉，日常受理“12345”“12369”等渠道环境信访件526件，办结率100%。开展各类环境执法专项行动，检查医疗机构、制药、饲料加工、屠宰、汽修等行业企业200余家，发现并整治问题13个。打击各类环境违法行为，对33家问题企业下达责令改正违法行为决定书，罚款处罚企业11家。完善工业园区污染源一体化在线监控平台建设和园区雨水排口在线监控设施建设，完成《赣州经开区工业园区突发环境事件应急预案》编制。对4起生态环境损害赔偿案件分别进行磋商，成功签订生态环境损害赔偿协议并履行到位。严把建筑工地夜间施工审批关，审批夜间施工项目27个，通过申请357批次。

【环保宣传教育】 利用“两微”（微信、微博）、政务网等媒体开展环保宣传，在市级以上媒体发稿167篇。承办的2021年赣州市“6·5”世界环境日主场活动在赣州经开区锦晖广场举行。邀请省厅专家为全区副科级以上干部作学习贯彻习近平生态文明思想，奋力推进“十四五”生态文明建设专题讲座。

（邹保平）

本栏编辑：丁 璇

区党工委 管委会

组织工作

【概况】 2021年，赣州经开区以基层党建质量提升行动为抓手，全面推进基层党建“三化”建设提质增效和质量过硬。带领全区各级党组织不断强化基层党组织政治功能和组织力，为建设全国一流的国家级现代化经开区提供坚强的组织保证。

【基层党建工作】 年内，区党工委坚持把基层党建“三化”建设提质增效和质量过硬行动作为主抓手，制定区级党建重点项目清单54条，开展“三化”建设提质增效业务培训3次，举办全体村（社区）干部、党组织书记党建专题培训班5期605人次，全年轮训党员5928人。督促开展督导检查6次，推动完成基层党建重点项目54条。区党群部、区公安分局拍摄的《何事在人间》获评全市喜迎中国共产党成立百年红色微视频（微电影）一等奖。

【村（社区）“两委”换届选举】 成立以区党工委主要领导为组长的区村（社区）“两委”换届选举工作领导（指导）小组，建立区领导挂点联系乡（镇、街道、管理处）和重点村（社区）“两委”换届选举工作制度。80个村（社区）参与此次换届选举，选出“两委”干部498名，其中村（社区）党组织委员308名、村（居）民委员会成员378名，“两委”班子交叉任职188人，交叉任职率61.04%，比换届前提高24.28%。优化村（社区）“两委”班子文化、年龄、性别结构，确保每个村（社区）“两委”班子中至少有1名35岁以下且大专以上文化程度的村（社区）“两委”班子成员，全区有35岁以下且大专以上文化程度的村（社区）“两委”班子成员131名。村（社区）“两委”成员中女性人数182人，占比36.5%，其中4名为党组织书记。

【党建促工业发展】 区党工委制定《赣州经开区党建促工业发展实施方案》，围绕六大主攻方向重点项目，聚焦“工业倍增升级”168个项目，探索“四聚焦四清单”（聚焦解决项目建设中党组织空白点、党员意识不强、项目建设短板、干多干少一个样的问题，列出党组织组建清单、党员履职清单、项目问题清单、党员积分清单）工作路径。年内，全区建立临时党支部69个，其中单中国共产党成立支部28个，联中国共产党成立支部41个，项目（企业）党员数223人。

【党建促乡村振兴】 区党工委制定组织振兴工作方案，为21个乡村振兴重点村、脱贫村、软弱涣散村选配68名驻村干部；结合党建示范点创建工作，在5个乡（镇、管理处）分别打造1个“乡村振兴模范党组织”；推进村集体经济“1+N+1”（1个强村结对帮带N个弱村，示范带动1个中等村）联村发展模式，全年全区村集体年经营性总收入6012.85万元，2个村经营性收入超1000万元、13个村经营性收入超100万元、22个村经营性收入超50万元、38个村经营性收入超20万元，村均收入98.57万元，排名全市第二；抓好“党建+农村养老服务”，黄金岭街道杨梅村获评“全国示范性老年友好型社区”；推进“党建+乡村治理”，探索创建“老书记工作室”“和合调解室”“三办”工作法等新模式，三江乡新江村获评全国民主法治示范村。

【城市基层党建“10分钟为民服务圈”改革】 持续巩固“10分钟为民服务圈”改革成效，制定《黄金岭街道关于进一步加强城市基层党建工作的实施方案》，围绕城市社区“抓党建、抓治理、抓服务”三大工作主线，探索“六个一”（一图、一册、一账本，一单、一网、一中心）模式，构建“1+N+X”（社区党组织发挥“1”牵头作用，与驻区单位、非公企业、社会组织等“N”个党组织共驻共建，与志愿者队伍、商业楼宇、居民小区、物业公司“X”互动）社区工作体系。充分整合街道辖区内36家机关事业单位、25家国有企业、1041家民营企业、59家物业公司、31个业主委员会、17支志愿服务队、712名常住党员等资源共同参与城市社区治理，推进构建城市基层治理的共建共享共治格局。年内，融合推进物业党建联建工作，打造物业党建联建示范点3个。“探索治理新模式 为民串起‘幸福圈’”获评全市基层党建特色（创新）项目二等奖。

【非公企业和社会组织党建】 年内，全区建立园区非公有制经济组织党组织149个（其中党总支2个、党支部147个），社会组织党支部3个。成立区“小个专”（小微企业、个体工商户、专业市场）综合党委，建立区党工委委员挂点联系“两新”党组织工作机制，出台《赣州经开区非公有制经济组织和社会组织兼职党建指导员管理办法》，发挥区内兼职党建指导员作用，定期指导“两新”党组织党建工作。江西金力永磁科技股份有限公司党支部“333”（以“三培养”为抓手，不断强化人才队伍建设；以“三促进”为举措，不断提高党组织服务能力；以“三提升”为目标，推进企业高质量发展）工作法入选全国非公企业党组织发挥实质作用“创新案例”并获评全市先进基层党组织，赣州市智能产业创新研究院党支部获评全省先进基层党组织，孚能科技（赣州）股份有限公司党支部党员钱柳获评全市优秀共产党员。

【党员队伍建设】 全年发展党员350名，其中35岁及以下青年农民党员107名，占比30.57%。结合春节、“七一”中国共产党建党日，走访慰问困难党员、老党员610名，表彰“先进基层党组织”50个、“优秀共产党员”100名、“优秀党务工作者”50名。加强对党员创业致富带头人的培育及金融扶持，全年为258名党员提供创业贴息资金73.76万元。

9月13日，赣州经开区村（社区）党组织书记培训班开班。图为学员合影　（区党校供图）

【干部教育培训】 加强政治理论培训，年内举办“学习贯彻中共十九届五中全会精神专题班”2期、“村（社区）党组织书记培训班”2期。加强专业理论培训，举办以金融服务、工业发展、党建为主体的专题培训班3期。加强业务知识培训，分批次举办业务培训班32期。加强乡镇领导班子建设，举办新任乡镇领导班子培训班2期。全年培训干部人次破万。

（黄伟城　李　鉴　叶　婷）

宣传工作

【概况】 2021年，全区上下坚持以习近平新时代中国特色社会主义思想为指导，深入学习贯彻中共十九届六中全会精神和省、市党代会精神，全面做好党史学习教育、理论武装、宣讲阐释、舆论宣传、阵地管理、社会宣传等工作，为“一极两地四中心”建设提供坚强的思想保证、舆论支持和精神动力。

【理论学习与研究】 全年召开区党工委理论学习中心组学习（扩大）会31次，系统学习习近平经济思想、生态文明思想、法治思想等重要理论。邀请专家学者聚焦区块链技术、对接融入粤港澳大湾区、人工智能、金融创新等重要内容开展专题辅导18次。组建各类宣讲团赴一线宣讲中共十九届六中全会精神、习近平总书记“七一”重要讲话精神、省市党代会精神500余场，覆盖群众3万余人。推出《打造幸福园区　留住最美乡愁》《逐梦两千亿　扬帆启新程》《争当新时代组织工作“拓荒牛”》《以党史之光照亮奋进之路》等一批理论文章、署名文章。向区党工委理论学习中心组成员赠阅相关书籍2000余册。完成对各级党组织理论学习中心组学习第二轮巡听指导。

【对外宣传】 年内，在中央媒体上稿96条，同比增长60%；省级媒体上稿234条，同比增长41%；市级媒体上稿4100余篇，同比增长68%；“学习强国”App上稿460余篇；区手机报发稿3900余条。完成中央网络媒体上稿410篇10300分，排名全市第二，在各级网站发表网评文章698篇1398分，排名全市第一，4人次获评省网评先进工作者、省优秀网评员和市优秀网评员、市舆情信息工作先进个人。

（周加相 谢晓慧）

统一战线工作

【概况】 2021年，赣州经开区巩固深化大统战工作格局，召开区党工委会议5次、区党工委统战工作领导小组会议2次、区党工委中心组理论学习会1次研究部署统战工作，举办《中国共产党统一战线工作条例》学习宣传暨党史学习教育培训会等统战政治理论和业务培训15次，培训党政干部443人次，组织全区党员干部、统战对象参与省委统战部《中国共产党统一战线工作条例》知识竞赛3400余人次。

【非公经济工作】 9月7日，设立区工商联分会党组，推选区企工局党组成员何源任党组书记，朱丰华任专职副主席。年内，举办重庆大学非公经济代表人士培训班及税收、人力、金融、法律、礼仪等业务培训10余次，培训非公经济人士近1000人次，组织区内400家企业负责人对全区53个涉企服务部门优化营商环境情况进行测评。区非公维权服务中心办理维权案件15件。推荐26名非公经济人士担任市人大代表、市政协委员，推荐江西金力永磁科技股份有限公司获评全省先进非公有制企业，赣州好朋友科技有限公司董事长何鹏宇、江西阿姆源餐饮管理有限公司总经理林路平获评江西省优秀创业者。7月1日，组织非公经济人士和新的社会阶层人士开展以“观影学党史，精神代代传”为主题的红色观影活动。倡导社会担当，组织非公经济人士和新的社会阶层人士分别举办“爱心汇聚力量 真情共筑希望”“金秋助学 传递爱心”等一系列爱心捐赠活动，为贫困学生捐赠爱心物资。区工商联分会获全国“四好”（班子建设好、团结教育好、服务发展好、自律规范好）商会称号。

【港澳台侨服务工作】 开展“侨资企业服务提升年”活动，帮助8家侨资企业解决实际问题10个。建立侨资企业、侨商和归侨侨眷基本台账。推荐港籍代表人士、赣州毅能达电子信息科技有限公司董事长李永毅为市政协委员。

（徐 祯 肖伟栋）

机构编制工作

【概况】 2021年，赣州经济技术开发区机构编制委员会办公室充分发挥机构编制部门的把关、协调、监督职能作用，以深化事业单位改革为牵引，优化事业单位布局结构和体制机制。坚持空编准用制度，严格做到未经编办核准，组织、人事部门不予办理调动、录用手续，严禁超编进人。年内，向市委编办争取增加事业编制18个，教师编制239个。

【乡镇领导班子换届】 按照换届工作的6个环节、36项具体任务，根据赣州经开区经济社会发展特点、各乡（镇、街道）实际需要和领导班子专业、知识结构需要，选优配强4个乡镇领导班子56名干部。各乡（镇、街道）领导班子于6月全部到位，7月完成新任各乡（镇、街道、管理处）领导班子成员培训，9 月完成换届选举。

【事业单位改革】 根据赣州市深化事业单位改革试点工作领导小组办公室《关于印发〈赣州市深化事业单位改革试点评估方案〉的通知》（赣市事改办〔2021〕2 号），2 月启动赣州经开区深化事业单位改革试点工作，3 月正式实施。4 月 3 日，中共赣州市委编委下发《关于赣州经济技术开发区管理委员会深化事业单位改革有关事项的批复》（赣市编〔2021〕17 号），明确赣州经开区所属事业单位改革有关事项。改革后全区所属事业单位 21 个，其中副处级单位 2 个、正科级单位 19 个，事业单位核定正科级领导职数 25 个，核定副科级领导职数 46 个，核定事业编制数 267 个。2 月 5 日，设立赣州经济技术开发区人民医院、赣州经济技术开发区第二人民医院、赣州经济技术开发区第三人民医院、赣州市第十六中学。12 月 27 日，中共赣州市委机构编制委员会办公室下发《关于调整赣州经济技术开发区部分事业单位机构编制事项的通知》（赣市编办〔2021〕63 号），核销正科级领导职数 3 个，副科级领导职数 4 个。

【机构变更】 4 月 3 日，赣州市科技创业服务中心（赣州市小企业创业基地、赣州市科技企业孵化基地、赣州市大学生创业园）更名为赣州市科技创新服务中心（赣州市小企业创业基地、赣州市科技企业孵化基地、赣州市大学生创业园）；赣州经济技术开发区公用事业服务管理处更名为赣州经济技术开发区公用事业服务中心；整合赣州经济技术开发区项目建设办公室、赣州经济技术开发区征收搬迁办公室，组建赣州经济技术开发区征收搬迁与项目建设服务中心；整合赣州经济技术开发区劳动监察局、赣州经济技术开发区安全生产监察大队、赣州经济技术开发区建设工程质量监督管理站（赣州经济技术开发区安全生产监督管理站）、赣州经济技术开发区卫生计生综合监督执法局，组建赣州经济技术开发区综合执法大队；组建赣州经济技术开发区综治中心；组建赣州经济技术开发区养老服务中心；组建赣州经济技术开发区新时代文明实践促进中心，加挂赣州经济技术开发区志愿服务促进中心牌子；赣州经济技术开发区计划生育服务站（赣州经济技术开发区疾病预防控制中心、赣州经济技术开发区卫生计生综合监督执法局、赣州经济技术开发区健康教育所）更名为

6 月，赣州经开区开展《中国共产党统一战线工作条例》学习宣传暨党史学习教育培训会 （区工商联分会供图）

赣州经济技术开发区疾病预防控制中心（赣州经济技术开发区卫生健康服务中心、赣州经济技术开发区健康教育所）；赣州经济技术开发区教研和招生工作办公室更名为赣州经济技术开发区教体服务中心；保留赣州经济技术开发区政务服务中心，加挂赣州经济技术开发区统计服务中心牌子；赣州经济技术开发区机关事务和政府采购管理中心更名为赣州经济技术开发区机关事务管理中心；赣州经济技术开发区金融工作局更名为赣州经济技术开发区金融服务中心；赣州经济技术开发区医疗保险事业管理局（城乡居民养老保险管理中心）更名为赣州经济技术开发区人力资源和社会保障服务中心；赣州经济技术开发区土地收购储备中心更名为赣州经济技术开发区土地储备中心；撤销赣州经济技术开发区学生资助管理中心、赣州经济技术开发区青少年校外活动中心、赣州经济技术开发区新能源汽车检测服务中心。赣州市城市管理局赣州经济技术开发区分局更名为赣州市城市管理综合行政执法支队赣州经济技术开发区大队（赣州市城市管理监督指挥中心赣州经济技术开发区分中心）。

同日，根据市委编办《关于市市场监督管理局深化事业单位改革有关事项的批复》（赣市编〔2021〕17号）文件精神，在赣州经开区消费者协会办公室基础上，组建赣州经开区消费者权益保护委员会秘书处，为区市监分局所属副科级公益一类事业单位，主要承担区消费者权益保护委员会日常以及为区市场监督管理工作提供信息服务支撑等职责，不再保留赣州经开区消费者协会办公室。赣州经济技术开发区个体创业指导服务中心并入赣州市人力资源和社会保障局所属的市就业创业服务中心，不再保留赣州经济技术开发区个体创业指导服务中心，将4名事业编干部划转市就业创业服务中心。

8月2日，设立赣州市第六中学、赣州市灌婴小学、赣州市紫荆路小学、赣州经济技术开发区第二保育院。

12月27日，赣州经济技术开发区养老服务中心由单设调整为在赣州经济技术开发区人力资源和社会保障中心挂牌；撤销赣州经济技术开发区土地储备中心；撤销赣州经济技术开发区国库集中支付中心。

（李　鉴　张清雅）

人事人才管理

【概况】 2021年，赣州经开区坚持正确选人用人导向，营造风清气正选人用人环境。实施人才强区战略，在人才引育、平台建设和人才服务等方面不断提质增效，人才工作连续4年在全市排名第一。截至年底，全区有国家级高层次人才44名，博士及同等人才853名。

【坚持正确选人用人导向】 突出政治标准，坚持以贤选人、以事察人，结合乡镇领导班子换届、事业单位改革、“奔牛奖”评选，从乡村振兴、工业和开放型经济主战场等急难险重一线提拔重用表现突出的干部132人。其中，从“五方面人员”中择优选拔乡镇领导班子成员4人，从事业单位领导人员中择优调任乡镇领导干部2人。落实“奔牛奖”“蜗牛奖”奖惩办法，从获得“奔牛奖”单位提拔干部52人，进一步使用6人，晋升职级17人。加大公开选调干部力度，面向全省公开选拔赣州市第六中学副校长1人，全市公开考选区市场监管分局工作人员5人。出台《赣州经济技术开发区领导干部轮岗交流办法》《赣州经济技术开发区机关干部回避办法》强化日常监督，坚持抓早抓小，防微杜渐，把干部监督贯穿选人用人工作全过程；注重建立日常监督网络，加强与纪检、审计等部门的日常沟通，将组织监督、纪检监督和审计监督有机结合起来，做到信息共享；加强对干部出入境监督管理工作，建立“裸官”“近亲繁殖”、县处级以上领导干部近亲属情况、领导干部因私出境护照管理等工作台账；建立“12380”举报受理工作台账，全年收到电话举报信息5条、短信举报信息1条，均调查核实处理。

【人事制度改革】 出台《赣州经开区干部夫妻异地分居“团圆机制”实施办法（试行）》制度，以全区统筹、积极争取、积分管理、分批解决、对口对等、人岗相适、正向激励、公平公正的原则解决区内干部夫妻异地分居实际困难，安置市级“团圆机制”人员3人，明确区级“团圆机制”调入人选1人。出台《赣州经开区周年纪念章颁发管理办法》，为在赣州经开区服务20年、30年的干部职工颁发周年纪念章，增强全区干部职工的归属感、荣誉感、使命感。出台《赣州经开区“赛马”制度实施办法》，树牢“按业绩比优劣、凭贡献排高低，让吃苦的人吃香，让四平八稳的不稳”的用人导向，推进“职务能上能下、人员能进能出、待遇能高能低”。动态调整主办层级，年内对全区382名干部按程序进行一至十二级主办（专技）、七至十二级工勤岗位聘任调整，其中因受处分降低主办（专技）、工勤层次24人。

【雇员职员队伍建设】 *体制机制改革* 9月，区人力资源有限公司进行股权变更并修改公司章程，区国资办将其持有的区人力资源有限公司100%股权划转至区人才发展有限公司，区人力资源有限公司正式成为区人才发展有限公司全资子公司。

雇员职员管理 梳理雇员职员获表彰情况，对66名符合条件的雇员职员进行年终绩效工资年限折抵，激发雇员职员干事创业热情。做好雇员职员岗位聘任工作，全年完成雇员职员岗位聘任（改聘）57人次。从严抓好雇员职员考核，先后完成雇员职员聘期期满考核2批次165人，雇员职员试用期满考核1批次67人。做好雇员职员名额核定和管理工作，跨单位调整雇员职员岗位50人次，重新核定21个用人单位雇员职员名额数。核定全区雇员职员名额476个。

干部管理考核 完成2017年面向社会公开招聘第二批雇员职员聘期期满考核71人、2018年面向社会公开招聘雇员职员聘期期满考核94人、2020年面向社会公开招聘雇员职员试用期期满考核67人。

【“三支一扶”招录和军转干部安置】 发挥各级党政机关、事业单位和国有企业接收安置主渠道作用，年内招录“三支一扶”大学生4名。创新军转干部、转业士官安置方式，将量化赋分和自主选岗相结合，完成军转干部、退役士官安置。

【招才引才和人才培育】 年内，外出招才引才65批次，接待各类人才105批次，新引进人才项目10个，引进或培育行业急需紧缺人才215名，各领域高层次人才47名，其中国家级人才9名。推荐区内各类人才申报国家、省、市人才工程，3人入选国务院特殊津贴专家，3人入选省人才计划，2人获省科学技术进步奖一等奖，14人入选市“苏区之光”人才计划，各类人才计划入选人数均为全市第一。

【平台服务】 年内，新增“国字号”人才创新创业平台3个（国家级创业孵化示范基地赣州恒科东方实业有限公司、国家级中小企业公共服务示范平台江西省油茶产品质量监督检验中心、中国创新创业成果交易会成果转化基地——赣州市创业服务中心有限公司），省级创新创业平台5个。截至年底，全区有各类聚才平台123个，其中国家级工程（技术）研究中心、科技企业孵化器、众创空间等科技创新及基础服务平台22个，“海智计划”工作站3个，博士后科研工作站（创新实践基地）4个，研究院所3个。

【人才服务】 成立人才发展集团，配优配齐人才服务队伍，从人才住房、人才创业平台、一站式服务平台、人才基金、人力资源服务体系五方面健全人才服务体系。结合“进千企、访千人、问千计”三年行动计划以及人才项目“育穗”计划，发放人才政策汇编1000余册，走访各类人才342人次，协调解决各类问题128个。兑现国家级人才项目资助资金、人才特殊津贴、个税奖励、大学生生活补贴等2788.69万元，建设（筹集）人才住房3318套。

（张清雅 吴 萍 章惠芬）

党校教育

【概况】 2021年，区党工委党校坚持党校姓党，印发《赣州经济技术开发区2021年度干部教育培训计划》，全年举办主体班9期。其中，金融服务专题培训班、工业发展专题培训班、科级干部学习贯彻中共十九届五中全会精神暨党史学习教育读书班、关工委系统干部培训班、党建专题培训班各1期、新任乡镇领导班子培训班2期、村（社区）党支部书记培训班2期，培训学员750余人次，覆盖全区科级领导干部、党员干部及村居“两委”班子。

【教学改革】 区党工委党校年初成立4个调研小组，赴各参训部门（单位）、乡（镇、街道、管理处）开展调研，发放调查问卷155份，访谈各级干部151人，根据调研情况制定《区党工委党校2021年度主体班次教学方案》。改变单一教学形式，探索案例式、模拟式、体验式、讨论式等互动式教学方法，互动式教学占总课时比例超过30%。扩大合作办学“朋友圈”，新增与深圳市委党校、上海交通大学建立合作，带领学员实地走访国内优秀企业和大型商圈，学习深圳工业创新精神，了解上海金融发展成效。落实领导干部到党校上党课制度，年内实现全部区党工委委员到党校授课。

【党性教育】 区党工委党校坚持“党校姓党”的根本原则，结合中国共产党成立100周年，在全年的主体班次中，开设党史学习专题课程，开展红色教育现场教学，把党史学习教育作为主体班次的重要培训课程；开设党史学习教育专题读书班，对全区400余名党员领导干部进行专题培训。发挥干部教育主阵地主渠道作用，坚持把学习习近平新时代中国特色社会主义思想列为年内所有主体班必修课，党性教育课时占全年总课程的53.2%。

【专题培训】 围绕六大主攻方向、“一极两地四中心”建设等市、区的决策部署开展专题培训，把工业发展、金融服务、营商环境、经济发展等内容纳入培训范围。分层级开展培训，举办新任乡镇领导班子培训班，增强基层领导干部防范化解重大风险，应对复杂局面的能力；举办村（社区）党支部书记培训班，提高基层党组织负责人的专业能力。

【培训服务质量提升】 建立健全疫情防控相关制度，在课程设置、师资配备、场地安排和后勤保障上充分考虑主体班各班特点，采取差异化管理模式，减少交叉，做好新冠肺炎疫情背景下干部教育培训工作。加强“师资库”“课程库”建设，精选全市百余门精品课程供教学使用。完善教学管理制度，新修订《学员管理制度》等各项教学制度，做好学员培训期间的日常服务和管理。健全和完善办班意见收集反馈工作机制，在主体班次开班过程中发放教学评价表700余份，收集参训干部对师资、课程、管理等方面的反馈意见，切实加以改进，不断提升学员满意度。

（曾　鼎）

机关党建

【概况】 2021年，区机关党委坚持以习近平新时代中国特色社会主义思想为指导，大力推动机关党建“三化”提质增效和质量过硬。全年所辖基层党组织63个，其中党支部57个、党总支部3个、党委3个。充分发挥机关党员先锋模范作用，年内组织拍摄的微视频获“全区喜迎中国共产党成立百年红色微电影大赛”二等奖。

【机关政治建设】 持续学习宣传贯彻中共十九届六中全会精神和习近平总书记“七一”重要讲话精神。年内，机关领域召开专题宣讲会6次，开展各类学习会5次，覆盖机关党员干部800余人次。组织88名机关党务干部开展“省第十五次党代会精神宣讲会”1期；组织300余名机关干部开展“市第六次党代会精神宣讲会”1期；组织700余名机关党员开展“深入学习贯彻中共十九届五中全会精神集中培训班”2期；组织44名机关党支

4月18日，赣州经开区科级干部学习贯彻党的十九届五中全会精神暨党史学习教育读书班开班　（区党校供图）

12 月 15 日，赣州经开区开展机关第三届党务技能争先创优赛（决赛）举行 （区机关党委供图）

部书记赴于都开展“党组织书记专题培训班”1 期；组织 67 名机关领域发展对象和入党积极分子开展集中培训班 1 期。推动 36 个机关单位 139 名领导干部建立党支部工作联系点。加大中国共产党成立 100 周年舆论宣传氛围营造，发表市级以上媒体宣传稿件 42 篇，市级以上媒体网评文章 17 篇，其中省级评论 1 篇，在中青网等国家级媒体发表评论 3 篇。

【机关基层党组织党史学习教育】 年内，组织开展党史学习教育各类宣讲 4 次，指导机关领域 551 名青年干部建立 49 个“青年学习小组”，编印《机关青年学习〈四史〉心得汇编》。组织各党组织利用“主题党日”活动到郭大力故居、贺焕文烈士墓等地开展现场教学，赴于都、瑞金、大余、古田等红色基地体验红色文化，感悟党史力量。

【党建攻坚战】 印发《2021 年度机关党建工作要点和机关党建工作考核细则》，将机关党建工作纳入各单位年度绩效考核的重点任务指标。年内，召开推动基层党建“三化”提质增效和质量过硬推进会 3 次；打造工业项目临时党支部示范点 2 个；新成立机关领域党支部 4 个，原公管处党支部升格为公服中心党总支，下设党支部 2 个；指导 10 个党支部按规定流程完成换届选举；培养发展对象（入党积极分子）67 名，新发展党员 50 名，对 4 个长期未发展党员的党支部进行了集中约谈。对全区 32 个机关单位党组织进行 2 轮全覆盖走访，组织开展基层党建工作座谈调研 3 次。召开集中“党建工作日”4 次，围绕发展党员工作、党费收缴、党支部工作等专题课程开展党务干部业务实操培训 4 次。召

5月28日，2021年度赣州经开区机关党支部书记培训班开班。图为学员合影 （区机关党委供图）

开2020年度党组织书记抓基层党建工作述职评议会，对3个评定等次为“较好”的党组织进行集中约谈。组织开展机关党建半年督查，推动督办整改。在机关领域开展“三亮三创两服务”（亮身份、亮职责、亮承诺，实践创新、岗位创效、服务创优，服务市委三大战略和八大行动）活动，组织开展赣州经开区机关第三届党务技能争先创优赛，分级评选出模范机关12个。

【推进全面从严治党】 严格执行《党委（党组）落实全面从严治党主体责任规定》，制定《赣州经济技术开发区机关党委落实全面从严治党主体责任清单》，进一步推动全面从严治党向纵深发展、向基层延伸。全年专题研究部署党风廉政建设工作5次，听取党风廉政建设的工作汇报2次。机关领域受到党纪处分党员干部9名。

（焦巍娜）

人大、政协联络工作

【概况】 2021年，赣州经开区围绕全区“一极两地四中心”建设，牢固树立服务意识，积极调动人大代表、政协委员履职积极性，充分发挥人大、政协监督作用，助推全区经济社会高质量发展。

【发挥联络协调作用】 做好全国、省、市各级人大代表、政协委员调研接待工作，年内接待各级人大代表、政协委员考察调研11批次。推荐8人担任市人大代表，29人担任市政协委员。完成“2020年环保赣江行”活动有关问题整改，组织相关部门对年内省人大“民生热线”5条来电反映情况进行办理并答复。10月26日，组织全区34名市人大代表、市政协委员参加市六届人大代表、政协委员座谈会。11月22日，组织区内市人大代表、政协委员围绕市域社会治理现代化开展视察监督，开展调研座谈。

【建议提案办理】 印发《关于做好市五届人大六次会议代表建议和市政协五届六次会议提案办理工作的通知》，发挥人大代表议案建议和政协提案有效载体作用。年内，承办市人大建议9件、政协提案，已全部办结并答复，市人大代表、市政协委员满意度100%。

（徐 祯 肖伟栋）

赣州市第六届人大代表一览表（赣州经开区）

表 10

序号	姓名	职务	说明
1	陈水连	市政府副市长、赣州经开区党工委书记	
2	梁丁盛	赣州经开区党工委副书记、管委会主任	
3	郭声琪	赣州经开区党工委副书记、管委会副主任	
4	钟小平	赣州市同兴达电子科技有限公司董事长	
5	张发饶	宁波能之光新材料科技股份有限公司董事长 赣州能之光新材料有限公司董事长	
6	陈　雪	赣州金星小学副校长	无党派人士
7	邹仁华	区公安分局警务督察大队大队长、三级警长	

赣州市第六届政协委员一览表（赣州经开区）

表 11

序号	姓名	职务	界别
1	卓邦友	赣州经开区管委会调研员	赣州市总工会
2	黄光舜	赣州经开区金融局局长	中国共产党
3	刘丹（女）	赣州经济技术开发区公用事业服务管理处主任	中国民主同盟
4	刘钦辉	江西文钦教育产业集团董事长	中国民主建国会
5	潘莉玲（女）	赣州经济技术开发区湖边镇康馨幼儿园园长	中国民主促进会
6	赖晨鸣（女）	赣州经开区住房和建设局副局长	赣州市妇女联合会
7	钟舒毅	赣州经开区招商局副局长	中国民主建国会
8	邓卫城	赣州市卫诚火机制造有限公司董事长	赣州市工商业联合会
9	朱开椿	江西亚美达科技有限公司董事长	赣州市工商业联合会
10	李　麟	江西裕丰智能农业科技有限公司总经理	赣州市工商业联合会

续表 11

序号	姓名	职务	界别
11	何　喆	江西曼妮芬服装有限公司总经理	赣州市工商业联合会
12	郭晓夏	赣州恒科东方实业有限公司（赣州国际企业中心）总经理	赣州市工商业联合会
13	韩金玉	江西冲天互联网科技有限公司董事长	赣州市工商业联合会
14	喻　玺	赣州富尔特电子股份有限公司总经理	赣州市工商业联合会
15	滕秀明	赣州泰源富置业有限公司 赣州泰源商业运营管理有限公司董事长	赣州市工商业联合会
16	赵之光	赣州市宝明显示科技有限公司总经理	赣州市科学技术协会
17	申慧强	赣州市开源科技有限公司总经理 赣州市晶格新材料有限公司董事长	科学技术界
18	吕　锋	江西金力永磁科技股份有限公司副董事长、副总经理	科学技术界
19	余　卫	吉利科技集团有限公司副总裁 耀能新能源（赣州）有限公司总经理	科学技术界
20	杨　欣	广东华商（赣州）律师事务所主任	社会科学界
21	王小红（女）	赣州华坚科技职业学校董事长	教育界
22	王奇锋	赣州市智能产业创新研究院院长	赣州市科学技术协会
23	靳　东	赣州赛可韦尔科技有限公司创始合伙人	九三学社
24	梁入云	赣州西克节能自动化设备有限公司董事长	中国民主同盟
25	许道重	赣州合信印刷包装有限公司董事长	中国民主促进会
26	林炳煌	赣州瑞康混凝土有限公司董事长	无党派人士
27	曾亮生	赣州倧华菲尔雪食品有限公司董事长	赣州市工商业联合会
28	李永毅	赣州毅能达电子信息科技有限公司 赣州毅能达金融信息有限公司董事长	赣州市工商业联合会
29	谭小彬	赣州宝吉实业有限公司董事长	中国民主建国会

政务服务

【概况】 2021年，区政务服务中心大力推动“放管服”改革，持续优化各项便民举措，努力打造全市乃至全省审批程序最少、办事效率最高、服务质量最优的政务服务大厅。

3月31日，赣州经开区行政审批局办理的首张营业执照
（区融媒体中心供图）

【相对集中行政许可权改革】

3月，与14个部门签订第一批划转事项委托协议，4月1日，盖有“赣州经济技术开发区行政审批局”的首张营业执照颁发，赣州经开区正式进入“一枚公章管审批”时代。

【政务服务领域改革】 实行“容缺办理＋告知承诺制”模式，制定企业投资项目审批流程图，按照新流程办理立项审批至施工许可核发的时限由原来的60个工作日压缩至最短30个工作日，28个事项纳入“容缺审批范围”；进行“六减一增”专项提升行动全年整理汇总“六减一增”政务服务事项69条，审批时限压减53.62%；建成“赣服通”赣州经开区分厅，上线可办事项221项；上线企业服务专区、个人和企业专属空间等内容。新增“公众聚集场所投入使用、营业前消防安全检查”和“公众聚集场所投入使用、营业告知承诺许可”2个事项实现“网上办”；4月9日，完成“不见面开标”项目测试；5月20日，全区首个不见面开标项目启动运行，在全市各县（市、区）功能区率先实现“不见面开标”。

【“12345”政府服务热线】

全年受理市级转办工单11648件，“基本满意”及以上工单11366件，“不满意”工单157件，群众评价满意率98.64%，按期办结率99.94%。

【政务服务大厅疫情防控】 利用政务服务大厅LED显示屏、宣传栏、资料台等宣传阵地通过滚动播放口罩的正确佩戴方法、洗手七步法、防疫宣传标语、张贴宣传海报、印制防疫宣传资料发放至各窗口，在所有窗口、自助设备、主入口等区域设置一米线标识。联动志愿者参与政务大厅防疫工作，落实体温检测、健康码查询等常态化防控措施。

（唐怀智）

信息化工作

【概况】 2021年，印发《赣州经开区政府门户网站内容保障工作方案》，区党政办联合区企工局，根据国家、省、市政府对门户网站建设的最新规范文件要求和区相关工作方案，对赣州经开区门户网站的所有栏目信息更新情况实行监督。实行每月督查抽检，对未按信息公开更新要求更新的单位进行提醒、督促整改。赣州经开区门户网站在2021年全省、全市各项网站检测中均被认定为合格。

【门户网站建设】 1月，赣州经开区门户网站在市政务集约化云平台上正式上线，完成IPV6网络升级改造，增加网站错敏字识别、入侵云防护、防渗透云防御等云安全技术服务，极大提升门户网站的网络安全防护和预防网络入侵能力。网站设有区情、要闻、政务、政府信息公开、服务和互动等栏目，全年发布信息7533条，其中概况类信息更新77条，政务动态信息更新2803条，信息公开目录信息更新4730条；专栏专题维护51个，新开设专栏4个；政务服务事项699项，可全程在线办理政务服务事项669项，办件量总数789360件。

（谢珊珊）

网信工作

【概况】 2021年，赣州经开区被评为2020年度全市网信综合工作先进集体，其中网舆、网安单项工作先进；区内获评全省2020年网评先进工作者、优秀网评员，全市优秀网评员、舆情信息工作先进个人。

【网络宣传】 在全市“感悟百年党史 传承红色基因”庆祝中国共产党成立100周年征文大赛中，组织报送23篇网评文章参赛，获一等奖2名、三等奖3名、优秀奖8名，网络宣传工作稳居全市第一。

【网络舆情处置】 执行舆情专报制度，做好舆情处置工作。全年下发《舆情专报》90期、《舆情分析》12期。年内全区未发生重大负面舆情。

【网络生态治理】 准确把握网络生态治理由治标为主向治本发力的工作主线，科学把握网络生态治理的特点和规律，着力攻坚克难、补齐短板。加强全区机关、企事业单位新媒体内容管理，严格执行“三审三校”制度，规范审核发布内容。加强自媒体内容摸底监管，摸排到属地活跃的自媒体23个，约谈整改违规微信公众号1家。依托赣州区块链技术产业园发展成效，助推赣州市成功入选国家区块链创新应用综合性试点，推进网络生态治理工作再上新台阶。

【网络安全保障】 举办第八届国家网络安全宣传周活动，组织全区1.1万余人次参与知识竞赛。完成江西金力永磁科技股份有限公司网站、吉集号司机版IPV6改造工作，网安经验做法在省委网信办《网信动态》首次刊登。

（周加相 谢晓慧）

融媒体工作

【概况】 2021年，区融媒体中心先后取得互联网新闻信息服务许可证、信息网络传播视听节目许可证，在全省县级融媒体中心建设评估中排名第三十四，同比上升66位。在2021年全市县级融媒体中心建设评估考核中，排名全市第五。外宣工作在全市小县中排名第二，获得2021年度全市新闻宣传工作先进集体。“欧潭融媒”微博号获评“十佳”赣州政务新媒体。摄制的《够拼！他们加班加点为广大师生安装空调》获评全市新媒体优秀作品。

赣州经开区2021年在省级以上媒体重要报道一览表

表12 （单位：个）

序号	时间	媒体	标题	版面/栏目
1	1月14日	江西日报	赣州经开区签约208亿元	7
2	1月20日	江西日报	赣州建控集团与华东交通大学成立联合研究中心	7
3	1月21日	江西日报	赣州经开区：金融创新赋能实体经济高质量发展	6
4	1月22日	江西日报	赣州经开区多管齐下破解企业用工难	6
5	1月23日	江西日报	赣州经开区获批国家外贸转型升级基地	3
6	1月24日	江西日报	向“新”而发	2
7	2月2日	江西日报	泉岗科技园项目入选省示范工地名单	7
8	2月3日	江西日报	提升“三化”建设质量 夯实基层党建基础 ——赣州建控集团积极推进党建工作侧记	6
9	2月19日	江西日报	赣州经开区：打响新年招大引强 “第一枪”	6
10	2月23日	江西日报	牛年新牛市 汽车人新春寄语	11
11	3月4日	江西日报	“春雷”声声响经开	6
12	3月15日	江西日报	赣州市政府、赣州经开区与吉利科技集团签订投资合作协议	3
13	3月15日	江西日报	人勤春来早——赣州经开区加快对接融入粤港澳大湾区建设	6
14	3月15日	江西日报	湖边镇打造美丽村景	7
15	3月15日	江西日报	开展庆“三八”插花活动	7
16	3月16日	江西日报	召开党建工作“春晖”行动务虚会	6
17	3月17日	江西日报	专项优惠政策出成效	11
18	3月24日	江西日报	赣州经开区：以党建引领工业高质量发展	7
19	3月26日	江西日报	筑“安居梦” 暖“百姓心” ——赣州经开区大力推进返迁安置房建设纪实	7
20	3月31日	江西日报	“大礼包”加速企业上市	11

续表 12

序号	时 间	媒体	标 题	版面 / 栏目
21	4 月 6 日	江西日报	赣州经开区：党史学习教育接地气聚人心	7
22	4 月 10 日	江西日报	赣州经开区：“就地取材”开展党史学习教育	10
23	4 月 13 日	江西日报	赣州经开区：在党史学习教育中淬炼招大引强硬功	7
24	4 月 13 日	江西日报	赣州经开区多举措消除电梯安全隐患	7
25	4 月 22 日	江西日报数字报	学史力行 多管齐下破解企业用工难	7
26	4 月 26 日	江西日报	赣州经开区住建局：传承红色基因推动党史学习教育	1
27	4 月 26 日	江西日报	赣州经开区积极推进开放型经济高质量发展	6
28	4 月 29 日	江西日报	奏响主攻工业最强音——赣州经开区推动工业倍增升级走笔	4
29	4 月 30 日	光明日报光明网	他们用勤劳双手创造美好明天	4
30	5 月 1 日	人民日报	在平凡岗位做出不平凡业绩——2021 年“最美职工”综述（下）	4
31	5 月 1 日	人民日报	联合发布 2021 年“最美职工”先进事迹	4
32	5 月 1 日	新华每日电讯	中央宣传部、全国总工会联合发布 2021 年“最美职工”先进事迹	2
33	5 月 1 日	光明日报	中央宣传部、全国总工会联合发布 2021 年“最美职工”先进事迹	3
34	5 月 1 日	经济日报数字报	“最美职工”先进事迹发布	2
35	5 月 1 日	江西日报数字报	劳动“珍”美	2
36	5 月 2 日	江西日报	赣州经开区发布该区“十四五”金融业发展规划	3
37	5 月 13 日	江西日报数字报	赣州建控集团深入开展党史学习教育助推国企高质量发展	4
38	5 月 13 日	江西日报数字报	赣州经开区全面兑现外贸进出口扶持政策	4
39	5 月 20 日	江西日报数字报	让创新之泉充分涌流	8
40	5 月 20 日	江西日报数字报	金力永磁：创新驱动产业高质量发展	8

续表 12

序号	时 间	媒体	标 题	版面 / 栏目
41	5 月 24 日	人民网	中国引资更强劲（新数据 新看点）	1
42	5 月 24 日	江西日报数字报	赣州单体投资规模最大工业项目开工	7
43	5 月 25 日	江西日报数字报	“赣州—东盟”跨境直通车开通	7
44	5 月 30 日	江西日报数字报	内外兼修育新景 高质量发展添动力	1
45	5 月 31 日	江西日报数字报	开展“学党史 争先锋 促发展”党史知识竞赛	12
46	6 月 8 日	江西日报数字报	赣州经开区签约 25 个项目	7
47	6 月 17 日	江西日报数字报	缓解资金压力 激发内生动力	7
48	6 月 22 日	江西日报	赣医一附院慢性肾脏病全程管理中心启用	10
49	6 月 25 日	江西日报数字报	牢记使命 接续奋斗	2
50	7 月 4 日	经济日报	江西赣州大力实施创新驱动发展战略——科技引擎动力足 数字赋能产业兴	9
51	7 月 9 日	江西日报数字报	赣州建控集团为民解忧践初心	5
52	7 月 13 日	江西日报数字报	赣州经开区多措并举推动党史学习教育走深走实	4
53	7 月 15 日	江西日报	发展绿色产业助力乡村振兴	7
54	7 月 18 日	经济日报图片新闻	江西赣州凯马汽车制造公司工人对轻卡汽车做质量检测	5
55	7 月 26 日	经济日报	主动对接 全面融入——江西赣州加速对接融入粤港澳大湾区	4
56	7 月 29 日	江西日报数字报	赣州经开区持续发力招大引强	7
57	8 月 4 日	江西日报数字报	赣州建控：在学思践悟中彰显国企本色	6
58	8 月 6 日	江西日报数字报	做好“加减乘除”法 打造一流营商环境	7
59	8 月 19 日	江西日报数字报	赣州经开区：学史力行助推高质量发展	7
60	8 月 23 日	江西日报数字报	扬优成势再出发	1

续表 12

序号	时 间	媒体	标 题	版面 / 栏目
61	8 月 24 日	江西日报数字报	倾力守护群众健康	10
62	8 月 25 日	江西日报数字报	发展驶入快车道	11
63	9 月 1 日	经济日报	图片新闻：国机智骏生产线	10
64	9 月 2 日	江西日报数字报	赣州经开区：筑梦在希望的田野上	6
65	9 月 3 日	江西日报数字报	招商项目落地马上办	7
66	9 月 6 日	江西日报数字报	赣州建控集团为群众办实事显成效	12
67	9 月 13 日	江西日报数字报	打造高水平对外开放“强磁场”	7
68	9 月 24 日	经济日报数字报	赣州示范——践行习近平经济思想调研记	头版头条
69	9 月 26 日	江西日报	注入红色动能 凝聚奋进力量——江西省“两新”组织党史学习教育走新更走心	1
70	10 月 12 日	江西日报数字报	赣州经开区：用心用情用力办好人民满意的教育	8
71	10 月 14 日	江西日报数字报	赣州经开区商贸旅游消费持续火爆	12
72	10 月 18 日	江西日报数字报	赣州经开区：现代服务业迸发活力展新颜	6
73	10 月 18 日	江西日报数字报	赣州经开区举行项目集中签约活动	7
74	10 月 21 日	江西日报数字报	全力奔跑 赣州经开区重点项目建设展现“经开速度”	11
75	10 月 22 日	江西日报数字报	赣州经开区：最美风景是文明	6
76	10 月 25 日	江西日报数字报	赣州经开区：“马上办”办出发展加速度	6
77	10 月 27 日	江西日报数字报	红白理事会“理”出新风尚	6
78	10 月 27 日	人民日报	“中部地区这个‘脊梁’要更硬一点”（新思想引领新征程·时代答卷）	2
79	10 月 28 日	江西日报数字报	让群众坐上“幸福梯”	7
80	10 月 30 日	江西日报数字报	赣州数字金融产业园开园	4

续表 12

序号	时 间	媒体	标 题	版面 / 栏目
81	11 月 2 日	江西日报数字报	赣州经开区：圆群众“安居梦” 筑百姓“幸福家”	7
82	11 月 3 日	江西日报数字报	招大引强助力工业高质量发展	8
83	11 月 4 日	江西日报数字报	赣州经开区：学史力行 跑出为民践诺“加速度”	6
84	11 月 7 日	江西日报数字报	老区不老，发展势头正好	1
85	11 月 10 日	江西日报	赣州新能源汽车科技城建设开发有限公司：主题党日活动进工地	8
86	11 月 11 日	江西日报	赣州经开区启动居民身份证免费寄	12
87	11 月 14 日	江西日报	赣州经开区夯实外向型经济“主阵地”	3
88	11 月 30 日	新华每日电讯	出发地，再出发 赣南老区奋进新征程	1
89	12 月 7 日	江西日报数字报	赣州经开区推进智慧安防小区建设	7
90	12 月 9 日	江西日报数字报	赣州经开区：“全闭环”研判调度机制有效化解信访矛盾	8
91	12 月 11 日	江西日报	赣深高铁正式通车	1
92	12 月 11 日	人民日报	赣深高铁正式开通助力“苏区＋湾区”联动发展	5
93	12 月 11 日	新华每日电讯	老区牵手特区的“筑梦之路”写在赣深高铁开通之际	4
94	12 月 11 日	经济日报	老区拥抱大湾区——写在赣深高铁开通运营之际	12
96	12 月 13 日	江西日报数字报	高铁贯赣粤 拥抱大湾区	13
95	12 月 16 日	光明日报	张华荣和他的华坚鞋城	4
97	12 月 25 日	江西日报	郭大力故居在赣州经开区揭牌	12
98	12 月 26 日	江西日报数字报	速度与激情演绎跨越发展	1
99	12 月 30 日	江西日报	赣州经开区入选“2021 中国经济十大最具投资价值开发区”	3
100	12 月 30 日	江西日报	赣州建控集团：强化廉政建设 助推企业发展	10

【平台建设】 年内，将赣州经开区微信公众号、移动客户端、微博等宣传平台统一更名为“欧潭融媒”。官方抖音号、微信视频号开通上线，形成“两微一端一抖”媒体矩阵，构建全媒体舆论宣传阵地。“欧潭融媒”微信公众号用户数33248人，同比增长39.5%，“欧潭融媒”客户端用户数82318人，同比增长60%。

【新闻采编】 严格执行“三审三校”制度，邀请市级以上媒体记者采访30余批次。7月，全体干部职工参加全省新闻采编从业资格证考试并全部通过，实现全员持证上岗，提升新闻采编的专业化、规范化水平。

【媒体宣传】 加大新闻策划力度，强化内容宣传，开展主攻大报大台行动。年内，开设“奋斗百年路 强劲开新局”“飞驰的高铁 奔腾的梦想”等专栏，举办全区“我为群众办实事”实践活动十佳案例线上展示等活动。在中央媒体上稿96条，同比增长60%；省级媒体上稿234条，同比增长20%；市级媒体上稿4100余篇，同比增长30%。“学习强国”上稿460余篇，区手机报发稿3900余条。

【校媒融合】 和江西理工大学、赣州师范高等专科学院签约共建实践教学基地，在资源共享、人才培养等方面开展交流合作，推进媒体融合发展和新型主流媒体人才培养。全年接纳实习生50余名。

（廖万茂）

信访工作

【概况】 2021年，赣州经开区信访态势总体平稳，群众走访780批2703人次，进京、赴省、赴市访量同比大幅下降。群众网上信访量进一步提升，受理转交办各级网上信访件1032件，占比90.83%。8月，被市信访工作联席会议办公室评为中国共产党成立一百周年信访保障工作先进县（市、区）。

【领导责任制】 年内，区党政联席会研究调度信访工作8次，区党工委主要领导6月15日、11月23日2次组织召开信访工作专题调度会。参照《赣州市信访工作责任制实施细则》制定《赣州经开区信访工作责任制落实办法（试行）》，对信访工作责任追究情形进行量化，树立“有权必有责、有责要担当、失责必追究”的鲜明导向，倒逼信访工作责任落实。全年启动信访工作问责4次，因信访工作责任落实不到位给予6名责任人相应处理。

【信访机制完善】 落实领导干部接访制度，制定全区领导干部值班接访安排，区主要领导带头落实领导干部接访制度，每月固定一天到区人民来访接待中心值班接访，全年区党政主要领导值班接访13次。落实重点信访突出问题区领导包案制度。通过领导接访、要情专报、访情汇要、重点督办、集中交办等多种形式落实领导包案责任，全年集中交办重点信访突出问题和信访人员4批140件，落实“四包”责任，做到问题不解决不放手、矛盾不化解不收兵，矛盾化解在源头。落实初信初访规范办理制度。将初信初访案件30日办结情况及重复访发生率纳入年度信访考核重要内容，每月梳理通报责任单位工作完成情况，运用年终考核“指挥棒”督促责任单位主动改进完善信访工作措施，提升信访工作效能。

【源头预防】 建立情报信息良性互通机制，坚持常态化收集研判各类信访信息，加强信访、公安、维稳、网信等部门信息共享，及时排查其中重点信访信息，报告区党工委、管委会研究决策，确保妥善处置。推进越级访专项治理，年内全区越级进京、赴省上访批次同比下降33.3%、人次同比下降44.6%。

【积案化解及信访救助】 推进集中治理重复信访、化解信访积案专项工作和信访事项“清存量、控增量”攻坚治理活动，全方位、拉网式摸排信访突出问题和信访重点人，严格落实 “四包”责任制和“三到位一处理”工作要求，有效化解一批历史遗留老案、“骨头案”。年内，办结中央交办第一批重复信访事项65件，化解第二批交办的14件重复信访事项7件，化解率50%。“清存量、控增量”攻坚治理活动市信联办交办的41件信访突出问题和20件自行排查信访突出问题全部化解。年内，全区摸排落实信访救助案件2件，均为市级信访救助案件，救助金额10万元。

（谢 剑）

文明实践

【概况】 2021年，区新时代文明实践促进中心围绕市委宣传部、市新时代文明实践促进中心的部署要求，因地制宜开展各类文明实践活动4000余场。全区获评“江西好人”2人、“赣州好人”4人、市级“新时代好少年”2人，1所学校获评创建全国文明校园先进学校，4所学校获评省级文明校园，10个单位、1个街道获评省级文明单位称号，7个非公有制经济组织获评市级文明单位。

【文明实践中心阵地建设】 赣州经开区健全区、乡（镇）、村三级文明实践工作领导小组。拨付238万元站点建设及工作经费，安排43个区直单位参与文明实践结对共建。在全区52个部门（单位）、6个乡（镇、街道、管理处）、80个村（社区）全域展开新时代文明实践中心（所、站）建设，获评市五星级示范站1个、五星级站2个、四星级站3个、三星级站18个。延伸打造工业园区（企业）实践站4个，区直单位实践站2个，校园实践站3个，红色教育场馆实践站1个，其中获评市级示范阵地工业园区（企业）2个，获评文明单位示范阵地单位实践站1个，获评市级达标阵地

凤岗镇岗孜村向村民宣传乡风文明 （2021年，刘成林摄）

工业园区（企业）1个。2家企业获评市级工业园区示范阵地，占全市的2/5。

【文明实践志愿服务】 2021年，赣州经开区成立新时代文明实践所（站）志愿服务队，正式接入江西省新时代文明实践志愿服务平台，活动项目库更新至1437条，完成平台“点、派、接、评”志愿服务活动闭环流程1878次。开展“志愿服务进社区 进农村 进小区”活动3000余场、“我们的节日”“亲情连线”活动470余场、政策宣讲活动300余场，江西志愿服务网注册志愿者41647人。

【文明实践品牌建设】 年内，完成企业新时代文明实践站建设4个，总结出“1333”（“一个目标”：传播新思想，引领新风尚；“三大理念”：服务企业创新发展、服务员工生产生活、构筑企业与员工“企心”纽带；“三问”：问计于企、问需于企、问效于企；“三暖”：暖企、暖心、暖人）工作理念。依托企业新时代文明实践站开展身边好人故事会、“一村一台戏”文艺表演等文明实践活动。

（聂汉文）

机关事务管理

【公共机构节能】 全年开展全区范围内节能检查2次，开展能源浪费集中专项整治1次。开展2021年公共机构节能宣传周系列活动，在全区范围普及生态文明、绿色发展理念和节能降碳知识。8月23日，国管局、中直管理局、国家发展改革委、财政部联合发文公布第一批节约型机关建成单位名单，赣州经开区有16个公共机构获评“节约型机关”，节约型机关创建率88.89%。9月8日，接受《中国能源报》的采访。9月13日，区综合能耗监管平台作为全省3个典型案例之一在《中国能源报》中专题刊发。省管局公共机构节能宣传片摄制组4月到区能耗监测管理中心拍摄素材。区级能耗监测建设工作成效作为全市三大特色亮点之一入选江西省公共机构“十三五”节能宣传片在全省推介。

【接待及会议服务】 区机关事务中心严格落实中央八项规定精神，规范接待标准，按照中央、省、市相关规定安排好住宿、餐饮等接待工作，全年完成公、商务接待167批次。

严格按照疫情防控的要求，完善会议保障制度。严格“一米线”要求，把好通风检测关，加强工作人员防控教育培训、提高疫情防控意识，高标准高质量完成会务保障工作，确保疫情期间区级重大会议的安全。年内，保障区级各类会议78次，为各部门（单位）提供会议保障服务工作348场。

【公务用车管理】 年内，严格规范公务车辆使用申请制度，充分落实线上申请、登记、派单、出行审批和经费报销流程，强化文明行车，安全出行教育。全年公务出行派车共计3560次，安全行驶13.849万千米。客商接待等大型活动用车保障100余次。

（谭钧翼）

本栏编辑：王　颖

纪检监察

党风廉政建设和监督执纪

【概况】 2021年，区纪检监察系统充分发挥监督保障执行、促进完善发展作用。全年受理信访举报126件，处置问题线索173件，立案69件69人（其中科级干部13人），给予党纪政务处分60人，综合运用监督执纪“四种形态”处理221人。推动区管党委（党组）政治谈话全覆盖，指出并督促整改各类问题580个，问责党组织5个、党员领导干部6人，精准实行澄清正名3起。

【落实中央八项规定精神】 落实中央八项规定及其实施细则精神，开展违规吃喝送礼、酒驾醉驾等专项治理。建立党风政风监督人才库，建立区、乡、村三级联动监督机制，查处“四风”问题26起44人、酒驾醉驾问题25起25人，通报曝光典型案例4批次，督促公务接待、商务接待、工会经费管理等方面制度的完善。

【廉洁文化宣传】 强化抓廉政宣传意识，在中纪委、省纪委网站刊载《监督防范已征收土地管理廉政风险》《跟进监督破坏营商发展环境问题》等报道。开设“清廉欧潭”微信公众号。创新“五个一”（开展一次廉政建设谈话、开展一次警示教育、开展一次廉政党课、开展一次廉政知识测试、开展一次廉政教育宣传）模式，开展新提任领导干部廉政谈话，关心激励、教育警醒干部。

【重点工作政治监督】 编发《督查专报》13期，指出问题122个，发出工作提示82份、督办函14份，推动“三新一高”（立足新发展阶段、贯彻新发展理念、构建新发展格局，推进高质量发展）及招商引资、项目建设、疫情防控、乡村振兴等工作部署要求的贯彻落实。开展“护航行动”，推动重点工作落地见效，全年走访区内企业124家，收集企业反馈情况18项，协调解决各类问题14个。通过宣传政策、压实责任、摸排问题、纾难解困，助力营商环境优化。

【群众利益维护】 深化民生领域腐败和作风问题专项治理，紧盯群众普遍关注的“急难愁盼”问题，整治群众身边“微腐败”。年内，督促全区69个停车场管理使用情况自查自纠，整治群众停车难、停车贵问题。监督推动教育“双减”、低质低效林改造等工作，查处侵害群众利益问题10起24人。推进惩治涉黑涉恶腐败和“保护伞”常态化，将“打伞破网”和政法队伍教育整顿结合，深挖政法干警涉黑涉恶等问题线索11条，移送有关单位查实7条，问责7人2单位，立案1人。

【纪检监察队伍建设】 建立纪检监察机关蓝青结对、工作AB岗等制度，推行全员培训、全员监督、全员考核，开设“清廉欧潭”大讲堂，开展“最佳纪言纪语”评选，推行“日学、周议、旬讲、月考”学习模式，助推纪检监察工作的规范化、法治化、正规化。

（揭振晖）

巡察工作

【概况】 2021年，区党工委巡察机构在2020年底完成巡察全覆盖的基础上，开展巡察3轮。对3个新成立的单位党组和8个教育领域学校党组织开展常规巡察，对1个区属国有企业党支部开展机动式巡察，对5个单位党组织开展巡察“回头看”，对2个村（社区）党组织开展延伸巡察。发现各类问题188个，问题线索10条，其中立案3人，给予党纪政纪处分3人，诫勉谈话1人，清退各类违纪款19.5万元。

【巡察成果及运用】 年内，开展共性问题通报3批次、发现问题116个。召开书记专题会听取巡察工作情况汇报3次，直接点人点事97次，向被巡察单位发放书记专题会点评事项督办函30件，督促相关职能部门开展专项整治2次，推动解决机关事业单位工会经费管理不规范和课外读物进校园审核把关不严问题。

督促年内19个被巡察单位建章立制76条。出台《国有出资监管企业投资管理暂行办法》《赣州经济技术开发区集体土地征收及房屋征收补偿安置工作指导意见》《领导干部近亲属和身边工作人员提拔报备规定》等政策文件。

区党工委巡察办协调区纪工委、区党群部开展巡察整改专项督查2轮，对33个被巡察单位党组织整改落实情况进行督查检查，发现问题19个，移交问题线索至纪检监察机关4件，给予组织处理4人。

【巡察干部队伍建设】 *发挥巡察“熔炉”作用* 坚持将巡察岗位作为发现、培养、锻炼干部的重要平台，全年抽调19名新提拔干部参与巡察工作，推动全区巡察工作和干部队伍建设“双提升”。

巡察人才库建设 根据全区巡察工作五年规划、事业单位机构改革和人员调动情况，及时调整区党工委巡察工作人才库。采取组织推荐、个人自荐相结合方式，注重推荐年轻、新提拔、有相关专业特长的干部进入人才库。按需要设置副组长库和专业人才库，按擅长专业分为纪检监察、党建党务、财务审计、工程管理、综合执法、农业农村六大类。147人经区纪工委、区党群部、区党工委巡察办筛查及区党工委巡察工作领导小组审批，列入区党工委巡察工作人才库。

（卢育成）

本栏编辑：王 颖

民主党派 党外知识分子

民主党派

【组织建设】 支持区内5个民主党派加强组织建设，分别是民革赣州经开区支部、民盟赣州经开区支部、民建赣州经开区总支部、民进文清实验学校支部、农工党赣州经开区支部，有民主党派成员75人。加强“民主党派之家”建设，解决民主党派活动场所和工作经费问题。推荐26名党外人士担任市人大代表、市政协委员。

【开展活动】 6月30日，民建赣州经开区总支在赣州方特东方欲晓开展“不忘合作初心，继续携手前进”中共党史学习教育活动。7月25日至7月31日，举办重庆大学党外代表人士培训班、民建赣州经开区总支部会员培训班等，全年培训党外人士93人次。制订并实施2021年度民主协商计划，召开各类党外人士座谈会9场。组织党外人士开展庆祝建党100周年暨党史学习教育、“不忘合作初心，继续携手前进”“追寻红色记忆·传承红色基因”等各类主题活动7次。12月，民建赣州经开区总支被中国民主建国会中央委员会评为民建全国先进集体。

党外知识分子联谊会

【组织建设】 赣州经开区高度重视党外知识分子联谊会工作，把“知联会”（党外知识分子联谊会）工作纳入构建大统战工作格局，大力支持区知联会加强自身建设，把区知联会建设成为一个学习知识的园地、服务社会的窗口、发挥作用的平台，促进全

4月16日，民建赣州经开区总支部会员培训班学员留影

（区党群部供图）

赣州经开区 2021 年民主党派情况一览表

表 13　　　　　　　　　　　　　　　　　　　　　　　　　　（单位：人）

序号	党派名称	负责人	人数
1	民革赣州经开区支部	胡天松	10
2	民盟赣州经开区支部	刘 丹	18
3	民建赣州经开区总支部	钟舒毅	33
4	民进文清实验学校支部	刘毅龙	7
5	农工党赣州经开区支部	李川桃	7

区经济社会发展凝聚新力量。年内，区“知联会”有会员 60 人。

【开展活动】 年内，组织“知联会”会员开展专题学习 3 次 72 人次，开展“喜迎二十大、同心跟党走”主题教育 1 次，落实双走访、双报告和联系交友制度。7 月 2 日，举办党外人士庆祝建党 100 周年暨党史学习教育主题活动。11—12 月，在“知联会”中选取若干名高层次人才，组成“博士团”成员，到经开区各中小学开展“博士进课堂”活动，采取集中授课、小班分享、一对一帮扶等形式分享高层次人才的学习经历、人生感悟和专业技能知识等，提升老区孩子对知识的渴望，激励孩子好好学习、奋发图强。12 月 7 日，组织“知联会”会员到赣州中央苏区历史博物馆开展“追寻红色记忆，传承红色基因”主题教育活动，同日，组织“知联会”会员到非公企业澳克泰工具技术有限公司和好朋友科技有限公司开展专题调研。12 月 15 日，“知联会”开展“博士进课堂”社会服务活动，会长王奇锋到赞贤路小学为学生上课。

（徐祯　韩勇）

12 月 7 日，赣州经开区党外知识分子在赣州好朋友科技有限公司调研
（区党群部供图）

本栏编辑：王颖

群众团体

总工会

【概况】 2021年，区总工会以提升职工满意度和获得感为目标，在守主业、尽主责、惠职工、推产改、夯基础等方面发力蓄能，在助力“一极两地四中心”建设中发挥工会的组织优势和独特作用。年内获评全国最美户外劳动者散工驿站、省总工会2020年度职工互助保障工作先进集体，省、市职工网上艺术节优秀组织奖，市总工会首届模拟集体协商竞赛一等奖。

【工会组织建设】 全年新成立基层工会（联合工会）12家，新发展会员7693人。聚焦新业态就业群体，在全市成立首个网约车司机联合工会，吸纳网约车司机会员920多人，向网约车司机联合工会赠送价值7.92万元的职工互助保障计划险755份，向60名女性网约车司机赠送“两癌”筛查体检卡，赠送入会礼包660份。建立赣州经开区物流行业联合工会，截至年底发展物流货运司机会员2157人，快递员会员400人。激发基层活力。评选工会工作先进集体17家，优秀工会工作者33名，优秀工会积极分子51名，推荐树立市级模范职工之家3家，市级模范职工小家3个，市级优秀工会工作者3名，下拨专项经费加强“六有工会”建设17万元。加强自身建设。落实党工共建总体要求，组织召开总工会常委会（主席办公会）16次、干部职工大会44次，申请建立区总工会党支部，举办工会干部培训班1次，培训干部130余名。

【产业工人队伍建设】出台《赣州建控集团新时代产业工人队伍建设改革试点工作实施方案》，确立产改示范点1家。组织开展安全生产培训、法律宣传、安全生产知识竞赛活动12场，慰问高温作业职工超5000人次。实施免费技能培训行动，举办劳动关系金牌协调师技能培训3场，培训职工143人。

【帮扶惠民】 常态化开展“三师一室”（劳动关系协调师、法律援助律师、健康工程师和沙龙茶叙室）工会法律援助活动，建立劳动争议诉调对接机制。在区法院设立“法院+工会”劳动争议诉调对接工作室，在区劳动监察局设立“法院+工会+仲裁”劳动争议多元化解中心，聘请调解员33名，调处案件56件，挽回职工损失35.41万元，发放劳资纠纷调解补贴1.8万元。组织

7月17日，赣州经开区开展“永远跟党走 奋进新征程”职工低碳健步走活动 （区总工会供图）

“尊法守法”线下服务5场、法律法规宣传、心理健康教育讲座，服务职工超6000人次。全年走访慰问困难劳动模范、困难职工、快递小哥、春节期间生产一线职工1357人次，发放慰问金26.6万元。投入65.59万元资金为全区6910名机关事业单位职工赠送互助保险；投入18.42万元为1535名城镇困难职工、网约车司机、物流司机、快递员办理职工医疗互助保障计划险；投入46.64万元向60名职工发放职工互保理赔金；投入5.05万元为101名乡村教师赠送免费体检卡；投入2.98万元为100名企业女职工赠送免费“两癌”筛查体检卡；投入1.3万元向130名乡村留守儿童赠送文具等学习用品；投入5.7万元向5000名企事业一线职工赠送清凉防暑物品。

【职工文体活动】 年内，举办“党史百年天天读”“建功新时代 党史我来讲”演讲大赛、“献礼中国共产党成立100周年”摄影大赛、“永远跟党走 奋进新征程”职工低碳健步走、第九届“工会·路之友（天盈）环境”杯职工篮球赛、职工趣味运动会、相亲交友会等全区性文体活动14次，参与职工5000余人次，向6家基层工会捐赠职工书屋书籍4320册。

【助力中心工作】 区总工会协助4家小微企业申请赣州市“爱工贷”工会贴息贷款80万元；出资10.8万元，为16家小微企业发放工会全额贴息贷款200万元；开展加快推动招商项目落地建言献策“金点子”征集活动，征集各类金点子200篇（条）。聚力疫情防控。发出《关于新冠病毒疫苗接种的倡议书》发动职工群众积极接种新冠疫苗，组织10名职工参加疗休养，下拨18万元疫情防控专项资金用于助力疫情防控和慰问一线职工。办好职工（劳模）疗休养、送清凉、免费体检、相亲交友等服务职工“十件实事”。

（范　祥）

团工委

【概况】 2021年，区团工委带领广大团员青年积极融入党政中心工作大局，在疫情防控、招商引资、征地拆迁等方面积极贡献青春力量。区团工委选手获市级“红领巾讲解员”风采大赛一等奖获市级“微团课”比赛第二名。区内企业国机智骏、国际企业中心、富尔特有限责任公司、中建五局4家企业获评全省“青年文明号”单位。

【团组织建设】 年内，新成立非公与社会组织团支部67个，其中互联网企业4个；新成立社会组织3个；新发展团员540名，其中社会团员60名。“学社衔接”“对标定级”均达到百分之百。“智慧团建”团员录入数由4327人增加至5154人。开展“双百一千”活动，邀请区领导上思政课和团课，强化团员青年的思政教育。“团建指导员”“团课指导员”“团员讲解员”分别达到100名、130名、1068名。组织18名少先队辅导员成立区级红领巾宣讲团。

【青少年思想引领】 7月19—23日，区团工委组织相关单位20人赴银川市参加第十五期全国预防青少年违法犯罪工作理论与实务高级研修班。“双十二”期间，组织全区120余名青年男女在新旅四季文旅城举行青年人才交友联谊会。在区内中学开展“庆中国共产党成立百年 促青年担当”的主题团课活动。组织全区70余名青年志愿者到赣州西站参加疫情防控工作。常态化组织青年志愿者投身乡村开展“我是河小青，巡河护河我助力”志愿服务活动。

【青少年成长关爱】 2021年，区团工委组织赣州市心理健康专家到区内各学校开展关爱未成年人心理健康讲座12次。开展“圆梦微心愿”“99腾讯公益日”活动，为区内留守儿童及建档立卡贫困学生捐赠爱心物资及现金3.86万余元。

（陈仙柏）

妇联

【概况】 2021年，区妇联立足“党政所需、妇女所急、妇联所能”，凝心聚力，充分发挥妇联优势，引导广大妇女群众听党话、跟党走，团结带领全区妇女为加快建设“一极两地四中心”贡献巾帼力量。

【妇联组织建设】 年内，全区有妇联组织36个。举办全区基层妇联干部党史教育暨业务知识培训6期，参加人数110人，实现乡（镇、街道、管理处）、村和妇女小组长全覆盖，提升基层妇女干部队伍的政治素质和业务能力。

【文明实践】 *妇女创业就业* 组织“赣鄱红色娘子军”“赣南新妇女运动”巾帼志愿者宣讲队伍开展巾帼志愿者宣讲活动。举办“SYB创业+直播销售员能力提升”培训班，提高农村转移就业妇女群众的就业水平。开展“为民办实事，送技能下乡”技能提升培训活动3班次。

家教家风建设 有效发挥桥梁纽带作用，围绕“加强家庭家教家风建设”的目标要求，组织区级家庭教育讲师团成员深入各乡（镇、街道、管理处）开展“颂党恩·传家风”红色家风家教讲座6场，开展家庭教育讲师宣讲活动60余场，开展“传承孝道好家风”宣讲活动30场次。

关爱妇女儿童 成立赣州经开区妇女儿童法律援助工作站，为全区妇女儿童提供法律咨询30件。妇联婚姻家庭邻里纠纷调解委员会接待来访群众32人次，协调解决矛盾纠纷16件。举办“关爱女童 呵护成长”公益讲座30余场，帮助贫困妇女“两癌”患者9人，申请“母亲邮包”帮助困难母亲19人。发放困难妇女慰问金0.72万元、优秀党员慰问金0.12万元、“六一”儿童节慰问品价值0.4万元、“春蕾计划”资助金1.02万元，组织开展“春蕾计划 梦想未来”爱心公益助学活动，募集资金3万余元。

（蔡水秀）

科学技术协会

【概况】 2021年，区科协致力于普及科学知识，传播科学思想及方法，提升全区科学素质。全年协助企业新建专家工作站2家、企业科协7家，获批设立全省唯一的中国创新创业成果交易会成果转化（赣州）基地。区内干部获中国科协办公厅“百年风华青春向党”青年演讲比赛总决赛二等奖。

【科协组织建设】 加强科技志愿者队伍建设，推动乡镇科协换届。建立区级科技志愿服务大队1支、注册科技志愿者近300名，建立乡镇科技志愿服务队6支、注册科技志愿者近400名，新建企业科协7家，累计建成23家。7月22日，举行中国创新创业成果交易会成果转化（赣州）基地授牌暨项目发布对接会，打造与大湾区产业集群联动发展的高端产业转移集聚区。

【科技人才发展】 举办全区全民科学素质专题培训1期；开展送科技下乡、心理健康教育和反邪教宣传教育等活动，惠及农村师生、村民5000余人；举办2021年赣州经开区首届青少年人工智能普及大赛，参赛师生300余人；参加第七届全国青年科普创新实验暨作品大赛江西赣州赛区比赛和2021年赣州市青少年机器人竞赛，赣州农校4名学生获江西赛区复赛中学组一等奖、大学组二等奖，其中2名中学组学生获全国总决赛二等奖。指导澳克泰工具、龙正科技加强与院士团队合作，申报新建市级专家工作站2家，于12月2日获市委人才办、市科协批复，助推企业创新发展。

【提升全民科学素质】 在科技活动周、全国科普日等节点，拓展科普传播渠道、创新科普载体，开展疫情防控、乡风文明、心理健康知识讲座“五进”等线上线下科普活动20余次，线上参与答题人数超6.4万人次，线下参与群众约3000人，发放宣传单1万余份；举办以“遇见更好的你”为主题的心理学专题展，参观体验6300余人次。

（李燕霞）

工商联

【概况】 2021年，区工商联分会融入全区中心工作，重点服务非公营商环境。推荐40余名企业家担任市工商联执委、常委以上职位，推荐会员企业同兴达电子科技、赣州立德电子、江西加大集团入选2021江西民营企业100强，同兴达电子科技、赣州立德电子入选2021江西制造业民营企业100强。区工商联被中华全国工商业联合会评为全国“四好”商会，

9月，赣州经开区“万企兴万村”行动启动大会在金岭科技园召开

（区工商联分会供图）

先后获评赣州市“百企帮百村”精准扶贫行动先进商会、全市工商联系统联络服务先进单位、县（市、区）工商联综合先进单位。

【特色培训】 区工商联分会分别组织60余名企业家参加“融入大湾区中山大学企业经营管理研修班”“重庆大学非公经济人士培训班”“和君教育小镇企业经营管理研修班”。根据企业需求开展女性职工礼仪、电价补贴申报、反电信网络诈骗、初创企业贷款等业务培训。全年开展税收、人力、金融、法律等业务培训8次，培训企业家近1000人次。

【“万企兴万村”行动】 11月25日，召开全区“万企兴万村”行动启动大会，组织全区43家企业结对帮扶23个省、市、区重点帮扶村，全面推进乡村振兴。引导孚能科技、亚美达科技、蓝天路之友、锦晖实业集团等企业为乡村振兴开展捐赠30余次，捐款捐物100万余元。

【服务“两个健康”】 区工商联分会围绕服务“园区非公有制经济健康发展”“非公有制经济人士健康成长”两条主线，全年走访企业近200家，接待会员企业来访100余人次。组织开展庆祝中国共产党成立100周年企业职工羽毛球赛、篮球赛、企业家崇义阳明山国家森林公园青年职工联谊交友活动。组织企业开展“学雷锋活动月公益献血”、“9·9”公益日集中献血”、“曼妮芬专场无偿献血”、“金秋助学传递爱心”等公益活动，全年捐赠爱心善款51.6万元，资助贫困学子52名。

（何云兰）

残联 红十字会 计生协会

【残联】 2021年，全区有各类残疾人4231人，占全区总人口的2%。全年新办残疾人证139人，为2261名困难残疾人发放残疾人两项补贴233万元。为40户残疾人家庭进行无障碍改造，改善残疾人居住环境，增强残疾人幸福指数；农家书屋聘请残疾人管理员15名，促进残疾人就业增收；发放残疾人机动轮椅车燃油补贴26人0.67万元；发放困难重度失能残疾人居家照护补贴91人65.52万元；发放残疾人辅助器具适配补贴52人5.23万元。41名0—8岁残疾儿童、4名大龄孤独症儿童在康复定点机构接受康复训练，发放康复补助金72.93万元。利用春节和“全国助残日”等节日开展走访慰问活动，营造全社会关心关爱残疾人的浓厚氛围。

（廖春娣）

【红十字会】 2021年，区红十字会开展“博爱进送万家春风”活动两期，赴各乡镇街道发放抗疫应急包350份（包含突发公共卫生事件及人身意外应急救助保险1份、抗菌免水洗洗手液1瓶、卫生护理湿巾1包、电子体温计1支、KN95口罩5只、一次性医用口罩15只）。

（黄德玺）

【计生协会】 3月25日，区计生协会印发《赣州经开区计划生育协会改革方案》。明确区分管领导、区社管局主要领导担任区计生协会会长、第一副会长；区社管局分管领导担任常务副会长，负责计生协会日常工作。区社管局统筹协调和组织实施区计生协改革工作。

（付桂春）

本栏编辑：钟 菲

法 治

政法 综治 维稳

【概况】 2021年，区政法系统结合党史学习教育，全面推进政法队伍教育整顿、防范化解政治安全风险、市域社会治理现代化试点、扫黑除恶专项斗争等工作。全年召开“我为群众办实事”实践活动座谈会219场次，收集意见建议208条，为群众解决困难和诉求问题510件，出台便民利民惠民措施28项。先后获评全省扫黑除恶专项斗争先进集体、全市国家安全工作先进县（区）、全市重大活动信访保障工作先进县（市、区）。

【平安经开区建设】 成立区综治中心，重点打造七一九社区等7个村（居）综治中心示范点，完成年度乡镇、村（居）综治中心等级化创评工作。增补第五期4个点位视联网建设，加快智慧安防小区项目建设。推进市域社会治理现代化试点工作，完成任务163项，平安志愿者注册人数突破2.4万人，开展志愿活动1万余次。坚持和发展“新时代枫桥经验”，建成“和合”调解室59个，印发便民服务卡7万张，调处化解矛盾纠纷5236起。开展高铁沿线巡查1000余次，摸排整治各类安全隐患30余个。抓好公众安全感、政法部门满意度“双提升”工作，推送宣传短信20万条，印发各类宣传品25万余份。

【矛盾纠纷排查调处】 全年举办全区矛盾纠纷调解培训班3期。召开全区“和合”调解经验交流会，公布各村（居）网格员、调解员，印发便民服务卡7万张。建立民间民事纠纷预防“民转刑”预警机制。全年排查民间民事矛盾纠纷5784起，调处化解5236起，诉调对接案件转办914件，有效防范“民转刑”案件发生。《赣州经开区：以和之心 用合之愿 着力构建“和合”大调解体系》的文章在市党史学教办简报第97期刊登。选送黄明主讲《做实客家矛盾客家调，实现乡村治理有效》、曾美凤主讲《“六步法”快速处置群体性劳资纠纷上访案件》2个作品获赣州市新时代基层干部教育培训“双百微课程”教学大赛基层治理类微课程大赛二等奖和三等奖。

【基层组织网络建设】 结合基层换届选举更换基层网格员，通过“以奖代补”方式拨付104.53万元用于关心和激励网格员工作。按照“一长三员”要求，配齐配强网格长、网格督导员、网格员、网格员辅助员。启动视联网建设第五期，涉及新成立的6个村（居）综治中心提升赣州经开区视联网建设的覆盖面。发动社会力量参与平安创建，年内全区平安志愿者在册管理员112人，注册人数2.1万余人。制订年度平安志愿者活动计划，组织11支志愿者服务队伍开展治安巡防、法治宣传、矛盾化解、应急救援、法律服务、走访慰问等志愿活动，在“平安江西”App上传各类事件41354条，有效活动1883次。

【重大决策社会稳定风险评估】

按照《赣州经济技术开发区重大决策社会稳定风险评估办法》要求，全年完成重大事项社会稳定风险评估58项，其中重大决策政策类18项、重大项目建设类39项、重大活动举办类1项。通过评估，精准识别重大决策涉稳风险，各决策实施主体贯彻落实预防化解措施，重大决策事项均未引发涉稳问题。

【社会治安防控体系建设】 投入2700万余元，在全区141个小区建设智能安防监控设备及小区智慧安防平台，建设安防小区。项目于9月完成招投标并开工建设。投入50余万元，在赣深高铁新线赣州经开区段内的各重点部位建设视频语音喊话设备，提升科技护路水平。开展铁路护路联防工作，8月组建三江乡和科技城管理处赣深高铁新线基层护路队伍，成立基层护路组织。发动社会力量参与平安志愿者行动，由区平安志愿者协会牵头组织各地各单位及各志愿者服务队伍，开展疫情防控、矛盾纠纷排查调处、安全巡逻、普法宣传、服务特殊人群等平安志愿活动2000余次。

（谢剑 赖奕霖）

公 安

【概况】 2021年，区公安局实行警情研判“日清日结”工作模式，运用各类侦查手段，加大对辖区各类案件的侦查和研判，推送情报产品，破获案件423起，串破案件72起，锁定并抓获各类违法犯罪嫌疑人221人，抓获网逃犯44人。

【政法队伍教育整顿】 制定专项整治工作方案，召开“自查从宽、被查从严”政策宣讲会和警示教育大会2次，因时因地制宜开展清明祭奠、参观红色场馆、唱红歌比赛等“五红”活动31场次。全覆盖开展谈心谈话和政治家访，按照“十必谈”要求，分层级对全局206名民警（含近三年退休民警3名）进行全覆盖谈心谈话235次。组织全员填报自查事项报告表，98人填报问题180个。

【维护社会政治稳定】 结合“百万警进千万家”“万警千车下基层”“民调评警”等活动，走访群众82548户、110632人次，发放宣传资料118794份，出动巡逻警力13438人次，开展巡逻5263次，协助调处各类矛盾纠纷4400余起，常态化稳控精神障碍患者96人。全年发现上报各类有效信息2500余条，依法处置造谣传谣5起，刑拘1人，批评教育4人，1条舆情信息被全国通报表扬；开展网络安全检查20余次，发现网络安全漏洞16起，备案网站20家；强化涉恐隐患排查治理，核查涉恐线索6条，检查单位60余家，下达整改通知书13份；开展反恐演练5次，出动警力40人次，车辆10台次；开展国家安全宣传、反恐宣传活动3次，发放宣传单1万余册。

【惩治违法犯罪】 全年立（破）现发命案2起；破获故意伤害案18起，抓获犯罪嫌疑人26人；破获强奸案件9起，抓获犯罪嫌疑人9人；破获猥亵案5起，抓获嫌疑人5人；破获电信网络诈骗案622起，抓获违法犯罪嫌疑人387人，接收预警处置信息68892条，惩戒165人，查处窝点8个，查扣银行卡137张、手机卡37张；受理经济案件45起，立案27起，破获案件12起，抓获犯罪嫌疑人15人，刑拘15人，逮捕10人，取保候审7人，起诉18人；开展“赣鄱百日”专项行动，全年破获毒品刑事案件6起，抓获犯罪嫌疑人17人，查处吸毒案件8起，查处吸毒人员10人，强制隔离戒毒1人，社区戒毒3人，行政处罚10人，缴获麻古200克。

【社会治安防控】 年内，完成70个小区智慧安防小区建设及“雪亮”二期点位勘点工作，新建和改造“雪亮工程”点位建设，做好标准卡口建设等工作。查处涉“黄赌”案件57起，刑事拘留15人，治安处罚339人。组建“城市快警”，严密防控和高效处置街面违法犯罪，构建街面快反机制，实现“秒级响应”。推进网格化、等级化巡逻防控，动态划分巡区，分等级设立中、高发案风险区域，在重点时段、路段、区域和巡逻必到点，提高巡逻防控与违法犯罪分子的碰撞率，提高防范和打击违法犯罪的效能。强化特种行业场所监管，坚持“紧抽查、重处罚”，规范辖区96家旅馆合法经营，做到实名验证、实数录入、实情填写、实时报送。检查旅馆108次，下达整改通知书13份。开展危爆物品和易制毒化学品监管，从重点单位、重点人、重点物三方面入手，加大线索排查力度，实现应管尽管、应控尽控，全年收缴非法枪支11支、子弹300余发、管制刀具23把。

12月14日，区公安分局举行“双提升”工作冲刺暨“城市快警”授旗仪式活动　（区公安分局供图）

【户政管理】 全年办理居民二代身份证17620张，其中异地受理3109张，办理临时身份证1260人；办理投靠落户2210人、经商落户18人、投资购房落户6641人、人才落户87人；解决无户口人员11人、删除重复户口16人，注销应销未销户口55人；办理居住证7789张。

【出入境及往来港澳台管理】 年内受理中国公民出国(境)及往来港澳台申请404人次，其中护照29人次，往来港澳通行证及签注373人次，办理台湾居民回乡证2人次。受理外国人临时住宿登记394人次，查处涉外案件6起。筹建全市首家“外国人管理服务站”，它是集外国人临时住宿登记、外国人永久居留材料咨询、涉外法律法规咨询等多功能为一体的工作站，推动移民事务服务工作落到实处。

【公安“放管服”改革】 出台15项户政便民举措，以“零证明办理、降门槛办理、全天候服务、全方位服务”为服务宗旨，提供优质户政服务，服务群众3500余人次；推行“申领居民身份证免费邮寄”、辖区企业首刻公章（名称章、法人章、财务章）免费等便民惠民举措，惠及企业1500余家、群众600余名。

【执法规范化建设】 全年开展网上执法质量考评11次，评查案件724起，发现问题案件213起、问题数637个。加大执法培训，提升民警执法素质，通过法律知识理论、现场执法教学、“一案一码”应用、案件常见问题评析、现场听讲座、旁听庭审等方式，组织培训民警200余人次。

（杜水长）

检察

【概况】 2021年，区检察院依法全面履行法律监督职责，推进平安建设。全年办理审查逮捕案件383件480人，批准逮捕225件280人；办理审查起诉案件731件893人，提起公诉549件702人；依法不捕199人、不诉184人；依法开展认罪认罚677件814人，适用率93.24%；落实信访案件“件件有回复”46件，化解信访案件41件；办理司法救助案件20件，发放救助金20万元；开展案件回访10件36人。

【扫黑除恶专项斗争】 制定《依法严惩黑恶犯罪工作机制》《办理涉黑恶案件“打财断血”工作机制》《办理涉黑恶案件“打伞破网”工作机制》等长效机制5项。依法办理提前介入案件2件7人，受理审查逮捕1件6人，受理审查起诉2件7人，制发社会治理类检察建议2件。倒查公诉涉黑涉恶案件32件、涉黑涉恶线索30条，将2名被害人反映的疑似“保护伞”线索移送相关部门处理。

【诉讼监督】 落实“派驻公安机关执法办案中心检察官办公室”工作机制，增强监督实效。全年监督公安机关立案1件，受理监督立案2件、撤案7件、两法衔接2件2人，纠正漏捕3人，纠正漏犯5人，纠正漏罪6人（含未检），书面提出纠正违法13件。通过适时参与案件现场勘查、案件分析讨论等方式提前介入案件13起。

【民事行政检察】 年内，区检察院办理民事审判违法监督案件10件，法院已采纳支持起诉意见8件；办理民事执行监督案件12件，办结11件，发出检察建议7份；支持起诉案2件，发出支持起诉意见书2份，并出

11 月，区检察院对犯罪嫌疑人提起公诉　（区检察院供图）

庭支持起诉。对区法院民事终结本次执行案件、民事审判调解结案案件开展专项监督，完成对民事终结本次执行案件、民事审判调解结案案件的审查，发出检察建议 7 份、个案检察建议 6 份。办理行政执行监督案件 2 件，办结 2 件，发出检察建议 2 份。

【公益诉讼】 年内，区检察院受理行政公益诉讼线索 36 件，立案 35 件，发出诉前检察建议 38 份，整改回复率 100%。先后走访调查辖区各天然气站、餐具消毒公司、敬老院、牙科诊所、游泳池等场所。开展“守护红色军事文化史迹”专项行动英烈保护公益诉讼，通过查看潭口暴动遗址、贺焕文烈士墓等红色遗迹，针对红色资源保护不到位的情况，发出检察建议，督促相关部门整改落实，“贺焕文烈士墓保护案”获评“全市公益诉讼优秀案例”。对赣州昶洧新能源汽车有限公司国有土地闲置问题发出诉前检察建议，对 1 起生产、销售伪劣产品案提出附带民事公益诉讼。

【未成年人检察】 年内，区检察院起诉性侵、拐卖未成年人等犯罪 14 人，依法不批捕涉罪未成年人 33 人、不起诉 4 人。向 16 名未成年犯罪嫌疑人的监护人制发督促监护令，督促监护人履行监护责任。解锁“未检 + 社工”（未成年人检察 + 社工介入）工作新模式，对 11 名涉案未成年人开展合适成年人到场参与讯问、见证认罪认罚过程等工作，开展社会调查 26 人次。12 名干警受聘为 18 所中小学校法治副校长，开展校园周边环境整治联合执法 5 次，讲授法治课、组织观摩庭 36 场次。

【提高群众满意度】 年内，区检察院采取“包干分片”的做法，组织全体检察干警深入全区 78 个村（居）开展“大走访”“大宣传”活动，实现全区村（居）两轮全覆盖。广泛听取群众意见，用群众语言以案释法、答疑解惑，打通法律服务“最后一公里”。检察官主动带案下访，对 10 件重点案件的 36 名当事人及亲属开展案件回访。用活“12309”检察服务中心、短信平台向社会提供更便捷高效的检察服务。全年发放宣传册、宣传笔、购物袋等物品 20 余万份。区检察院群众满意度达 99.07%，位列全省开发区检察院第二、全省 100 所基层检察院第三十七名。

（吴媛婷）

法　院

【概况】 2021 年，区法院积极践行习近平法治思想，围绕司法为民、公正司法工作主线，推动各项工作高质量发展。截至年底，受理各类案件10433件（含旧存284件），审执结9950件，结案率95.37%，员额法官人均结案765件。年内获评全省法院扫黑除恶专项斗争先进单位，群众满意度达98.90%，位列全市第三、全省第七。

【队伍建设】 落实《中国共产党政法工作条例》，坚持“抓党建带队建促审判”，13名员额法官中党员占92.3%，审执结案件占比92.58%；坚持开展“每月一星”评比活动，评选先进典型22名；打造“党建+”功能区4个，即党建+司法服务、党建+争先创优、党建+活动阵地、党建+廉政文化，突出法治文化、彰显法院特色亮点。重点抓好中央政法委确定的“六大顽瘴痼疾”和全市政法系统突出问题整治，整治顽瘴痼疾4个，办结问题线索59条，运用第一种形态处理干警3名，建章立制7项，通过政法队伍教育整顿考核验收。严格落实防止干预司法“三个规定”等铁规禁令，整治“怕、慢、假、庸、散”等方面作风顽疾，常态化开展审务督察和执法监督40次。

【执法办案】 受理刑事案件606件（含旧存5件），审结586件。打击涉众型经济犯罪，审结非法集资、电信诈骗、帮助信息网络犯罪活动案71件101人。审结“两抢一盗”、故意伤害等犯罪79件89人。惩治黄、赌、毒案件30件67人。

受理各类民商案件5155件（含旧存136件），审结4913件；审理涉教育、医疗、消费、住房等关系群众切身利益案件2546件；审结婚姻、赡养等家事案件256件；审结金融借款和民间借贷案743件；注重防范化解房地产领域风险，化解“问题楼盘”千余户业主矛盾纠纷4个；调处“双减”政策后教育培训机构停课、跑路纠纷，引导家长理性维权20余户。

受理各类执行案件4220件（旧存143件），执结4001件，实际到位金额约3.14亿元。创新执行措施，针对无财产可供执行的被执行人，通过议价拍卖安置集体土地宅基地方式推进案件执行。建立失信联合惩戒机制，对失信被执行人担任公职、评优评先等行为进行信用惩戒，纳入失信名单2121人次，限制高消费10051人次，拘留35人次、拘传172人次，移送涉刑事犯罪1人。

【扫黑除恶专项斗争】 严抓涉黑涉恶案件审理，审结涉恶案件2件7人。推进“黑财清底”行动，执结31件，执结率100%，执行到位8556.14万元，到位

6月，区法院接到群众赠锦旗 （区法院供图）

率96.09%。对5件重点涉民生领域黑恶案件进行剖析，针对发现漏洞，制发司法建议书。3名干警分别受到全省扫黑除恶专项斗争表现突出县处级干部嘉奖、全市扫黑除恶专项斗争表现突出科级干部嘉奖，并被评为全市扫黑除恶专项斗争先进工作者。

【探索诉源治理】 选聘5名特邀调解员与各速裁团编组，推动诉前调解—司法确认—速裁快审有序衔接，诉前化解纠纷1187件。其中，特邀调解员化解耄耋老人赡养纠纷获中央电视台宣传报道，“面对面”疏导解决家事纠纷案入选全省法院六大完善诉调对接保障类案例。主动适用道路交通事故损害赔偿纠纷网上数据一体化处理平台，调解案件511件。探索“诉源治理”路径助推市域社会治理现代化做法获市委政法委认可，在市政法工作简报、赣州政法公众号推广。

【深化司法公开】 强化司法公开意识，完善与人大代表、政协委员联系沟通机制，先后召开4次座谈会听取代表委员意见建议。提升司法公开质量，深化裁判文书、审判流程、执行信息、庭审直播四大公开平台建设，网上公开生效裁判文书2526份，网上视频直播案件474件。促进司法民主，加强和规范人民陪审员管理工作机制，人民陪审员参审率达81.30%。依法接受检察机关诉讼监督，办理检察建议13件。

【优化司法服务】 推进智慧法院建设，网上立案471件、网上调解770件、跨域立案58件，构建起“当场立、自助立、网上立、跨域立”四位一体便民的立案新格局。联合FM93.7赣州新闻综合广播合作开设《经开区法官来说法》节目，总计播出22期，收听人数17万人次。常态化开展“法律八进”活动，全覆盖入村普法24次、“法治进园区”12次、巡回审判2次。关注未成年人法治教育，组织学生旁听案件庭审4场、模拟法庭1场。办好民意受理转办单，满意率达98.17%。

（刘　瑾　黄　凯）

司法行政

【概况】 2021年，区司法分局全面履行司法行政工作职能，统筹推进法治政府、法治社会一体建设。全年组织全区各地各单位开展法律宣讲“六进”活动400余次；排查矛盾纠纷1172起，调解化处矛盾纠纷1115起；接收社区矫正对象52人次，解除37人次，执行地变更3人次；受理法律援助案件286件，接受法律咨询149次。

【法律顾问团服务】 充分发挥法律顾问团职能，常态化深入民营企业开展“法治体检”，为企业提供“上门式”的免费法律咨询等服务，帮助查找制度漏洞和薄弱环节，健全法律风险预警防范和矛盾化解机制，为企业提供优质高效的法律服务。为农民工、困难职工提供便捷的法律援助服务，营造良好用工环境。为企业、群众提供“菜单式”公益普法宣讲，做好重大项目合同的合法性审核，为招商引资、项目建设保驾护航。年内，区法律顾问团为区直、驻区各单位、各乡（镇、街道、管理处）提供法律顾问服务1550余次，其中区法律顾问团提供合法性审查360余件、合同审查940余件、参加有关法律论证及研判会议70余件。

【依法治区建设】 2月7日，司法部、民政部印发《关于命名第八批“全国民主法治示范村（社区）”的决定》，区三江乡新江村命名为“全国民主法治示范村（社区）”。7月7日，中共江西省委组织部印发《关于结合“党旗在基层一线高高飘扬”活动做好2021年度“新时代赣鄱先锋”学习宣传工作的通知》（赣组字〔2021〕41号），区司法分局三江司法所所长黄明选树为“新时代赣鄱先锋”。7月14日，中共赣州市委全面依法治市委员会印发《关于全面依法治市2020年度考评结果的通报》（赣市法委发〔2021〕4号），赣州经开区获评全面依法治市先进单位。11月1日，江西省人民调解协会印发《关于评定熊五根等95人为全省第一批一级人民调解员的决定》（赣调协〔2021〕6号），区三江乡人民调解委员会副主任（三江司法所所长）黄明评定为一级人民调解员。12月30日，区司法分局三江司法所所长黄明获赣州市基层干部教育培训“双百微课程”大赛“基层治理类课程兼职组”二等奖。

【基层法律服务】 全区有基层法律服务所7家、基层法律服务工作者25名。落实“一村（居）一法律顾问”制度，向群众提供法律咨询、法治宣传、法律援助等公益法律服务，推送法治宣传信息300余条，提供各类法律服务700余人次。基层法律服务工作者参与调解机动车道路交通事故400多起。

【律师管理】 全区有律师事务所6家、执业律师63名。全年办理各类法律事务件数1468件，其中民事案件1200件、刑事案件96件、行政案件112件、非诉业务30件、咨询和代书20件、仲裁业务7件、代理申诉3件；参与调解196件、参与法律援助286件；其他公益法律服务143件。组织召开赣州经开区司法行政队伍教育整顿及律师行业突出问题专项治理推进会，加强法律服务机构的规范化建设和队伍的执业道德和执业纪律建设。

【行政复议案件审理】 推进行政复议体制改革，制定《赣州经济技术开发区行政复议体制改革实施方案》。自7月1日起，全面集中行政复议工作职责，区管委会参照县级人民政府的职责行使行政复议职责。在全区5个乡（镇、街道）司法所设立行政复议服务点，为群众提供法律法规和政策咨询，代收行政复议相关材料，方便群众提出行政复议申请。运用和解、调解、协调等方式办案，把疏导申请人思想情绪作为办理案件的首要环节，力争以申请人自愿撤回复议或行政机关自行纠错方式结案。全年办理行政复议案件27件，审结23件，在审结的案件中纠错案件6件，促成和解（调解）终止案件5件。

（谭忠敏）

本栏编辑：钟 菲

军　事

人民武装

【概况】 2021年，全区武装工作贯彻落实上级部署要求，坚定举旗铸魂，聚焦备战打仗，坚持强基固本，完成国防动员潜力调查、民兵训练整组、基层规范化建设、国防教育、兵员征集和军民共建等工作。

【思想政治建设】 2021年，区人武部坚持用习近平强军思想铸魂育人，利用民兵组织调整集中点验、轮训等时机落实思想政治教育。开展庆祝中国共产党成立100周年系列活动，拓展“中国民兵”“学习强国”等新媒体平台的教育功能作用，推动民兵学党史、感党恩、跟党走。抓好新闻宣传，全年发表稿件40余篇。开展对现役军人家庭送喜报、送慰问金和悬挂光荣军属牌活动，协助军人军属解决子女上学、维权事项5起，化解投诉事件2起。完成11所学校近1.2万学生的军训和国防教育任务。

【战备训练】 2021年，区人武部协助核查上报国防潜力数据，研究制定相关方案、预案，推进战备规范化建设。先后派出9个批次基干民兵参加教学组训骨干、防汛骨干、应急分队、军兵种保障和省属专业等集中轮训，组织民兵应急分队开展防火、防汛、防疫演练和民兵开训、群众性练兵比武等活动。各基层武装部组织以编兵单位为基础、以工作岗位为平台的民兵岗位自训，提升民兵力量遂行应急应战任务的能力。

【国防动员】 2021年，区人武部完成国防动员潜力统计调查和重点潜力核查。按照“急时应急、战时应战”要求，编建应急、专业、特殊3类基干民兵力量，重新构建集应急应战于一体的新型民兵力量体系。

【征兵工作】 2021年，区人武部以“五率”（报名率、上站率、合格率、择优率、退兵率）量化考评为抓手，以大学毕业生兵员征集为重点，以征集优质兵员为目标，超额完成兵员的征集任务，大学毕业生占比90%，“五率”量化考评纳入章贡区得分98.11分，名列全省大任务量组第一。区管委会连续3年被市政府评为“征兵工作先进单位”，3个基层单位、9名个人受市、区表彰。

【基层武装部建设】 2021年，区人武部落实基层人民武装部日常管理9项制度，结合调整换届，配齐配强专武干部和民兵干部，选送新任职专武干部赴江西省人武学院、军分区参加任职培训，组织召开专武干部例会6次，帮带和提升专武干部的能力素质，多名专武干部得到提升或重用。推进基层武装部和民兵营（连）部规范化建设，推动打造2—3个乡（镇、街道、管理处）武装工作示范点、样板村。黄金岭街道人民武装部被赣州市评为民兵工作先进单位，科技城人民武装部部长林聪被赣州市评为民兵工作先进个人。

【党管武装】 2021年，抓好党管武装工作。履行“县级人武部”的职能作用，落实党管武装原则和党委议军、述职等制度，组织全区领导干部过“军事日”活动和基层党管武装述职，选派基层武装部政治教导员参加党管武装知识培训，将基层党管武装工作纳入全区绩效考核。在赣州市2020年度党管武装考核中，获一类县（区）第二名。

【民兵参建】 2021年，全区专武干部和广大民兵预备役人员，深入一线参加“乡村振兴”“复工复产”“保文创卫”和“防疫抗疫”，发挥突击队、示范兵作用；参与社会治安综合治理，确保辖区内社会和谐稳定；完成维稳处突、森林防火、防汛抗洪等急难险重任务。

（李　莉）

退役军人服务

【概况】 2021年，赣州经开区退役军人服务中心（以下简称服务中心）利用“一月一课堂”组织全区集中学习《中华人民共和国退役军人保障法》《中华人民共和国军人地位和权益保障法》3次，开展政策法规、普法宣传活动21场次，参与群众700余人次。区退役军人服务中心、5个乡（镇、街道）、赣州新能源科技城管理处服务站获评全国示范型退役军人服务中心（站），其中湖边镇退役军人服务站获评全省百强红色退役军人服务站，蟠龙镇田心村、黄金岭719社区被推荐为2021年度赣州市建强五十家村（社区）红色退役军人服务站。

【健全服务管理网络】 2021年，服务中心对标习近平总书记提出的“五有”（有机构、有编制、有人员、有经费、有保障）要求，完成区、乡镇、村（社区）三级服务保障体系建设，实现区、乡（镇、街道、管理处）、村（社区）三级服务网络全覆盖，让退役军人在家门口即可享受“一站式服务”。完成黄金岭街道、蟠龙镇、三江乡、科技城管理处尊崇式示范型站创建的省级验收。完善村（社区）退役军人服务专干配备，举办退役军人业务知识培训班，提升赣州经开区退役军人事务系统掌握、解释、运用法律政策水平。

【“尊崇工作法”推广】 2021年，服务中心宣传“尊崇工作法”，开展以“一域一队伍”“一人一台账”“一家一对接”“一周一活动”“一月一堂课”“一季一走访”“一年一评选”为内容的系列活动，使“尊崇工作法”在赣州经开区落地。蟠龙镇退役军人服务站钟亮英被江西省退役军人事务厅评为江西省退役军人基层服务工作“尊崇之星”。

【拥军优属】 2021年，服务中心贯彻执行《军人抚恤优待条例》，按标准按月对优抚对象发放优抚资金，开展“替烈士看爹娘、为烈属办实事”等系列走访慰问活动，帮助部分困难重点优抚对象解决实际问题，提高其生活保障水平。通过上门走访、电话访问、物资关怀等形式慰问烈属4次，发放慰问金2000元，解决实际困难4件次，接送烈士遗属赴医院进行健康体检。

春节、中国人民解放军建军节期间走访慰问退伍军人，发放慰问金；走访立三等功现役军人。集中为区属单位及赣州经开区消防救援大队和赣州市消防特勤保障大队退役军人进行信息采集，完成赣州经开区内伤残军人的伤残证换新工作。组织重点优抚对象到庐山进行休养；组织全区党政领导、干部代表在赣州市天竺山革命陵园参加革命烈士纪念日活动；组织党员干部、学生代表在贺焕文烈士墓开展烈士纪念日活动。

【社保、医保接续】 2021年，服务中心为全区符合政府安排工作的退役士兵办理社保、医保接续工作。简化流程，缩短办理时限，确保“移交一批，受理一批”，在全市率先完成全部社保、医保接续工作。

（刘　涛）

1月，区人武部开展国防教育进校园宣传活动　（区人民武装部供图）

人民防空

【概况】 2021年，赣州经开区人防工作着力推进人防行政审批规范化制度化建设，加强人防工程管理，开展人防宣传教育，办理人防审批项目。

【人防工程检查与建设】 对已建成人防工程开展安全生产检查，与相关建设单位、物业公司签订《人防工程维护管理责任书》，压实人防工程维护管理主体责任。推进自建人防工程。

【人防指挥通信设备升级改造】 2021年，完善人防指挥系统建设，抓好音响警报设备的维护管理，升级改造警报设备。建立完善警报设备档案资料，完成“9·18”防空警报试鸣任务。

【人防知识宣传教育】 2021年，结合“3·1”国际民防日、“5·12”防灾减灾日在锦晖广场、西城广场开展集中宣传活动，通过制作展板、挂横幅、发放宣传单等形式，宣传人防知识。组织区内中小学校开展“九一八”事变90周年人防宣传教育活动，通过设置人防课堂、组织应急演练等形式，提升广大师生国防观念和应急自救意识。邀请赣州市司法局专家李凯为赣州经开区党员领导干部讲授人防法规知识，增强人防观念，提升人防技能。

（杨文南）

本栏编辑：廖宝建

教育 文化 体育

教育

【概况】 2021年，赣州经开区有公办中小学53所，其中完全中学2所，九年一贯制学校2所（城区1所、农村1所），初中6所（城区3所、农村3所），小学43所（城区小学10所、村完小22所、教学点11所），幼儿园82所。公办中小学有在校学生37824人，其中高中993人、初中10703人、小学26128人；教学班922个，其中高中19个、初中236个、小学667个；专任教师2454人，其中高中79人、初中807人、小学1568人。

【学校建设】 年内，赣州市第六中学、赣州经开区技工学校、赣州市天骄小学、赣州市杨梅小学新建教学楼完工并投入使用，恒大悦府、恒大悦龙台、新力帝泊湾、凤岗之星、湖边华鑫北、宜居社区等6个小区配套幼儿园投入使用。全年投入1040万元启动乡镇薄弱学校改造及城区学校提升改造项目32个。

【教育信息化建设】 全年投入7900余万元，完成赣州市第六中学、新力帝泊湾等7所小区配套幼儿园新建校园的教育装备采购。结合党史学习教育“我为群众办实事”实践活动，为各中小学配备空调2857台和饮水机208台，并进行电力改造。采购45套“专递课堂”设备，搭建全区中小学“三个课堂”（专递课堂、名师课堂和名校网络课堂）硬件环境。为赣州市第八中学等4所学校配备精品录播教室，完成5所学校6间学术报告厅的二次装修及设备配备，完成赣州市第六中学63间标准化考场及区保密室建设。开展音、体、美、科学等学科的“专递课堂”常态化应用活动，在赣州市杨梅小学等4所城区小学进行“名师课堂”常态化应用探索，区域案例多次在省、市交流活动中进行经验分享。组织开展中小学生电脑制作、教师优质教学资源、电教课题、教师信息化教学大赛、校长信息化教学大赛等区级评选及推优工作。在教师信息化教学展示活动中，5名教师获全市一等奖，其中蟠龙镇教师龙茜获一等奖第一名，赣州厚德学校校长罗夏婷获全市校长信息化教学展示思政课一等奖第一名。

【“双减”一号工程】 印发《赣州经开区关于切实减轻义务教育阶段学生作业负担提高教学质量的实施方案》，为“双减”工作

赣州市第五中学开设暑期托管教学 （2021年，廖万茂摄）

落地提供指引。依托名师工作室，按照“区级学科教研—校级校本教研—备课组教研”的层级递进、辐射模式，将作业设计纳入教研活动。推广“智慧作业”全覆盖，打造黄金实验小学样板学校，加强优质作业资源共建共享。全年开展作业设计和管理主题研讨18次，培训7次。组织开展“双减”主题论文和“作业设计我来评”优秀作业征集评比活动。

充分发挥67个名师工作室示范引领作用，开展城乡结对共建，推动城乡教育均衡发展。推行“一校一案”“5+2”模式，丰富课后服务课程。赣州市第五中学机器人竞赛团队、赣州市赞贤路小学啦啦操队、赣州市天骄小学攀岩队等学生代表在国家、省、市比赛中获得佳绩。

利用大数据和云平台精准施教，从源头上遏制校外培训需求，缓解家长课后辅导焦虑，减轻家庭辅导负担。整治违规广告102家，整治率100%；关停或转型培训机构77家，学科类培训机构全面清零，压减率100%；与监管银行签订监管协议的证照齐全非学科培训机构15家，资金监管率100%；履行申请办学许可审批程序的无证培训机构57家。

【教师队伍建设】 全年补充中小学、幼儿园教师227名。其中，公开招聘录用中小学特岗教师54人，公开招聘录用幼儿园备案制教师150人，接收区内2021届定向师范生20人、公费师范生1人，因工作需要从区外调入中学教师2人。招聘“三支一扶”支教教师2名，赣州市第六中学副校长1名；培养省特级教师1名，引进硕士研究生21名。

5—7月，组织2462名中小学、幼儿园教师参加江西省2020—2021学年“互联网+教师专业发展”全员培训，合格率100%。3—12月，组织中小学、幼儿园各学科骨干教师、思政课教师、名师工作室成员、教育督导工作站成员、副校长（教务主任）赴江西南昌、江苏南通等地开展各学段学科骨干教师、区域名师专业能力、课题研究、名师工作室建设能力提升、劳育美育、信息化、责任督学研修、教学管理者业务能力提升、送教下乡、新高考和“双减”等主题的区级自主集中培训18期2500人次。

【学前教育】 扩充公办幼儿园学位，先后启动新力帝泊湾等9所配套幼儿园的移交、建设、装修及改造项目，投入使用后可增加幼儿园班额81个、学位2430个，遴选租赁11所优质民办幼儿园办成公办幼儿园，扩充公办园学位3300个。认定7所优质的民办幼儿园转为普惠性民办幼儿园，增加普惠性幼儿园学位1500个。建立基地园1所和指导园5所。赣州经开区翠谷幼儿园通过省级示范幼儿园评估，蟠龙中心幼儿园、圣地亚哥幼儿园、厚德外国语学校附属幼儿园通过市级示范幼儿园评估和复评。

【招生考试】 制定《2021年赣州经济技术开发区中小学招生工作实施方案》，明确招生基本原则、学校学区划分、工作日程安排等要求，优化全区中小学招生工作上层设计。实行“户籍优先，住、户、产权一致，划片招生”办法，合理优调招生学区范围，推动区内户籍子女和外来随迁子女按生源类别合法合规依序接受义务教育。秋季开学招收义务教育阶段学生44822人，其中外来务工人员随迁子女19829人，占比44.24%。

落实义务教育阶段学生入（转）学公示制度、学位预警制度、招生咨询制度、网络预报名制度、社会监督制度，优化学区公开、学位公开、学区内适龄儿童信息公开、招生过程公开、招生结果公开、投诉举报电话公开工作。严审民办义务教育学校招生计划、严控现场摇号、严格学籍管理，按照“学生自愿报名，学校自招和电脑随机派位相结合”的方式进行，预防择优招生、超计划招生等乱象，促进教育公平。2021年秋季，赣州市文清外国语学校一年级、七年级报名学生分别为561人和812人，电脑随机派位分别录取500人和510人；赣州市厚德学校一年级、七年级报名学生分别为450人和583人，电脑随机派位分别录取学生320人和257人。

统筹疫情防控和考试组织，组织全区3191名考生在赣州市第五中学、赣州市第八中学、赣州市金岭学校和赣州市第十六中学4个考点参加中考。录取市内重点高中793人，一般高中1280人。新开办的赣州市第六中学面向中心城区录取高一新生393人。

制定《赣州经济技术开发区2021年中等职业学校春季招生工作方案》，召开全区中职学校招生工作会议。春季605名初三学生自愿分流进入普通中专、职业高中，秋季就读省内外职业学校、初中毕业学生数再创新高。

【班额容量管理】 执行班级容量限额管理要求，巩固全面消除大班额班级成果。组织全区中小学学籍管理员业务培训，督促学校抓实学籍异动管理工作，及时梳理、纠正学籍建档中的不规范行为，严格控制学生学籍非正常流动，“一人一籍，籍随人走”执行到位。小学一年级147个班班额控制在45人以内，初中七年级106个班班额控制在50人以内。

【思政教育】 在各级各类学校中开展习近平总书记系列重要论述，中共十九届五中、六中全会精神集中宣讲4次，党史学习教育大型宣讲10场，基层宣讲83场，“红色走读”32次，打造区级党史学习教育调研点1个。创建“党员名师工作室”22个，组建28名党员教师宣讲团，开展宣讲50余场，专题教育讲座25场，7项党建课题被市教育工委立项。推动15名区党政领导到学校上思政课，覆盖师生3000余人，各基层党组织书记上党课152次，各中小学校党支部书记上思政课1040次，完成全区85名专职思政课教师教育培训。

【校园德育】 加强新时代中小学生爱国主义教育，倡导全区各中小学组织“开学第一课”“向国旗敬礼”“红色、绿色、古色文化教育征文和视频征集”等爱国主义主题教育。

推进思想政治理论课创优行动，全区中小学开全开齐道德与法治课程、思想政治课程。思想政治课程一、二年级每周3课时，三至六年级每周2课时，初中每周2课时，实现全区中小学校思政课程全覆盖。

推进未成年人思想道德建设和师德师风建设，营造崇德向善、文明有礼的校园环境，全区文明校园创建参与率100%。发挥课堂主渠道作用，将培养勤俭节约习惯教育纳入课堂教学。组织中小学师生参与校园自主管理类志愿服务活动，全区各中小学校开展“争做环保小卫士”“防疫有我 爱卫同行”等主题的校园志愿服务活动230余次，参与人数1.2万余人。

【教学研究】 年内，全区省级基础教育研究课题立项8个，结项9个；市级基础教育研究课题立项15个，结项10个；省“十三五”规划课题结题3个；区级小课题立项128个，结项23个。组织评选第8批市、区学科带头人及骨干教师，提升教师专业素养。区内教师获国家级奖项6人，省级奖项23人，市级奖项123人；学生获国家级奖项10人，省级奖项5人，市级奖项66人。印发《赣州经开区中小学（幼儿园）名师工作室经费使用及管理办法（试行）》，调整充实67个涵盖中小学、幼儿园各个学段和学科的名师工作室，开展各级各类教研活动200余次。印发《助力赣州经开区腾飞中小学教师教学基本功比赛实施方案》《助力赣州经开区腾飞幼儿园教师班本课程故事展示活动方案》，组织412名教师参赛。

【教学质量】 落实教育部《关于加强义务教育学校考试管理的通知》，探索小学一、二年级非纸笔考试模式，提高课堂教学质量，明确教学方向、重点、难点，做到“减负不减质”。落实赣州市教育局下发的《赣州市中小学教学常规（试行）》，优化中小学教学管理，规范中小学教师教学行为，提高教育教学质量。坚持“教学一线工作法”，组织各学科名师深入乡镇学校开展“推门听课”64次，“送教下乡”20次，促进乡镇教师更新教育理念，提高教学水平，实现优质教育资源共享。注重学生学科兴趣培养和竞赛辅导，在2021年赣州市初中数学、物理、化学、生物研学活动暨学科素养评比活动中，区内15名学生获全市一等奖、13名学生获全市二等奖、4名学生获全市三等奖。

年内，全区3191人参加初中学业水平考试，同比增加444人。总分高分段（720分及以上）人数607人；优秀段（640分及以上）人数1441人；及格段（510分及以上）人数2334人，区社管局被赣州市教育局评为2020—2021年度“县（市、区）初中教学质量先进单位”，赣州经开区连续6年获此荣誉。

【教育督导】 督促党政领导干部履行教育职责，以全市第一的成绩在全省2020年度县（市、区）党政领导干部履行教育职责督导评价中获得“优秀”等次，获省奖补资金75万元。将“双减”和“五项管理”作为教育督导的“一号工程”，纳入中小学办学绩效考核及教育督导常态化工作，对辖区内136家校外培训机构、托管机构进行专项督查和整治。调整全区4个教育督导工作站为3个中小学教育督导工作站和2个幼儿园教育督导工作站，实现责任督学挂牌督导全覆盖。到各类学校开展经常性督导、专项督导与综合督导，抓实督导反馈问题整改，规范学校办学行为。在省教育督导信息平台中，赣州经开区“工作计划”“督导纪实”“听课记录”“整改通知”“整改报告”“督导报告”“督导快报”等各项指标均居全省前列。通过微信群、QQ群、微信公众号等向省、市媒体推介区内教育督导工作的特色亮点和创新做法，提升教育督导工作社会影响力。

【平安校园建设】 年内，全区校园新增离岗监测摄像头、预警摄像头、校园外围人脸识别预警系统摄像头。投入160余万元完成学校“四个一”（一个安检门、一键报警器、一组存储柜、一间会客室）工程建设及一键式报警系统升级。检查校园周边游戏娱乐场所100余家、小旅馆13家、出租房屋153间、餐饮场所128家、校园周边网吧3家，排查刑释解矫人员84人，走访肇事肇祸精神病人131人，发现并整改校园安全隐患57处、校外安全隐患17处，收缴各类违法出版物40余册，优化学校周边环境。

【扶贫助学】 全年为8483人次家庭经济困难学生发放资助资金340余万元，全区义务教育适龄学生入学率100%，确保贫困家庭义务教育阶段适龄学生不失学辍学。国家生源地信用助学贷共贷款1504人次，贷款金额1332万元，帮助建档立卡家庭子女圆大学梦。

【赣州市第六中学】 赣州市第六中学位于赣州经开区龙岗路与曼妮芬路交会处，学校占地面积10.06公顷，建筑面积4.9万平方米。年内有教学班12个，在校学生560人，专职教职工59人。

队伍建设 新增市学科带头人和骨干教师2人，获市级表彰教师3人。举办“飞扬年华 逐梦欧潭”中小学、幼儿园青年教师教学基本功岗位练兵活动，教师刘晓玲、兰娇、刘起亭、肖礼懿、张晓露、金小霞获一等奖，教师刘强、李敏华、钟晓英、黄丽华、曾小毛、杜珮雯、金平获二等奖。

校园活动 组建篮球社、羽毛球社、乒乓球社、广播站、合唱团、美术社团、书法社、辩论社、英语角等学生社团。进行肿瘤、流感、新冠病毒预防及防溺水、防校园欺凌、防性侵、交通安全、心理健康等知识宣传活动。举办“沐浴党恩 阳光少年——赣州市第六中学第一届校园艺体节”“追梦起航 红心向党——迎元旦文艺联欢晚会”“第一届校园合唱节暨‘喜迎二十大，培根铸魂在行动’红歌比赛”等大型活动。组织党员教师、入党积极分子、部分团员到三江乡斜角村郭大力故居开展“传承红色基因 赓续红色血脉”红色教育。

【赣州市第十六中学】 赣州市第十六中学位于赣州经开区凤岗镇横岭村山孜下50号，学校占地面积7.33公顷，建筑面积4.2万平方米。年内有教学班28个，在校学生1315人，专职教师87人。学校获评全省文明校园、春招工作先进集体、“经开区第三届中小学诗词大会”中学组团体一等奖。

教育教学 推行质量立校，五育并举，德育为先等举措，形成励志教育、习惯教育、红色教育、吃苦教育、感恩教育“五大教育特色”，创设良好育人环境，深入推进立德树人。

队伍建设 年内新增省、市学科带头人和骨干教师2人。组织年轻教师参加各类教学大赛及班主任技能大赛，培养业务精干、师德高尚的优秀教师队伍。

校园活动　组建“星火文学社”，定期开展活动。开展“红色励志电影展播”“红五月文化艺术节”“趣味体育节”“书法大赛”“红色故事大赛”等活动丰富学生课余生活。

【赣州市第五中学】　赣州市第五中学位于赣州经开区金邮路6号，学校占地面积5.07公顷，建筑面积近3.6万平方米，年内有教学班61个，在校学生2776人，教职工189人。学校先后获评“第二届江西省文明校园”“创建江西省文明校园先进学校”“市、区关心下一代工作先进集体”“全区卫生单位”“全区教学质量先进单位”“全区办学绩效先进单位”等。

教育教学　学校坚持“五育并举”，推行素质教育。严格落实“双减”及“五项管理”政策，全面落实立德树人的根本任务。重点高中上线率65%，普通高中上线率83%。

队伍建设　有省级骨干教师5人，市级学科带头人6人，市级骨干教师12人，区级学科带头人10人，区级骨干教师22人。坚持优秀教师引领和“走出去、请进来”系列措施，实施“青蓝工程”师徒结对培养计划，促进青年教师快速成长。举办“金成杯”中青年教师课堂教学大赛和教师素养大赛，全年在国家、省、市、区级各类教学竞赛中获奖110余人次。

5月27日，“重温奋斗百年路，童心向党共启航”文艺会演在赣州市第五中学举行　（廖万茂摄）

学科竞赛　学生罗云志获2021年赣州市初中生数学研学活动暨学科素养评比一等奖；学生谢达航、卢毓平获2021年赣州市初中生物理研学活动暨学科素养评比二等奖；学生李严昊获2021年赣州市初中生化学研学活动暨学科素养评比一等奖；学生罗文洋获2021年赣州市初中生生物研学活动暨学科素养评比一等奖、学生黄佳谊获二等奖。

校园活动　学校坚持“以活动为载体，实现师生共同成长”的办学理念，打造科技智能校园、书香文化校园、红色传承校园。先后开展机器人技能提升竞赛、“五红”培根铸魂、红五月文艺汇演、校运会、师生书画比赛等活动，成立创客教室、陶艺教室、书法社、古筝社、星空合唱团、赣南采茶戏传承基地、田径教育基地、篮球教育基地等，丰富师生课余生活。

【江西理工大学附属金岭学校揭牌】　12月21日，江西理工大学附属金岭学校揭牌，正式开启赣州经开区、江西理工大学联合办学新模式。江西理工大学附属金岭学校为一所九年一贯制公办学校，位于杨梅渡公园西南侧，占地约5.67公顷，总建筑面积47744.5平方米，总投资约2亿元。按照初中30个教学班1500个学位、小学36个教学班1620个学位规模办学。

【赣州市第十中学】 赣州市第十中学位于赣州经开区客家大道南侧与谷雨路东侧交会处，占地面积2.71公顷。年内有教学班26个，在校学生1154人，专职教师77人。学校坚持以党建+教学、党建+德育和党建+成长的办学方式，秉承“把每个孩子培养成心灵富足、个性发展的时代新人”办学理念。学校先后被评为“江西省平安校园”“钉钉示范校园”“赣州经开区无烟学校”“赣州经开区工会工作先进集体”“赣州经开区卫生单位”“赣州经开区社会事务系统先进基层党组织”。

教育教学 形成劳动教育、科技创新、学生社团、英语创新能力、心理健康教育“五大办学特色”。贯彻落实“双减”及“五项管理”政策，秉承“和合五育 雨润花开”办学理念，着力从“高效课堂提质提效、五润课程益智益趣、欢跃课间健体健心、智慧探索减压减负”四个方面推进“双减”工作。

队伍建设 年内新增市学科带头人1人，区学科带头人1人，区骨干教师7人，获市级表彰教师1人，区级表彰教师6人。教师参加各级各类教学竞赛获省级奖3人，其中教师钟芳明、刘红梅、曾秋香获“江西省基础教育资源评比大赛”二等奖。制订教师成长三年规划，开展教师成长分类管理和“青蓝”结对帮扶活动，通过“比学习、重研究、练内功、提素质”，促进教师专业成长。

学科竞赛 在第七届全国青年科普创新实验暨作品大赛赣州赛区——风能利用比赛中，3名学生获二等奖、5名学生获三等奖；学生何敬颖航获2021年全省中小学生“四史”知识竞赛三等奖。

校园活动 开展“英语文化艺术节”“校园十佳主持人大赛”“百年党史 师生共读”“茶韵书香 红色诵读”“第一届体育节暨第二届田径运动会”等文体活动，举办“弘扬伟大中国共产党成立精神 赓续红色血脉”主题征文比赛。组建田径、跳绳、篮球、美术、合唱兴趣班，丰富师生课余生活。

【赣州市湖边中学】 赣州市湖边中学位于湖边镇湖边村下安组，学校占地面积3.7公顷，校舍面积1.02万平方米，体育用地面积1.03万平方米。年内有教学班16个，在校学生713人，专职教师63人。

教育教学 学校形成科技创新、学生社团、心理健康教育“三大办学特色”。积极落实“双减”和“五项管理”政策，推进教体融合，重视学生的综合发展，在2021年初中学业水平考试中，700分以上23人，其中最高分769分。

队伍建设 年内新增学科带头人1人、骨干教师3人。教师袁芳、邬正青获区级“优秀班主任”称号，教师杨赛获区级“优秀教师”称号，教师曾英获区级“优秀党务工作者”称号，教师吴艳芳获“区优秀共产党员”称号，教师罗娟获区级“优秀共青团干部”称号。学校教师获市职工网上问题展播活动摄影类《开国大典》二等奖，市庆祝中国共产党成立100周年视频征集比赛二等奖，区师生书画比赛获中学组团体二等奖，区师生书画比赛剪纸类获一等奖、毛笔类二等奖、国画类一等奖。

学科竞赛 学校科学实验社团获第八届全国青年科普创新实验暨作品大赛（江西赛区）智慧社

区项目、未来太空车项目二等奖2项、三等奖1项；获赣州经开区第二届青少年人工智能普及大赛小乌龟循迹赛（初中组）一等奖4名，二等奖1名；美术社团获赣州经开区“红领巾心向党”绘画比赛一等奖、获赣州经开区“红色百年艺心向党”中小学师生书画比赛一等奖；足球社团获赣州经开区第六届中小学足球比赛中学女子组第三名；音乐社团榕树下合唱团获赣州市第三届青少年红色歌曲合唱大赛决赛二等奖。

校园活动　结合实际开展生命教育，举办体育文化节、田径运动会，开展“唱红歌比赛”“珍爱生命，预防溺水”“同心防溺水，家校守安全”“万师访万家”“规范手机，净化校园”“护苗成长，预防欺凌”“五红培根铸魂”“三色研学旅行”“拒绝毒品安全知识竞赛”“学宪法讲宪法知识竞赛”“中小学安全知识竞赛”等活动。在纪念中国共产党成立100周年之际开展“丹青颂党恩”迎国庆书画展活动，提高师生艺术修养及文化内涵。

【赣州市凤岗中学】 赣州市凤岗中学位于赣州经开区凤岗镇，东依凤岗镇东隅的凤头岭，南傍上犹江水。学校占地面积为4.56公顷，校舍面积为1.26万平方米。年内，有教学班9个，在校学生343人，专职教师30人。获评全国青少年禁毒知识竞赛先进学校，连续两年获区级“教学质量先进单位”。

教育教学　学校以“办好人民满意教育”为治校办学理念，全方位打造育人平台，以“党建+”的形式，促进教育质量新提升。注重培养学生全面发展和个性发展，学校学生获2021年区“红色百年　艺心向党”师生书画活动一等奖、赣州经开区第三届中小学生诗词大会二等奖。

队伍建设　组织教师参加各级各类教学竞赛，获省级奖3人，市级奖9人，区级奖27人。教师徐璐、詹怡强、兰师林获第二十七届江西省中小学优秀教学资源展示活动三等奖；孙旭初、李萍、谢建华获赣州市“双减”工作主题征文活动一等奖，詹怡强、陈浩获二等奖，肖璇获三等奖；董文华获赣州市“我的入党故事”征文比赛一等奖；谢丽琼、肖璇获2021年赣州市中小学教育技术论文三等奖。

学科竞赛　在赣州经开区数理化生学科研学活动中，4名学生获二等奖、4名学生获三等奖。学生赖文慧获赣州经开区第二届青少年人工智能普及大赛二等奖。

校园活动　开展“五红培根铸魂”系列活动，进行手抄报、书法、绘画等形式各样的评比；组建书法班、武术班、篮球班等丰富学生课余生活。

【赣州市三江学校】 赣州市三江学校位于赣州经开区三江乡东红村，学校占地面积2公顷。年内有小学生1331人、中学生725人，专职教师197人，其中中小学高级教师25人、中级教师47人。

队伍建设　开展教师课堂教学竞赛活动、“青蓝工程”系列活动，以中心教研组为主，辐射开展片区教研共同体活动。年内获市级表彰教师2人，在2021年全国青少年禁毒知识竞赛中获区优秀指导教师2人，学校教师获省级晒课活动一等奖。教师论文获各级奖励近30篇，获经开区“红色百年，艺心向党，师生书画”比赛优秀团体奖。

学科竞赛　在2021年赣州市中小学“家乡的幸福河”主题征文大赛中，1名学生获二等奖、2名学生获三等奖。

校园活动　开展“青春心向党　奋斗新征程教职工演讲”“元

旦文艺会演”“一年级新生入队仪式”等活动。举办第四届校园运动会、“红色文化进校园”主题朗诵比赛、“珍爱生命 预防溺水”主题征文比赛等大型活动，组建美术、篮球兴趣班丰富课余生活。

【赣州市黄金实验小学】 赣州市黄金实验小学占地面积2.87公顷，建筑面积1.49万平方米。年内有教学班44个，学生1995人，在编在岗教职工111人。年内获评江西省文明校园、全区教学质量先进单位、区优秀少先队大队、区五四红旗团支部等。分获区级中小学教职工羽毛球比赛团体第一名、首届青少年人工智能普及大赛优秀组织奖、党史知识竞赛团体一等奖、第三届中小学生诗词大会二等奖、首届“书悦杯”整本书阅读知识竞赛优秀组织奖、“红色百年 艺心向党”中小学师生书画比赛优秀组织奖、“重温奋斗百年路 童心向党共启航”文艺活动优秀组织奖等荣誉。

【赣州市赞贤路小学】 赣州市赞贤路小学位于赣州经开区赣康路与赞贤路、信丰路交会处，学校占地约2.47公顷，建筑面积2.51万平方米。年内有教学班45个，在校学生2117人，教职工112人，其中省级骨干教师1人，市级学科带头人（骨干教师）4人，区级学科带头人（骨干教师）10人。年内，省级课题立项1个，结项3个；市级课题4个，结项1个；区级课题立项1个。在教师优秀教学资源评比活动中，学校选送的12件作品有11件获奖，其中省级2件、市级5件、区级4件，获奖率91.67%。学校先后获赣州经开区教学质量先进单位、办学绩效先进单位、2021年全区优秀少先队大队、全区安全生产先进集体、全国青少年禁毒知识竞赛赣州经开区赛区先进学校等荣誉。在全市中小学教育技术论文评选活动中，学校选送的5件作品有4件获市级奖项。4名教师获2021年全区辅导员风采大赛特等奖、2名教师获市小学教师素养大赛一等奖、3名教师获赣州经开区社会事务系统党史知识竞赛一等奖，3名学生获赣州经济技术开发区诗词大会一等奖。

【赣州市香江路小学】 赣州市香江路小学位于赣州经开区坪峰岭路5号，年内有教学班24个，学生1022人，在职教师61人。获评全区五四红旗团支部（总支）、2021年七一党内表彰先进基层党组织、馆校合作共建单位，分获2021年全国珠心算网络答题活动团体一等奖、赣州市第七届采茶广播操电视大赛金奖、赣州经开区第三届中小学诗词大会一等奖等荣誉。

【赣州市杨梅小学】 赣州市杨梅小学位于赣州经开区金凤东路，毗邻金凤梅园。学校占地面积2.33公顷，总建筑面积1.32万平方米。2021年有教学班49个，学生2327名，在编教师123人。9月，教师黄婷婷通过希沃录播团队的选拔，入选公益“希沃录播 萤火计划”公益志愿者讲师。3月，在“专递课堂”常态化应用的基础上，正式启动名师课堂建设工作，与赣州市全南县陂头中心小学、赣州市湖边横江小学结对共建名师课堂。11月10日，成果申报并入围“2018年国家社科重大项目‘信息化’促进新时代基础教育公平”实验校子课题。2021年学校被评为全市五四红旗团支部、全区优秀少先大队、赣州经开区首届小学生“书悦杯”整本书阅读知识竞赛活动书香校园、2021年赣州经开区中小学（幼儿园）“重温奋斗百年路童心向党共启航”文艺活动（暨市“英东杯”选拔赛）优秀组织单位。学校学生获2021年赣州经开区第四届中小学中国围棋比赛团体三等奖及2021年赣州经开区第五届中小学生篮球比赛（小学男子组）第三名。

【赣州经开区翠谷幼儿园】 赣州经开区翠谷幼儿园创办于2014年9月，位于赣州经开区赣通大道888号。占地面积0.39公顷，房屋建筑面积2543.96平方米。年内有教学班8个，幼儿238名，教职工38人，专任教师 20人，专业合格率100%。9月，开办3所分园：翠谷幼儿园（华鑫北）分园，占地面积约0.33公顷，建筑面积1907.18平方米，有班级3个，幼儿53名，教职工13人；翠谷幼儿园（宜居）分园，于8月底从北京博苑幼儿园（宜康分园）接收园所场地，占地面积0.3公顷，有班级5个，学生92名，教职工23人；翠谷幼儿园（新力）分园，占地面积约0.32公顷，建筑面积2761.59平方米，有班级10个，幼儿289名，教职工41人。12月幼儿园获评“省级示范幼儿园”，成为赣州经开区第一所省级示范幼儿园。

【赣州经开区凤岗镇中心幼儿园】

凤岗镇中心幼儿园是一所全日制的公办幼儿园，创办于2015年8月，位于凤岗中学院内，学校占地面积0.33公顷，建筑面积2976平方米。2021年有幼儿194人，教职工30人。9月，创办凤岗之星分园，位于凤岗之星返迁房内，占地面积0.27公顷，建筑面积2337平方米。有小班幼儿10人，教职工7人。年内，学校贯彻《3—6岁儿童学习发展指南》五大领域（健康、语言、社会、科学、艺术）科学的保教，秉承“倾心于孩子的今天、着眼于孩子的明天”为办园宗旨，以“快乐成长、全面发展”为办园理念，获2021年赣州开发区示范幼儿园称号。

【赣州市文清外国语学校】 赣州市文清外国语学校位于赣州经开区蟠龙路16号，学校占地面积18.2公顷，建筑面积25万平方米。年内有教学班154个，在校学生6322人，专职教师480人。学校推行长郡模式，获评“全国青少年足球学校”“全省先进单位”等荣誉称号。

教育教学　形成“传统化、国际化、个性化、精品化”的办学特色，从教育教学管理到教师培养与长郡中学紧密联系。高考类应届文化类一本上线人数同比增加62人，600分以上高分段人数同比增长30%，学生王鸿辉通过“强基计划”被北京大学录取，多名学生被香港中文大学、复旦大学、浙江大学等顶尖学府录取。

队伍建设　新增市级表彰教师7人，教师朱云腾获赣州市高中语文优质课竞赛一等奖，教师钟小海、周善芳获赣州市初中数学教师总复习优质课竞赛一等奖。

学科竞赛　学生王鸿辉获2021年第38届全国中学生物理奥林匹克竞赛银牌；学生王梓、李书羽获2021年第38届全国青少年信息学奥林匹克竞赛银牌；学生汤新宇获2021年全国中学生化学奥林匹克联赛（江西赛区）一等奖；学生黄沁欣、周馨玥、钟雨霏、曹文远获2021年全国中学生生物学奥林匹克联赛（江西赛区）一等奖；学生吴鎏亿、蔡智勋、江柯均、骆韬、邬健翔、张美湖获2021年全国青少年信息学奥林匹克联赛（江西赛区）一等奖。

校园活动　举办“校园模拟招聘会”“‘红五月’歌咏比赛”“第七届体育节暨第七届田径运动会”“‘天宫课堂’进校园”“文外阅读节”“文外英语

节”等活动。发展蓝韵舞蹈团、清韵话剧社、徽音合唱团等社团，丰富课余生活。

【赣州市厚德学校】 赣州市厚德学校位于赣州经开区香江路南侧与金东路东侧交会处，学校占地面积2.67公顷，建筑面积3.3万平方米。年内有教学班82个，在校学生3695人，专职教师238人。学校先后被评为江西省语言文字规范化示范校，2020年新冠肺炎疫情防控“榜样集体”和“全市民办教育先进集体”。

教育教学　建立“五大中心”（学生成长中心、教师发展中心、课程研究中心、家庭中心和行政管理中心）管理架构，实行精细化、特色化、精品化管理服务。实施分层教学，对基础薄弱学生进行个别辅导，对学有余力学生开展数学、物理、化学、生物和信息学“五赛辅导”，形成外语教学、国学养成、高效课堂、特长培养、研学实践“五强高地”。

队伍建设　年内有特级教师4人，各学段、学科都有省、市、区学科带头人。引进全国名校名师、省重点中学名师、学科竞赛金牌教练、双一流大学优秀毕业生、硕士生、博士生。营造和谐共生的人际生态环境，构建人人成才、人尽其才的教师成长空间，完善优劳优酬薪酬体系，从体制机制上优化师资队伍结构。

校园活动　开展“校园书画节”“教师思考力课堂竞赛”“红五月歌咏比赛”等活动。举办第16届体育节暨第16届田径运动会。组建美术、音乐兴趣班、舞蹈队，丰富师生课余生活。

（廖振志）

文化

【概况】 2021年，赣州经开区先后出台《关于加快文化强区建设的实施意见》《关于进一步支持文化产业发展的若干措施》等政策文件，完成贺焕文烈士墓修缮及郭大力故居改造提升等重点文化产业项目建设，开展红色文化教育活动100余场。区文化艺术中心快速建设，金凤梅园世客街开园营业，改造提升村级综合文化服务中心41个。台湾部落民俗文化村等一批文旅项目成为“网红打卡地”。

【文化企业培育】 年内，全区有规模以上文化产业企业21家，收入186亿元，同比增长53.79%，赣州立德电子入选省文化企业20强提名企业。赣州国家印刷包装产业基地落户印刷企业31家，总投资25亿元，主营业务收入33亿元，就业人数0.46万人。

【公共文化服务体系建设】 全年投入113.27万元新（扩）建、提升基层综合文化服务中心41个，投入22.17万元为全区83个农家（社区）书屋补充书籍。制定并实施《关于印发〈赣州经济技术开发区2021年全民阅读活动实施方案〉的通知》，投入19.95万元建设区级公共图书馆总分馆，在全区范围内构建起“社会参与，层层落实”的全民阅读体系。投入6.76万元开展“送电影下乡”活动338场，丰富群众文化生活，推动乡风文明建设。

【文艺创作】 组织路塘村农民艺术团创编音乐舞蹈史诗《奋进》。组织专家人员对赣南地方采茶戏剧的特点进行融合创作，编排的新作《刘二新传》获2021年赣州地方小戏大赛二等奖。联合赣州市文化馆专家创编的广场舞《没有太阳哪有鲜花》获赣州市2021年广场舞大赛一等奖并代表赣州市参加2021年江西省广场舞大赛。组织区广场舞协会及社区艺术团优秀老师创编广场舞《天耀中华》《踏歌起舞的中国》《同心共筑中国梦》等节目，多次开展文化下乡展演。组织“赣州经开区2021年中小学文艺活动”推动各学校创作童谣《活捉白狗子》、情景剧《丰碑》，曲艺《重温百年 争做好少年》《稻田香》《半条被子》等优秀少儿节目。组织赣州市第五中学、赣州市香江路小学成立采茶戏创作小组，创作出《活力茶韵》和《秀美赣州迎客来》2个节目。在赣州市2021年“我来演采茶”——赣南采茶戏电视大赛中，《采茶健身操》获金奖，《活力茶韵》获优秀奖。

【“非遗”技艺传承】 年内，赣州经开区蓝氏中医正骨疗法、抬毛老爷（流传于赣粤湘三省交界处的一项带体育性游艺活动）获批第五批市级“非遗”名录，客家木雕技艺、赣南植物压花、陈皮花生制作技艺、祛湿茶制作技艺入选区级非物质文化遗产代表性名录，区级“非遗”项目传习所6个，客家木雕生产性保护基地1个。制订各类“非遗”项目传承计划，对赤湖村罗氏公祠开展历史建筑认定。全年开展“非遗”文化传承活动20余场。

【群众文化活动】 开展“送电影、戏曲下乡”活动320余场，开展“文化下乡百村行”等主题文化志愿服务活动5场。以三江乡为示范点，培育“一村一品”特色文化。各乡镇组织开展庆祝中国共产党成立100周年等主题的文化活动45场，举办农家书屋管理员、舞蹈队等公益性文化艺术培训30余次，开展“我们的节日·端午粽艺大比拼”“我们的节日·重阳节”等传统节日活动44场。

【郭大力故居改造提升】 郭大力故居位于赣州经开区三江乡斜角村田心组，主体为一座两层连体的土木结构四合院，属于典型赣南客家民居，建成于1900年，有17间房，占地面积790平方米，建筑面积1380平方米。年内，赣州经开区投入600余万元对故居进行全面保护和修缮。12月20日，修旧如新的郭大力故居正式开馆揭牌，《红色翻译家的信仰 赣州经开区郭大力故居展》正式向公众开放。

【乡村旅游】 五彩城花博园以“大中小学生劳动教育综合实践活动”为核心，打造成集劳动教育培训、观光休闲、生态农业为一体的国家级综合劳动教育示范基地。开展研学种植园建设，与华东师范大学合作开展“温室大棚内研学产地提升和研学课程设计”。景区内进行绿化提升，申

12月，提升改造后的郭大力故居 （廖万茂摄）

报赣州五彩阳禾大中小学生劳动教育综合实践活动基地。台湾部落民俗文化村二期项目陶艺馆建设已开工，补充景区内水面机械动力和脚踏动力游船业态，添加游客自驾观光车辆业态。淘乐宝岛项目结合台湾独特文化，打造为集科技展览、文化教育、休闲娱乐为一体的综合体验馆。建成“淘乐宝岛”“蜡像馆”“嬉乐园”三大主题区，项目主体投入运营。

【文化市场管理】 年内，梳理实施惠企政策事项7项，办理经营许可行政审批31家，办理文化类行政处罚案件4起。在全区各中小学校园建立“思想·护苗”工作站，在金岭学校建立全区首个校园“扫黄打非·护苗”进基层示范点。

（陈 成 夏侯靖）

史志工作

【概况】 2021年，区史志档案管理中心履行“存史、资政、育人”工作职责，扎实推进年鉴编纂、党史编研、大事记编写等各项工作。《赣州经济技术开发区年鉴(2020)》获评第八届全国地方志优秀成果（年鉴类）专业年鉴二等年鉴，受到区管委会通报嘉奖。

【《赣州经济技术开发区年鉴（2020）》获评全省一等年鉴】

8月27日，在江西省地方志编纂委员会办公室、江西省地方志学会组织开展的江西省第六届年鉴质量评比活动中，《赣州经济技术开发区年鉴（2020）》获评专业年鉴组一等年鉴。《赣州经济技术开发区年鉴》连续2年获评质量一等年鉴。

【《赣州经济技术开发区年鉴（2021）》编纂出版】 10月，《赣州经济技术开发区年鉴》编辑委员会和赣州经济技术开发区史志档案管理中心编纂的《赣州经济技术开发区年鉴（2021）》由方志出版社出版。全书有12个篇目29个类目105个分目673个条目47.7万余字，收录168幅图片、9张表格。以建区30周年为契机，在彩页设“三十年跨越”专栏，立体化展现辖区30年经济社会发展变迁；将“十三五”脱贫攻坚工作综述、2020年新冠肺炎疫情防控工作综述、2020年营商环境工作综述等列为专记，集中展现年度重点工作。

【党史编研】 年内，启动并完成赣州经开区红色故事读本《红色琐忆》《红色翻译家郭大力》《湖边星火》的编印，于11月2日在区政中心举行首发暨赠书仪式，实现赣州经开区自主编撰党史资料零的突破，并向全区各部门（单位）、学校、省内外党校（高校）、史志部门发放、赠送书籍近500册，为全区学校思政课提供本区红色读本。编印《新民主主义革命史知识简册》《中华人民共和国史知识简册》各450余份，向全区科级干部发放。

【大事记收录】 遵循“每月一编、年终成册”工作原则，由专人负责常态化大事记编纂工作，全面、客观、准确地记录赣州经开区年度大事、要事、新事、特事。收录赣州经开区全年355条大事记，在区门户网站定时更新公开。

（王 颖）

档案工作

【概况】 2021年，区史志档案管理中心围绕依法治档和优化服务两大重点，不断提高档案服务全区经济社会发展服务水平。截至年底，累计接收46个单位的文书档案3205卷、34.77万余件，年内新增2776卷、3.88

万件，按照“两化”（存量数字化、增量电子化）原则，234 万页的文书档案完成数字化处理并同步挂接赣州经开区档案管理系统，存量档案数字化率居全市第一。全年提供借阅、查询、出具证明等服务 200 余次。

【档案规范化管理】 修改完善档案管理制度，规范档案接收程序。7 月 21 日，举办档案业务培训班，培训人员 110 余人，提高全区档案管理工作人员业务水平。强化档案业务指导，全年在各全宗单位开展档案业务指导 20 余次。按照“安全第一”要求，严格落实档案库房“八防”（防高温、防潮湿、防盗、防火、防霉菌、防光、防尘、防虫）措施，做好档案安全保管工作，全年实现档案安全“零事故”。

【“两类档案”归集】 指导各乡（镇、街道、管理处）、行业主管部门做好脱贫攻坚档案整理归档，年内全部完成验收，移交脱贫攻监档案 3023 卷 36.9 万页；指导区疫情防控指挥部做好新冠肺炎疫情防控档案的整理归档，年内完成验收，移交疫情防控档案 760 件。

【举办中国共产党成立 100 周年史料档案文献展】 7 月，以完善建区 30 年档案资料为重点和切入口，从市档案馆、市图书馆、章贡区档案馆、南康区档案馆等单位搜集建区 30 年档案资料 280 余件。举办以“砥砺前行三十年 接续奋斗再出发”为主题的史料档案文献展。此次展览分为“建制沿革话变迁”“十年初创奠基业”“筚路蓝缕谋发展”“开拓创新谱新篇”4 个部分，通过图文并茂、新旧对比的形式，生动直观地反映赣州经开区 31 年的发展轨迹。创新“户外固定展 + 移动巡展”形式，在区政中心广场、市城展馆、蟠龙镇等场地增加展览场次，扩大观展人群覆盖面。用档案在再现一代又一代经开人艰苦卓绝的奋斗历程。

12 月，对移交进馆的“两类档案”进行抽查　（区史志档案管理中心供图）

【开展国际档案日宣传活动】 6 月 9—15 日，开展以“档案话百年”为主题的系列宣传活动，通过发放宣传手册、悬挂宣传横幅、电子显示屏播放科普视频等形式宣传档案法律法规，普及档案知识，提高干部群众档案意识。

（廖宝建）

体　育

【概况】 2021 年，赣州经开区举办献礼中国共产党成立 100 周年“永远跟党走　奋进新征程”五一职工趣味运动会、第九届“工会·路之友（天盈）环境”杯职工篮球赛。年内，获 2021 年赣州市迎国庆新时代新长征系列篮球赛全市中心城区第二名，女子篮球全市第三名，男子足球全市

12月，区女篮获2021年江西省第七届百县青少年“三人制”篮球运动会女子组二等奖　（谢建忠摄）

U13第三名、第五名，乒乓球全市团体总分第四名，羽毛球全市团体总分第三名，田径全市团体总分第四名。

【体育基础设施建设】 区文体艺术中心　3月15日项目开工建设，规划用地面积约9.16公顷，总建筑面积12.43万平方米，主要建设内容为六馆两宫一剧院，分别为网球馆、游泳馆、篮球馆、羽毛球馆、图书馆、文化馆、工人文化宫（含老年活动中心、老年人大学）、青少年宫，艺术剧院（建筑面积1.53万平方米）以及商业配套及地下车库等。

大坪明德小学体育馆　占地面积约0.2公顷，总建筑面积7887.25平方米，建筑为5层，高度约23.7米。建有恒温游泳馆、健身馆、篮球馆、乒乓球馆、羽毛球馆。年内项目完成运营招标。

江西理工大学附属金岭学校体育馆　占地面积5.67公顷，高29.8米，建筑面积7667.12平方米，内设50米恒温游泳池、两个标准篮球场、14个羽毛球场等。年内项目主体完工。

【体育赛事】 5月7—10日，2021年赣州经济技术开发区第六届中小学生“富兴杯”足球比赛在赣州市第八中学举办。产生中学男子组团体奖4个，中学女子组团体奖3个，小学男子团体奖6个，小学女子团体奖4个，道德风尚奖9个，优秀运动员54个，优秀指导老师18个，优秀组织奖2人。5月20—24日，2021年赣州经济技术开发区“迎中国共产党成立百年 羽你共绽放”第五届教职工、中小学生羽毛球比赛在赣州市金星小学举办。产生教职工组团体奖8个，中学生组团体奖4个，小学生组团体奖8个，教职工组单项奖24个，中学生组个人奖16个，小学生组个人奖48个，优秀指导老师24个，优秀组织奖2人。

（周敏华）

本栏编辑：王　颖

卫生健康

医疗卫生服务机构

【概况】 2021年，全区管辖医疗卫生机构199家，其中公立基层医疗机构5家，民营医院4家，社区卫生服务站8家，疾病预防控制中心1家，门诊部、诊所、医务室、村卫生室181家。省管医疗机构赣南医学院第一附属医院（黄金院区）驻赣州经济技术开发区。

【赣南医学院第一附属医院黄金院区】 赣南医学院第一附属医院是赣州市唯一一家省直省管三级甲等医院、江西省第三周期医院评审首批三级甲等综合医院。年内，全院（黄金院区）总诊疗157万余人次，同比增长23.72%；出院12万余人次，同比增长15.21%；平均住院日7.75天，同比减少0.87天；住院手术4万余台、同比增长17.38%。泌尿外科、眼科、普外科、血液科4个学科进入2021年“中国医院影响力排行榜”全国百强行列，智慧医院影响力排名进入全国前150名。获批成立“江西省航空紧急医学救援3队”，建立空地一体化紧急医学救援联盟，完成空地一体化紧急医学救援33人次，单中心实施空地一体化紧急医学救援例数位居全国第三、全省第一。获批建立国家卫健委“电生理适宜技术培训中心”，成功实施机器人辅助腹腔镜下根治性肾切除联合下腔静脉癌栓切除术、经心尖“瓣中瓣”技术等先进技术。张小康教授主持的“三级综合性医院感染管理——新冠肺炎疫情下的应对策略”项目获江西省第十九次社会科学优秀成果三等奖；邹晓峰教授主持的“经脐与经阴道自然腔道泌尿外科腹腔镜技术体系的构建和应用推广”项目通过2021年中华医学科技奖项目初审；曾祥泰教授主持的“非接触式可视化新冠肺炎智能筛查、诊断与监控系统的创建与应用”获江西省科技进步三等奖；钟田雨博士参与成果获2021年全国妇幼健康科学技术二等奖。

【赣州经济技术开发区第二人民医院】 赣州经济技术开发区第二人民医院为赣州经开区管委会下属副科级公益二类差额拨款事业单位，于2月5日设立，年内与湖边镇卫生院合署办公。

【黄金岭街道社区卫生服务中心】

黄金岭街道社区卫生服务中心是一所集社区预防、保健、医疗为一体的综合性公立基层医疗机构，占地面积约0.28公顷，有业务用房3160.95平方米，设置床位48张，开放床位16张。设有内科、妇科、儿科、外科、中医理疗康复科等科室。主要设备有数字化摄影DR、全自动化学发光仪、全自动血球分析仪、自动生化分析仪、尿液分析仪、彩超、B超、心电图机等。

年内，中心有职工69人，其中专业技术人员61人（副高职称2人，中级职称17人）。全年门诊量6.3万余人次，基本公共卫生管理37332人，建立电子居民健康档案31984份、建档率100%，健康档案动态使用9798人，管理并体检0—6岁儿童5463人、65岁以上老年人1285人、高血压患者1438人、糖尿病患者430人，管理精神病患者182人、孕产妇432人，国家免疫规划疫苗及非免疫规划疫苗预防接种45680针次。签约服务脱贫人口1034人，履约1034人。

【蟠龙镇中心卫生院】 蟠龙镇中心卫生院是一所集预防、医疗、保健于一体的综合性基层医院，占地面积0.42公顷，有业务用房5591.46平方米，开放床位70张。设蟠龙分院和杨坑分院，分别设有门诊部和住院部，开设内科、妇科、儿科、外科、口腔科等科室。主要设备有彩超、数字化摄影DR、进口B超、全自动生化分析仪、电解质分析仪、碎石机、LEEP（利普刀）等，是赣州经开区唯一一家达到一级甲等医院标准的乡镇卫生院。

年内，全院有职工94人，其中专业技术人员81人（副高职称 1人，中级职称26人）。全年门诊量125432人次、住院1431人次。基本公共卫生管理23542人，建立电子居民健康档案23008份、建档率97.73%。管理0—6岁儿童4675人、65岁以上老年人2616人、高血压患者1646人、糖尿病患者452人、严重精神障碍患者128人、孕产妇251人，新生儿访视229人，老年人中医药健康管理服务2591人，0—36个月儿童中医药管理1390人，国家免疫规划疫苗及非免疫规划疫苗预防接种19808针次。签约服务脱贫人口1744人，履约1744人。

【湖边镇卫生院】 湖边镇卫生院是一所集医疗、预防、保健、健康教育为一体的综合性公立基层医疗机构，占地面积0.9公顷，有业务用房3652.43平方米，二期业务用房约9800平方米建设完成。

年内，全院有职工67 人，其中专业技术人员 61人（副高职称4人，中级职称 19人）。全年门诊量80494人次、住院1070人次。基本公共卫生管理39566人，建立电子居民健康档案39566份，管理65岁以上老年人2303人、高血压患者2302人、糖尿病患者557人、精神病患者171人、孕产妇333人，新生儿访视312人，儿童中医调养1092人，国家免疫规划疫苗及非免疫规划疫苗预防接种16015针次。签约服务脱贫人口2579人，履约2579人。

【凤岗镇中心卫生院】 凤岗镇中心卫生院是一所集医疗、预防、保健、康复、计划生育技术指导为一体的综合性医疗机构，占地面积0.73公顷，有业务用房4082.66平方米，开放床位60张。设有门诊部和住院部，开设内科、外科、儿科、妇产科、全科医学、中医科、中西医结合科、全科医疗科等科室，其中中医科能够提供中医辨证论治（中药饮片）、针刺、艾灸、中医微创（刺络放血）等20余类中医药技术方法，凤岗镇中心卫生院被赣州市卫健委授予“五星级中医馆”称号。

主要设备有数字化摄影DR、彩色B超、心电图机、TCD（经颅多普勒）、进口胃镜、全自动生化分析仪、全自动免疫化学发光分析仪、盆底肌康复治疗仪、微波治疗仪、电子针治疗仪、颈腰椎牵引设备、智能疼痛治疗仪、超声波理疗仪、上肢康复训练仪、电脑中频治疗仪等。

年内，全院有职工68人，其中专业技术人员62人（副高职称3人，中级职称23人）。全年门诊量4.6万余人次、住院1232人次，其中中医门诊4871人次、住院108人次。基本公共卫生管理43764人，建立电子居民健康档案44303份、建档率101.23%。管理65岁以上老年人3387人、糖尿病患者912人、精神病患者243人，新生儿访视289人，中医药健康管理3857人，国家免疫规划疫苗及非免疫规划疫苗预防接种11630针次。签约服务脱贫人口5344人，履约5344人。

【三江乡卫生院】 三江乡卫生院是一所集医疗、预防、保健为一体的综合性公立基层医疗机构，占地面积0.65公顷，有业务用房2632平方米，开放床位55张。设有门诊部和住院部，开设内科、妇科、儿科、外科、口腔科等科室。主要设备有全自动免疫化学发光分析仪、血凝分析仪、全自动生化分析仪、全自动血液分析仪、显微镜、彩超、经颅多普勒等。

年内，全院有职工59人，其中卫生专业技术人员50人（中级职称9人，初级职称39人）。全年门急诊量40633人次、住院1684人次，建立电子居民健康档案51511份。管理0—6岁儿童2443人、65岁以上老年人3891人、高血压患者3143人、糖尿病患者713人、精神障碍患者316人、孕产妇147人，中医药管理4940人，国家免疫规划疫苗及非免疫规划疫苗预防接种2876针次。签约服务脱贫人口8359人，履约8359人。

（王　露）

卫生事业建设

【概况】 2021年，赣州经开区实施国家基本公共卫生服务，组建专业医疗队伍，构建起设施先进、功能完善、队伍强大的卫生服务体系。全区各级各类医疗机构有在册执业（助理）医师374人、执业护士586人、副高级以上高级职称卫计人员14人，基层医院编制床位总数1203张，每千人口拥有病床数7.3张，每千人口拥有执业（助理）医师1.75人、执业护士2.32人。受理医疗纠纷投诉27件，答复满意率100%。新增创建无烟家庭46个、市（区）级无烟单位35家，64家市（区）级无烟单位通过复核。

【区域医疗中心建设】 区域医疗项目建设　区人民医院门诊住院综合大楼总投资2亿元，完成主体封顶；赣州仲易骨科医院总投资1.5亿元，完成主体封顶；湖边镇卫生院住院楼总投资0.5亿元，完成主体封顶并投入试运营；黄金岭街道社区卫生服务大楼总投资382万元，完工并投入使用；科技城医院门诊楼总投资3.14亿元，完成门诊楼、住院楼主体封顶。

区域医疗合作对接　赴赣南医学院第一附属医院、赣州市人民医院、赣州市立医院以及广东省人民医院珠海金湾医院、广东省中医院珠海医院、中山大学附属第五医院、南昌大学第二附属医院、南昌大学一附院高新医院、南昌经开区人民医院和市内有关县市公立医院考察学习11次，学习先进办医经验，洽谈合作办医事项。

【医疗人才队伍建设】 分别于4月和9月通过全省卫生专业技术人员招聘考试和“三支一扶”统一招聘考试招录卫生专业技术人员9名；争取1696.25万元资金用于发放乡镇卫生院编制人员基本工资、基本绩效、养老保险等；全年发放各乡镇卫生院人才补贴19人17.4万元；选派20名医技人员到上级医院进修；选派2名临床医学人员参加江西省公立医疗卫生机构人才体能体质工程人才培养；举办德尔塔变异株新冠肺炎病毒医院感染防控等各类基层医务人员培训班8场；选派4人到赣州市立医院、赣州市立医院选派3人到区内开展卫生人才双向交流工作。

【健康经开区建设】 *医养结合示范点建设及健康养老* 赣州仲易骨科医院位于金岭西大道以南，占地面积约0.93公顷，总建筑面积2.7万平方米。设置病床300张、养老服务床位80张。年内，凤岗镇中心卫生院、三江乡卫生院为22名疾病中末期患者提供安宁疗护服务。

妇幼健康服务 建立运行区级孕产妇保健和儿童健康管理中心，婚检率97%，“两癌”筛查率100%，视力检查覆盖率95%以上。

家庭健康发展 全年办理生育登记1817例，为计生家庭发放利导资金521.16万元，为6名年满49岁的特殊家庭成员发放一次性抚慰金，为64名特殊家庭人员办理特殊家庭住院护理补贴保险。建设达标母婴室18个，配置率100%。申报中央预算内公办托育项目2个，新增托位240个。3月24日，成立赣州经济技术开发区计划生育协会，推进镇、村两级计划生育协会改革工作。

社会心理服务体系建设 举办心理工作者技能专项培训16场、中小学校心理健康知识讲座24场、“五保”残疾人心理咨询服务8人次，联合有关单位举办心理健康知识科普讲座87场，对重点人员开展个案服务32人次。

【医药卫生体制改革】 学习福建省和三明市深化医药卫生体制改革经验，落实药品采购制度和基本药物制度，完成按病种分值付费国家试点系统的账号设置及系统操作培训。作为DIP（区域点数法总额预算和按病种分值付费）国家试点医院的赣州阳阳中医医院完成DIP接口改造和数据上传，各试点二级以上定点医疗机构实现按DIP付费。组织全区公立医院实施新版统一药品、医疗服务项目、医疗服务设施等医保目录和支付标准，公立医院选中药品占全区采购总数量同品规下所有中选药品100%、采购总数量100%、回款比例100%。落实药品采购“两票制”（药品从药厂卖到一级经销商开一次发票，经销商卖到医院再开一次发票），全区公立医疗机构均加入赣州市联合议价采购。落实辖区临床医生合理用药积分卡和考核管理制度，对医疗机构使用基本药物情况进行考核，按时发放基本药物补助资金。各公立基层医疗机构明确专人为全国短缺药品信息直报联络员，加强短缺药品多级联动监测，保障药品供应。

【乡村卫生健康事业】 *乡村医疗机构一体化管理* 采取乡聘村用的方式将57名乡村医生纳入乡镇卫生院、社区卫生服务中心统一管理。确保每个行政村均有1所卫生室纳入一体化管理。年内，43所公有产权卫生室实现全部纳入，一体化率100%。

脱贫人口家庭医生签约履约 全区脱贫人口18927人，签约18721人，签约率98.91%；四类

重大慢性病患者3982人，签约3982人，履约3982人。

重大疾病免费救治审批 办理贫困家庭重性精神病免费救治审批584例；办理儿童“两病”免费救治审批11例，其中儿童白血病3例、先天性心脏病8例；办理尿毒症免费救治审批89例；实施“光明·微笑”工程，办理唇腭裂免费救治审批1例、白内障免费救治审批97例。

基层卫生健康服务能力提升 争取250万元专项资金用于区域医疗中心建设，所有乡镇卫生院开展“优质服务基层行”活动并完成一级医院创建，蟠龙镇中心卫生院和凤岗镇中心卫生院被评定为一级甲等医院，三江乡卫生院、湖边镇卫生院被评定为一级乙等医院。

【卫生健康服务能力建设】

“互联网＋医疗健康”信息化建设 开展远程医疗协作信息系统及市（区、乡）级远程视频会议系统的培训，启动健康信息平台、区域影像等平台建设，推动家庭医生签约、医院自助查询缴费、医保报账等信息服务升级。

中医药服务能力建设 印发《关于贯彻落实全市卫生健康系统加快促进中医药传承创新发展的若干措施的实施意见》，组织开展热敏灸技术等中医适宜技术培训1次，招聘中医药专业技术人员15人。

无偿献血志愿服务动员 建立区应急献血者队伍，全年开展大型无偿献血活动4次，无偿献血1154人次。

严重精神障碍救治管理 报告患病1043人，报告患病率5.11‰；规范管理1014人，规范管理率97.22%；面访1008人，面访率96.64%；规律服药930人，规律服药率89.17%；综合评分排名全市第六。

医疗机构废物处置与管理 将医疗机构的医疗废物交由赣州市威绿达医疗废物集中处置有限公司处置；各乡镇卫生院、社区卫生服务中心建立医疗废水处置设施，其他医疗机构（诊所、门诊部等）均安装简易医疗废水处置设备，确保医疗污水处理后排放。

【卫生健康法治建设】 落实卫生健康领域“谁执法、谁普法”普法工作责任制及行政执法“三项制度”（行政执法公示制度、执法全过程记录制度、重大执法决定法制审核制度）。加强卫生健康综合执法监督，全年立案查处33起，其中打击非法行医9起。成立行业乱象整治领导小组，每月开展行业线索摸排及行业乱象研判和整治，出动执法人员400余人次，检查各级各类医疗机构195家、立案调查8家。

（王　露）

12月23日，2021年赣州经济技术开发区职业健康工作培训会召开
（区疾控中心供图）

3月18日，赣州西站疫情防控现场　（区高铁新区服务中心供图）

疾病预防控制

【概况】 2021年，赣州经开区加强疾病预防与控制，处理突发公共卫生事件，常态化开展新冠肺炎疫情防控工作。全年无甲类传染病发病、死亡病例报告，收到区内5家直报单位及赣州市其他直报单位通过网络直报系统报告的乙类及丙类传染病2307例、报告发病率659.14/10万，全年无报告新冠肺炎确诊病例及无症状感染者。区疾控中心年内先后获评赣州市健康企业建设优秀案例、赣州市居民健康素养大赛团体二等奖、2020年度全市健康教育与健康促进工作、疾病预防控制工作、职业健康工作、卫生监督执法工作先进单位等荣誉。

【新冠肺炎疫情防控】 赣州经开区全年召开疫情防控会议67次，收取上级文件527份，下发本级文件284份。排查重点地区入（返）区人员4142人，中高风险地区入（返）区人员930人；区集中隔离点累计隔离1460人；开展新冠肺炎疫情防控培训及卫生应急演练9次、全区全员新冠病毒核酸检测演练3次、新冠肺炎疫情研判15次、流行病学调查22次，协查密接人员86人次。建立各类人群核酸检测、冷链食品采样等资料台账。

建立疾控核酸检测体系，组建队伍应对全员核酸检测需求。全区有核酸检测机构2所，常规条件下最大日混检12.4万人次；核酸采样点136个；采样队136个、应急采样队2个。成立新冠肺炎流行病学调查应急机动队领导小组，引入公安、工信等部门组建流调机动队，强化溯源能力；按照满足30天满负荷运转需要做好疫情防控物资储备。

设置新冠病毒疫苗接种点6个、接种台68个、日接种量9300剂；培训业务人员600余

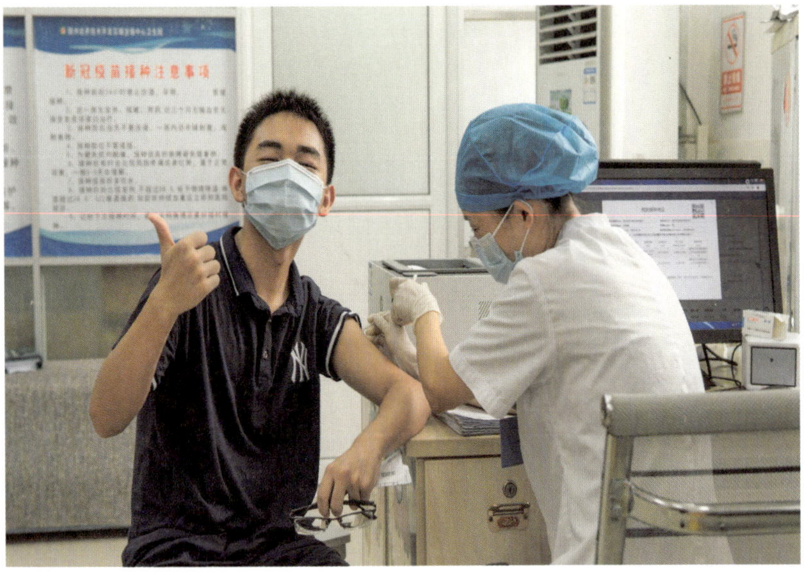

8 月 25 日，蟠龙卫生院新冠疫苗接种点 （赵国梁摄）

名，开展进企业、进学校和延时接种服务；全区配送新冠病毒疫苗 770983 剂次、接种 746508 剂次，其中 12 岁以上人群全程免疫和 3—11 岁人群第一剂、第二剂完成率均居全市第一，适龄人群加强针接种完成率居全市第三。

采取分级培训和邀请院感专家授课的方式对区内医疗机构开展新冠肺炎防控知识培训。执行预检分诊制、首诊负责制和住院陪护制度，发热患者一律按要求开展核酸检测和留观。

【重点传染病防控】 以预防传染病和突发公共卫生事件为工作重点，针对新冠肺炎、甲型 H7N9 禽流感、登革热、疟疾、手足口病、结核病、艾滋病等重点传染病进行防控。举办夏季传染病防控培训班 2 期、培训 63 人次。加强对各级医疗机构疾病报告质量、各级医疗机构发热门诊、肠道门诊传染病防控情况的督导，准确掌握传染病疫情动态和突发公共卫生事件发生趋势。加强学校传染病监测，及时对多起涉及幼儿园、中学、小学等集体聚集性疫情进行流行病学调查处置，年内未发生学校传染病的暴发与流行。

【职业健康保障】 年内，完成职业卫生体检网络上报及审核 13839 人，劳动者职业健康实际体检率 91.27%；诊断疑似职业病患者 3 例，全年无新增病例；143 家企业完成职业危害因素申报；完成职业性尘肺病患者随访与回顾性调查 131 人。对 21 家新立项项目进行职业病跟踪排查，督促做好职业卫生“三同时”（建设项目职业病防护设施与主体工程同时设计、同时施工、同时投入使用）工作；督促 100 余家存在高温危害的用人单位落实高温作业劳动保护措施；对 13 家存在放射性危害因素的卫生医疗机构及非医疗机构进行摸排调查及监督指导；对 13 家存在水泥粉尘、铅、苯、噪声等危害因素的企业、工作场所进行职业病危害因素监测；对 30 多家重点有色金属冶炼企业开展尘毒危害专项治理；对全区 200 多家企业进行职业卫生及资料归档指导；开展职业卫生专项检查 113 家。

开展“全国第十九个《中华人民共和国职业病防治法》宣传周”宣传活动，印发职业病防治知识宣传资料 38500 份。组织召开全区职业健康工作培训会，参会企业 205 家，培训职业健康管理人员 306 人。

【艾滋病防治】 以宣传教育和行为干预为重点、阻断传播为目的，落实各项综合防治措施，将艾滋病防治工作纳入中心重点工作。对符合相关条例的患者实施“四免一关怀”（免费的抗病毒治疗、免费的自愿咨询检测、免费的母婴阻断、免费的义务教育、关怀艾滋病病人以及艾滋病病毒感染者）“三免一补助”（免费检测、体检、随访和救治补助）政策。全年艾滋病救助支出11.98万元；定时对区内娱乐场所人员开展艾滋病防控宣传教育；4—6月，按时完成国家级哨点监测工作；9—10月，开展“学校艾滋病宣传日”宣传活动；12月1日（世界艾滋病日），联合黄金岭街道卫生服务中心在锦晖广场开展以“生命至上 终结艾滋 健康平等”为主题的性传播疾病大型宣传活动。

【地方病、慢性病防治】 定期到章贡区疾控中心收集肿瘤发病卡，对户籍为经开区的肿瘤病人进行建档、 随访和管理。全区死因监测和肿瘤登记工作覆盖率100%，报告死亡率6.32‰，肿瘤病例报告发病率192.73 /10万、死亡率106.92 /10万；尘肺病患者131人，其中死亡122例、存活9例；完成3个健康支持性环境创建，培养健康生活方式指导员200名。

【病媒生物预防控制】 全年开展鼠类夹夜法监测6次、成蚊诱蚊灯法监测16次、幼蚊路径法监测6次、伊蚊双层叠帐法监测9次、伊蚊布雷图指数法监测9次、蝇类笼诱法监测8次、蟑螂粘捕法监测6次。采集1100只标本送至市疾控中心，其中白纹伊蚊200只、致倦（或淡色）库蚊成蚊200只、伊蚊孑孓300只、家蝇200只、德国小蠊200只。

【免疫规划管理】 以乡镇为单位，为适龄儿童实施国家免疫规划疫苗接种，接种率95%以上，非免疫规划疫苗接种72347剂次。2—3月，对2016年5月1日后出生儿童进行脊灰疫苗等免疫规划疫苗查漏补种活动，补种率96.51%。全年完成国家免疫规划疫苗接种73825剂次。

【实验室建设】 年内，区疾控中心实验室完成PCR实验室（含新冠病毒核酸检测实验室）、免疫实验室、微生物细菌实验室、理化实验室建设。陆续开展新冠病毒、HIV、沙门氏菌、志贺氏菌、甲肝、丙肝、戊肝、梅毒等32个项目检测。PCR实验室全年采集检测新冠核酸样本35817份，其中人员29972份，外环境5845份；HIV实验室全年筛查476人次。分批选派人员至上级机构跟班学习，开展业务培训24次。

【健康教育宣传】 4月21日，在黄金岭杨梅村、湖边镇湖边村开展以“健康中国健康家——关爱生命 科学防癌”为主题的宣传活动。5月20日，在赣州经开区大坪明德小学开展“全民营养周 健康巡讲进校园”宣传活动。9月18日，在西城广场开展以“三减+三健 健康新动力”为主题的健康宣传活动。9月23日，在赣州市蟠龙中心小学开展以“口腔健康 全身健康”为主题的健康知识讲座。11月11日，在湖边社区开展慢性病系列宣传日知识讲座。区内选手在11月举办的赣州市居民健康素养大赛中分获团体二等奖、知识竞赛二等奖、技能情景表演三等奖。2名选手在12月市级健康科普讲解大赛中分获乡镇（社区）医疗机构组二等奖、三等奖。拍摄制作的健康科普视频《“疫”战飞扬》在“学习强国”App、“欧潭融媒”公众平台中播放，并在2021年江西省疾控系统健康科普大赛微视频类健康科普作品中获一等奖。

（康曦匀）

本栏编辑：王 颖

应急管理

安全生产监管

【概况】 2021年，赣州经开区未发生较大及以上安全生产事故，亡人事故起数、死亡人数同比下降12.8%、10.8%，年内，建筑施工领域2起，死亡2人；消防安全领域发生火灾事故78起，未发生亡人火灾，其他行业领域未发生亡人安全生产事故。在经济总量快速增长的同时实现事故起数、亡人数量双下降。

【安全生产责任制】 根据职能变化及时调整安委会及13个专业委员会，明确全年工作任务、责任部门及“一控制、三确保”（死亡人数、较大事故起数控制在前5年平均数以内；确保不发生较大以上安全事故，确保不发生社会影响特别恶劣或者性质特别严重的安全生产事故，确保安全生产形势持续稳定）工作要求。根据全区安全生产巡查工作制度要求，开展对湖边镇、凤岗镇、科技城管理处、经发局等10个单位的安全生产巡查督导，压实各地、各部门（单位）安全生产责任。开展单位主要负责人履职情况专项执法检查，召开主要负责人谈心谈话会，狠抓企业“十个一次”“五个一”要求的落实。落实企业安全生产履职报告“一报告、双签字”（企业主要负责人每年报告安全生产工作和个人履职安全生产管理职责的情况；履职报告须经企业法定代表人、实际控制人签字认可）措施，推动企业线上管理隐患排查治理工作。

【安全生产专项整治】 开展安全生产专项整治十大攻坚战，完成整治任务84项，整治安全隐患6556项，管控安全风险17667处。开展房屋隐患排查，发现疑似问题房屋115栋，对存在现实安全隐患的疑似问题房屋下达整治通知单，落实安全管控措施。开展燃气专项整治，整治各类不符合要求直排式热水器39个，燃气管道、阀门安全隐患123处，未安装燃气探测报警装置98处。

【安全生产标准化建设】 对重大行政执法决定和规范性文件实行严格法制审核制度，年内，审核行政执法决定26件，包含行政相对人15个，涉及行政处罚金额376.49万元。开展安全生产标准化建设，截至年底，全区安标化达标企业377家，其中矿山2家、危化17家、工贸349家、燃气2家、道路运输7家。探索安全生产领域信用体系建设办法，稳步推进信用体系建设，全年在省、市信用信息平台公示行政许可21件，行政处罚5件。

【安全生产宣传培训】 按照线上为主、线下为辅原则，组织各乡（镇、街道、管理处）、各行业部门召开动员部署会，开展安全生产宣传活动，观看“生命重于泰山”电视专题片380余场；开展学习习近平总书记安全生产重要论述活动230余场。安装固定安全教育广告200余处，发放宣传资料8.4万余份。组织职业技能提升行动（低压电工、焊工）培训班2期，35家企业83名企业职工顺利完成培训任务并取得培训合格证和特种作业操作证书。组织工贸行业企业主要负责人和安全管理人员培训班2期，全区240余家工贸企业，500名企业主要负责人和安全管理人员参加培训。

（沈锦蓬）

防灾减灾救灾

【概况】 2021年，区应急管理局稳步推进防灾减灾救灾、森林防灭火、防汛抗旱等工作。开展隐患排查工作，重点时期深入一线，对野外火源、山塘水库、河堤防洪等隐患点进行排查。做好灾后救助工作，发放冬春救助资金约55万元，棉被500余床，救助663户。开展农房保险工作，为22298户农户购买政策性农房保险。牵头组织各地、各部门全面开展应急系统综合风险普查工作。全年未发生森林火情、涝灾及地质灾害。

【应急管理体制机制建设】

年内，整合安全生产、防灾减灾救灾、森林防灭火、防汛抗旱等各项职能，完善“两委三部”（安全生产委员会、减灾委员会、防汛抗旱指挥部、森林防灭火指挥部、抗震救灾指挥部）的指挥协调机构，推动形成“大安全、大应急、大减灾”的应急管理新格局。

【应急救援能力提升】 引导赣州市红十字救援队、蓝天救援队2支社会救助队伍进驻赣州经开区；建成集视频会议、图像接入、集中控制、数据共享等多功能的应急指挥信息平台。开展防灾减灾宣传教育“五进”活动25场78204人次，推送应急知识300条次，张贴防灾海报900余张，发放宣传折页1万余份；组织开展大型综合应急演练和各类单灾种应急演练300余场10864人次。采购大疆御2行业版无人机、4G单兵图像传输设备用于火情侦查及研判，采购扑火服、风力灭火机、电锯、二号工具等17类森林防灭火物资和柴油抽水泵、救生衣、救生圈等19类防汛抗旱物资。

（沈锦蓬）

4月21日，区应急管理局在湖边镇横江村红旗水库组织开展防汛救灾应急演练（区应急管理局供图）

消防救援

7月22日，区消防救援大队在凤凰路赣州丰裕五金塑胶有限公司火灾现场进行作战力量部署　（区消防救援大队供图）

【概况】 2021年，区消防救援大队聚力打造党建新高地、队站升级版、防控精密网、善战专业队、典型增长极，推进消防救援工作和队伍建设高质量发展。

【消防工作责任制落实】 区消防救援大队向区社管局、区住建局等重点行业部门发送提示函、建议书160余份，会同区社管局做好开学季和中考期间消防安全工作，检查培训机构69家，督促整改隐患300余处。组织辖区内二级消防安全重点单位责任人和管理人召开集中约谈会10次，组织专家对辖区3家大型商业综合体开展消防安全管理达标创建工作。

【火灾隐患排查整治】 全年检查社会单位535家，整改火灾隐患255处，处理行政处罚案件32起，临时查封1处，三停（停产、停业、停止施工）4家，罚款33.35万元，提请政府挂牌督办重大火灾隐患单位3家，检查“九小”（小学校或幼儿园、小医院、小商店、小餐饮场所、小旅馆、小歌舞娱乐场所、小网吧、小美容洗浴场所、小生产加工企业）场所、沿街店铺13410家次，排查火灾隐患4638处，督促推广安装独立式感烟报警器7969个，社会单位完成智慧消防建设83家。

【消防设施建设】 赣州新能源科技城消防站完成主体装修，赣州经开区西城区消防救援站取得建设工程规划许可证和建设用地规划许可证，6个城市小型消防救援站、4个乡镇政府专职队完成队站正规化升级改造。

【灭火救援】 区消防救援大队全年接警627起，其中火灾254起，抢险救援162起，社会救助127起，其他出动84起。出动车辆1754次、人员10401次，抢救被困人员20人，疏散被困人员26人，抢救财产价值2814万元，保护财产价值5774万元。

【消防宣传教育】 区消防救援大队创新宣传手段，全年上门入户13410家次，发放宣传单23650余份；“摩托化”宣传7150次，“大喇叭进村”宣传248次；广告投放1200次，开展“亮屏”9890次，发送消防提示短信5800余条，“大篷车进村”宣传288次，消防安全进校园35次；消防体验站开放80次，接待人数3513人次；开展“一警六员”实操实训考核，培训4065人；开设15次消防“云课堂”，累计观看1.6万人次。

（陈文生）

本栏编辑：丁　璇

社会保障与事务

劳动保障

【概况】 2021年，区综合执法大队贯彻落实国务院《保障农民工工资支付条例》，探索创新工作方法，接待各类劳资纠纷举报投诉3141次，为22647人追回工资近2亿元。赣州经开区获赣州市2021年度全市根治欠薪工作通报表扬。

【劳动监察执法】 区综合执法大队全年开展专项检查执法活动3次，走访在建项目工地、企业232家。协助办理退还建筑项目农民工工资保障金189笔1.1亿元。与区住建局、区房管所等部门联合，开展辖区在建项目劳资纠纷隐患大排查、大化解工作。走访排查在建项目48个，摸排劳资纠纷、欠薪问题线索87条。

【劳动仲裁】 调处各类劳动人事争议，依法处理劳动争议案件358件，涉及劳动者596人金额1986.5万元。在全市率先成立“仲裁＋工会＋法院”劳资纠纷多元化解中心，调解案件50余起。针对薪资拖欠、人数较多、案情复杂的仲裁案件，启动速裁程序。坚持以调解为主，设立法律援助律师及人民调解员参与的案前调解，围绕存在争议的要素事实进行审理并快速调解裁决。全年解决重大群体性欠薪案件10起。

【劳资维稳】 全年处理群众信访件2055件，其中“12345”政府服务热线1650件，信访系统209件，网络舆情9件，问政赣州158件，其他网络信访案件29件，按期回复率100%。

6月8日，工作人员正推广运用全省“智慧仲裁”平台 （区综合执法大队供图）

【农民工实名制信息监管】 年内，协助全区在建项目工地设立农民工工资实名制信息监管系统账户123个，预存资金21.5亿元，为3.7万名农民工发放工资20.38亿元，发放农民工工资总量全市排名第一。

【企业用工指导】 通过召开企业用工指导培训会、上门宣传等形式，帮助企业抓好和谐劳动关系建设、防范化解劳动关系矛盾风险。全年组织召开培训会1次，走访企业300余家，解决企业用工问题近500个。

【法制宣传】 将执法办案和普法宣传有机结合，结合日常巡查、专项检查等执法工作，向区内在建项目工地、企业发放《农民工工资保障条例》《劳动保障法律法规汇报》等宣传资料4000余份，促进用人单位自觉规范用工管理，提升农民工依法维权意识。

（唐紫玲）

就业服务管理

【概况】 2021年，全区新增城镇就业10365人，农村转移劳动力3256人，城镇登记失业率控制3.27%。出台支持企业发展用工惠企政策27项，落实各类就业补贴政策3076.38万元，惠及企业670余家、18084人次，入驻企业790余家，吸纳就业8340人。

【职业技能开发】 全年培训12391人次，完成培训任务的154.88%，拨付培训补贴1219.8万元。其中，使用技能提升资金758.19万元，就业补助资金416.82万元，地方财政资金44.79万元。

【创业政策落实】 全年新增发放创业担保贷款6039.9万元，完成全年任务的172.57%，扶持中小企业及个体户182家，按期还款率100%。积极推动见习基地申报，鼓励机关事业单位和企业见习基地吸纳见习生，缓解就业压力。全年新招募见习生90人，拨付见习补贴71.65万元。截至年底，全区有大学生青年见习基地101家，其中机关单位49个、企业50家，社会组织2个（赣州市厚德学校和赣州市文清外国语学校），新认定企业见习基地8家。通过政策引导扶持，补贴123家初创企业运营费192.04万元。

【就业帮扶政策落实】 落实就业帮扶政策，巩固就业扶贫保障成果，健全防止返贫动态监测机制。通过外出务工交通补贴、提高岗位补贴标准等举措，引导9000余名区内脱贫劳动力外出务工，累计发放各类乡村振兴就业补助资金1664.54万元。全区46家帮扶车间吸纳510名脱贫劳动力在家门口就业，发放帮扶车间相关补贴227.73万元，2205名脱贫劳动力享受岗位补贴671.46万元，7620名脱贫劳动力享受外出务工交通补贴276.84万元，20名脱贫劳动力享受一次性创业补贴10万元，为企业发放新招用23名脱贫劳动招工补贴1.61万元。公益性岗位安置就业困难人员1021人，发放扶贫公益性岗位补贴746.49万元。培训脱贫劳动力125人，发放培训生活费及求职补贴7.25万元。

【农民工工资保证金缴交】 推行以保险保函和银行保函缴交农民工工资保证金。赣州经开区与中国人寿财产保险股份有限公司赣州市中心支公司等4家保险公司签订保险保单协议，与农商银行开发区支行等6家银行签订保函合作协议。全年办理保险保函业务99笔，合计金额14513.93万元；办理银行保函业务8笔，合计金额1268.73万元。

（李毅鹏）

社会保险

【概况】 2021年，赣州经开区城乡居民养老保险工作稳步发展，做好保费征缴及全区年满60周岁以上城乡居民基础养老金发放等工作。全区城乡居民养老保险参保人数79325人，其中应缴费人数43731人，足额缴纳保费人员34221人，保费征收率78.25%。

【待遇发放及核查】 建立城乡居民养老保险待遇发放备用金制度，按月及时足额发放城乡居民养老保险待遇。全年城乡居民养老保险待遇发放197721人次6773.08万元。

【丧葬补助金制度】 建立城乡居民养老保险丧葬补助金制度，政策执行面和享受人数不断提高，人群覆盖质量有效提升。全年丧葬补助金支出人数535人，支出金额153.94万元。

【政府兜底保障】 全面核查符合区内城乡居民养老保险政府代缴的返贫致贫人口、城镇脱贫解困人员、低保人员、特困人员及其他特殊人员底数，并及时向区财政申拨，落实政府代缴兜底政策，为全区符合城乡居民养老保险政府代缴兜底保障7094人进行代缴，政府代缴参保率100%。年内发放城乡居民养老贫困人员560名。

（曾美凤）

医疗保险

【概况】 2021年，赣州经开区城乡居民医疗保险参保人数187218人，参保率98%。申报各级财政基金配套补助资金9824.1万元，基本医保基金运行平稳。

【基本医疗保障】 年内，继续落实脱贫人口县域内住院“先诊疗后付费”和“一站式结算”制度，确保脱贫患者住院报销比例达90%的适度目标。建立因病返贫致贫动态监测机制，防止脱贫人口因病返贫致贫。为全区20828名脱贫人员代缴城乡居民基本医疗保险645.67万元，购买大病保险156.21万元，购买疾病医疗补充保险522.47万元，资助脱贫人口参保率100%。城乡脱贫人口住院结算5666人次，总医疗费用5508.81万元，总报销费用4961.95万元，报销比例90.07%。建立门诊统筹制度，全区5家乡镇卫生院、55家村卫生室均开通门诊统筹刷卡报账功能，乡镇卫生院报账148593人次，总医疗费用1361.4万元，医保基金报账844.46万元；村级门诊统筹报账20618人次，总医疗费用120.54万元，医保基金报账83.06万元。

【新冠疫苗接种资金保障】 做好新冠病毒疫苗及接种资金保障工作，核算接种费用预算专项资金298.93万元，核算新冠疫苗费用2690.35万元打入省社保基金疫苗费用预算专项基金专户。按省级下达569371接种剂次，支付辖区内接种医院新型冠状病毒疫苗接种费用398.56万元。

（肖晓梅）

养老服务

【概况】 2021年11月，区养老服务中心正式运行。全年完成50户困难老年人家庭适老化改造任务。区黄金岭街道办事处接收价值150万元的适老化器具捐赠，惠及家庭269户。金凤梅园养老服务项目建设达到时序进度；嵌入式养老项目——瑞宁康养中心12月揭牌。8个村（居）居家养老服务点建设项目提前施工。长江村获评农村互助养老服务省级示范点。

12月7日，凤岗镇敬老院开展爱心捐赠活动　（区养老服务中心供图）

【特殊困难老人关照】 依托购买社会服务，借力邻里互助等形式，实现特殊困难老年人月探访率100%。组建区、乡、村三级孝老爱亲志愿服务队伍，联合赣南师范大学、三江学校、凤岗中学、湖边中学在敬老院建立志愿服务基地，携手爱心企业、人士捐赠粮油棉被、冬日暖包。12月7日，区养老服务中心赴凤岗镇敬老院开展爱心捐赠活动，捐赠大米38袋，食用油38瓶，面条38份（2.5千克）。

【养老护理人员培训】 组织开办全区第一届养老护理员培训班，培训意向从业养老护理人员78人；组织养老机构管理人员参加省、市培训16人次；组织乡镇分管领导、民政所所长、养老服务机构管理人员外出参观考察19人次。

【安全风险防控】 走访全区分散供养人员，劝送7名符合条件的失能人员入住市（祥瑞）老年公寓。强化养老机构质量安全，湖边、三江、凤岗3所敬老院消防改造全面完成，视频监控全部接入“雪亮工程”。开展消防、食品安全检查23次，排查整改安全隐患22处。养老机构从业人员和老人均按要求接种新冠疫苗。定期排查养老机构防非法集资隐患，全年未发生养老领域非法集资事件。

【政策保障】 发挥财政支持作用为引导，全面核查并及时向区财政申拨经济困难高龄老年人养老服务补贴，为全区符合条件的老人发放补贴9.33万元，做到应发尽发。

（朱道莉）

关心下一代工作

【概况】 2021年，区关工委以立德树人为根本任务，围绕“传承红色基因，争做时代新人”主题教育为重点。开展“三防”（防溺水、防交通安全事故、防心理障碍）工程、筹集关爱基金、三级联创“五好关工委”等工作，被评为“全省关心下一代工作先进集体”。

【爱国主义教育】 联合区党群部、区企工局、区社管局、区总工会、区团工委、区妇联联合印发《“传承红色基因，争做时代新人”主题教育方案》，开展“传承红色基因 争做时代新人”“好家风 育新人”等主题教育，组织广大青少年学党史，颂党恩，组织“五老”宣讲团到各中小学、企业、村（社区）、机关开展党史宣讲和专题党课600余场次，覆盖5.3万人次。

【关爱青少年行动】 全区“五老”联合驻村帮扶工作队、乡村干部开展大规模结对帮扶帮教帮学及“暖冬行动”活动。在生活上，组成帮学小组为残障儿童送教上门，为贫困青少年送去手套、棉被等寒冬用品并发放爱心卡。全年慰问贫困青少年567名，捐助爱心款及暖冬用品折合现金约12.9万元，通过线上募捐、线下配捐等方式扩容关爱基金。截至年底，区关爱基金募集总额达216.8万元。

将关心下一代工作有效融入新时代文明实践。打造龙岭村历史馆、湖边803社区历史展馆、幸福时光小区“红色元素长廊”及“红色影院”等青少年教育基地，向市关工委争取，将贺焕文革命烈士墓和郭大力故居评为市级青少年教育基地，为辖区青少年营造良好的育人环境。

【企业关爱组织建设】 企业关爱组织建设 联合区党群部、区企工局和区“两新”工委制定印发《关于加强企业关心下一代工作的意见》等文件，明确由党建指导员担任企业关工委负责人，强化企业关工委领导。截至年底，全区有37家企业建立关心下一代工作组织。

新时代关工委组织建设 开展三级联创“五好关工委”活动，区、乡（镇、街道、管理处）、村（社区）实现组织和工作“两个覆盖”，中小学由有型覆盖向有效覆盖转变，进一步向村（居）民小组和企业延伸。年内，乡镇“五好关工委”覆盖率达80%，村（社区）“五好关工委”覆盖率达96%。

（黄 昊）

民政事务

【概况】 2021年，赣州经开区践行“民政为民、民政爱民”工作理念，统筹推进疫情防控和民政事业改革发展，扎实做好“六稳”工作、全面落实“六保”任务，推动民政事业高质量发展。

【社会救助】 年内，全区有低保户2518户4749人。其中，城市269户469人，农村2249户4280人，按照城（785元/月）、乡（515元/月）标准，全年发放低保资金2332.96万元。全区特困供养人员399人，其中城市供养14人，农村供养385人，城乡供养标准分别为1023元/月、670元/月，全年发放供养资金408.04万元。为8名孤儿，按1200元/月标准发放补助资金11.16万元。实施临时救助901人次，发放临时救助资金39.2万元。

【基层民主和社区建设】 在全区82个城乡社区建立社区服务站且均设有协商功能区，占比100%。其中，面积高于300平方米的城镇社区服务站占90.24%，按江西省绿色社区创建“六化”（组织体系规范化、平台建设标准化、办事服务便捷化、协商议事制度化、居民活动常态化、生活环境宜居化）指标，建设14个城乡社区作为示范点，82个村（居）委会设立协商议事场所，成立理事会，建立健全民主议事、民主管理机制，完善矛盾纠纷排查和调处等制度，把村（居）民理事会引入制度化、规范化的轨道，确保村（居）理事会按章理事，发挥作用。82个村（社区）推选产生村（居）务监督委员会成员，实行社区党务、居务、事务、财务、综治“五公开”，强化民主监督。

【婚姻登记】 全年办理婚姻登记业务1636对。其中，办理结婚登记1020对（补办结婚登记11对），办理离婚登记332对，补发结婚证272对，补发离婚证12对。

【未成年人保护】 全年发放45名事实无人抚养儿童基本生活补贴48.96万元，为纳入“福彩圆梦·孤儿助学工程”的3名孤儿发放助学金3万元。清明、春节前后在6个乡镇开展农村留守儿童和困境儿童关爱保护“政策宣讲进村（居）”活动。7月，成立赣州经济技术开发区未成年人保护工作委员会。举办赣州经开区儿童主任培训，学习《中华人民共和国未成年人保护法》修改和完善的内容，对孤儿、事实无人抚养儿童、留守儿童和困境儿童的基本政策及“六大保护”进行解读。

【殡葬改革】 落实基本殡葬服务免费制度及直接核免等殡葬惠民政策5项，提供基本殡葬免费服务414人，免费金额74.51万元。清明节期间开展“清明代祭扫”活动，引导群众移风易俗，摒弃“无火不成祭”的祭扫陋习。开展墓区墓穴建设、绿化等工程，新建墓穴1万穴。持续推进“三沿六区”专项整治工作，全年整治可视坟墓829穴。

【社会组织管理】 全年有登记备案社会组织88个，其中民办非企业组织74个，社会团体组织14个。年内新增民办非企业组织1个，社会团体组织3个，2021年度年检社会组织55个。

【边界与地名管理】 依托城乡环境整治的数字城管平台，按照“属地管理”原则督促责任单位对10个倾斜、损坏、混乱的路名牌进行维护和更换。纳入不规范地名清理整治范围的圣地亚哥、塞纳春天小区分别更名为聆江豪庭和金岭春天小区。配合章贡区完成黄金岭街道与潭东镇、蟠龙镇与谭东镇行政区域界线联检工作。

（黎明露）

【民族宗教工作】 落实宗教“三级网络两级责任制”，全年组织宗教干部到宗教场所开展调研走访60余次。对全区宗教场所2处建筑安全、22处消防安全隐患进行排查整治，并在宗教场所全覆盖开展“四进”（国旗、宪法和法律法规、社会主义核心价值观、中华优秀传统文化进宗教活动场所）活动。6月25日，组织宗教界人士赴南康、于都开展“爱党爱国爱社会主义”主题教育。8月10日，赣州市穆斯林墓区搬迁签约仪式举行，湖边镇人民政府代表区管委会与赣州市清真寺管委会正式签约；9月，开展全区民族团结进步宣传月活动，全面摸排少数民族基本情况，在各村（居、社区）全覆盖开展民族团结进步宣传。10月25日，赣州市清真寺管委会对墓区首座坟墓举行搬迁宗教仪式，12月24日，举办2021年度宗教业务培训班，邀请省民宗局专家对全区205名宗教领导干部进行专题授课，全面提高新形势下民族宗教工作整体水平。

（徐 祯 肖伟栋）

本栏编辑：王 颖

乡镇 街道 科技城 高铁新区

黄金岭街道

【概况】 黄金岭街道位于赣州经开区东部，东毗章贡区章江街道，西接蟠龙镇，南隔章江与赣州蓉江新区相望，北靠香江大道与赣州经开区湖边镇相邻。下辖金星村、黄金村、大坪村、杨梅村4个行政村，金岭路、金东南路、香江、金坪路、民生路、滨江南路、金丰路、金东北路、七一九矿等9个社区居委会，以及七一九矿管委会，有商住小区83个，村民小区（含返迁安置房、自建房）23个。辖区面积为16.54平方千米，常住人口近13万人。辖区内有新都汇、大润发时代、锦晖广场等商业综合体，有赣州市第五中学、赣州厚德书院等学校39个，赣南医学院第一附属医院黄金院区等医疗机构27家，金融机构19家。

【基层党建“三化”建设】 完成13个基层党组织换届选举。开展党史学习教育，构建“领导班子+支部书记+志愿者”的党史宣讲体系，开展宣讲37次、专题党课15次。发挥村（社区）新时代文明实践站平台作用，着力打造七一九矿社区、金坪路社区、民生路社区新时代文明实践站。开展“我为群众办实事”实践活动，解决群众“急难愁盼”事件10件。推进“10分钟为民服务圈”改革做法，处理群众反映问题830个，打通服务群众的“最后一公里”。

【脱贫攻坚与乡村振兴衔接】 开展“三类监测对象”全面摸排10次，逐户核实124户疑似返贫对象并建立相关佐证材料，识别纳入“三类监测对象”4户18人。按照“四个不摘”要求，资助家庭经济困难学生226人次8.8万余元，落实“雨露计划”政策77人次12.9万元，脱贫人口“四道医疗保障线”住院结算154人次256.8万余元，发放农村最低生活保障资金325人146.6万余元，发放特困供养资金8人6.4万余元。理赔1起“防贫保险”2.2万元，长效巩固脱贫攻坚成果。

【返迁房安置】 全年组织返迁房分配7次，完成章江E5地块、E6地块、杨梅棚户区改造安居小区、章江B21地块、金星新城、金星棚户区改造安居小区、章江E3地块、章江A8地块等8个地块返迁房分配，安置拆迁群众2829户，分配返迁房6024套69.3万平方米。分2批次分配160块返迁地，安置拆迁群众160户。

黄金岭街道村集体经济不断壮大。图为9月金星村出租地段
（黄金岭街道供图）

【城市管理】 完成28部电梯的加装备案工作。加大对辖区环境卫生整治力度，全年拆除违法建筑22处7600平方米，清运垃圾杂物1000余车，清理卫生死角、小广告千余处，整治占道、出店经营、车辆乱停乱放1000余处。

【村集体经济发展】 年内，4个村实现村集体经济收入2523.9万元，超额完成全年目标，同比增长30%。其中，大坪村实现村集体经济收入1028.8万元，金星村实现村集体经济收入1009.3万元，成为赣州经开区首批村集体经济收入突破千万的行政村。

【民生保障】 常态化推进疫情防控工作，全年接种疫苗165118剂。全年发放创业贷款559万元，为园区企业输送劳动力533人，培训劳动力48人（贫困劳动力6人）。办理失地农民退休待遇核算141人，落实扶贫车间运行费补贴7.5万元。发放贫困劳动力就业岗位补贴332人次21.12万元，发放贫困劳动力务工交通补贴271人8.89万元，发放劳动力一次性创业补贴10人5万元。发放城乡低保资金206.4万元，临时救助41户77人7.23万元，发放残疾人两项补贴2740人次21.6万元。

【平安建设】 13个村（社区）划分73个网格区，完善网格化服务管理。组织消防安全培训6次，开展法治宣传活动10余次。“和合”商事调解室调处矛盾纠纷117起，办理省长信箱、市长信箱、民声热线、上级转办等阳光信访123起，按期办结率100%。本级接访285起838人次，回复率100%。处置信访、投诉、求助事件352起。开展“扫黑除恶”“反电诈”等宣传活动130余次，制作并发放各类宣传资料材料7万余份，宣传手袋1000余个。整治小区内占用消防通道、私拉电线、违规停放、电动车室内充电等问题300余处，协调有关部门处理辖区各类安全相关投诉问题18件，安全生产形势持续稳定。

（赖训才）

蟠龙镇

【概况】 蟠龙镇位于赣州经开区中部，镇政府距赣州市中心7千米，距赣州高速西出口3.3千米，赣州高铁西站5.8千米，赣州黄金机场9千米，是江西省100个重点建设的小城镇之一，下辖桃芫村、水碓村、杨坑村、车头村、田心村、杨边村、蟠龙村、章甫村、河坝村等9个行政村及蟠龙居委会、西城广场、金凤、栖凤4个社区，村民小组127个，辖区面积27.92平方千米，户籍人口29703人，流动人口2.5万人。主要民族为汉族，其中车头村兰屋、谢塘2个村民小组为畲族。辖区内有金力永磁、孚能科技、赣南卷烟厂、章贡王酒业等大中小企业170余家；有赣州市第六中学、赣州文清国际学校等中小学校（幼儿园）40余所。

【基层党建“三化”建设】 年内，金凤社区、栖凤社区、桃芫村党群服务中心完工并投入使用。打造红色物业党建联建示范点：“西城说事”服务站，成立蟠龙镇物业联合党支部，超额超标完成村集体经济经营性收入任务，9个村集体经济经营性收入均在15万元以上，其中水碓村集体经济经营性收入430万元，4个村提前一个季度实现“百万强村”目标。

全年在省级媒体上稿2篇，“学习强国”上稿11篇，市级媒体上稿145篇，赣州经开区手机报发稿93条，网评文章29积分。水碓村张卿兰、曾祥荣获2021年上半年“江西好人”称号。蟠龙镇，章甫村、蟠龙村、车头村、田心村、杨边村、桃芫村6个村被评为赣州经开区第一届文明村镇。开展各类文明实践活动400余次，西城广场社区新时代文明实践站被评为赣州市五星级示范站。开展专项督导30次，下发督查通报20份。

规范基层“微权力”运行，查处民生领域“啃食”群众利益、党员酒驾醉驾等问题，全年立案9人，党纪处分9人。创新形式拓展信访渠道，开展“四风”问题“随手拍”信访举报有奖活动，设置信访宣传工作站15个。发放“光荣在党50周年”勋章87枚。

【脱贫攻坚与乡村振兴衔接】

做好“三类人员”摸排，全年审核确认“三类对象”9户39人，新增低保户23户43人、“五保”户1户1人，发放低保金298万元、“五保金”22.5万元，慰问金34.8万元，报销健康扶贫资金525.69万元，发放教育补助资金38万元。

推进城乡环境综合整治和农村人居环境综合整治，清理生活垃圾1.44万吨、建筑垃圾900余吨、大件垃圾140余吨，清理沟渠80千米、水塘43口、乱堆乱放3000余处、“牛皮癣”和破损广告等2100余处。开展“五净一规范”（院内净、卧室净、厨房净、厕所净、个人卫生净和房前屋内摆放规范）专项整治行动，整改658户。加大对各类违法违规行为的查处力度，整治违规摊点1256处，整顿占道经营作业1186处，查处乱停乱放车辆1456处。推进“两违”整治，拆除违法建筑1260平方米。

【征地拆迁与安置】 坚持以征地拆迁为重要抓手，为“蟠龙核心区”发展提供充足土地资源。年内，区管委会下达征迁任务4批次19个项目，实际开征黄金大道快速路、保税大道、蟠韵路小学、杨边弃土场一期、清溪南路（龙岗路—欧潭路）等17个项目。完成保税大道、水韵康居四期、栖凤山路（龙岗路—滨江南路）、杨边弃土场一期等9个项目销号。签订房屋征迁协议228户273栋52618平方米，征地25.33公顷，腾空拆除房屋226户271栋52036平方米。完成杨坑科技园、章甫科技园28家企业无偿搬迁。完成桃芫小区509间杂间分配，完成桃芫小区1447套、杨边一期988套公寓楼分配安置，安置征拆户1236户。

10 月，蟠龙镇西城广场社区新时代文明实践站　（姜玉磊摄）

【民生保障】 完成金凤、栖凤居家养老中心项目和蟠龙镇办证大厅项目建设。投入 800 万元改造圩镇强、弱电入地和电线杆拆除工程，投入 57.96 万元维修桃芫村塘坝、水渠等水利设施。安装太阳能路灯 410 盏，河坝、田心、章甫、车头 4 个自建房返迁安置点建成供电设施，加装锦绣新天地小区既有住宅电梯 2 台。

常态化推进疫情防控工作，全年接种疫苗 109529 剂。发放民政救助款 837 户 2982 人 402.67 万元。开展“解忧暖心传党恩——情暖万家”行动，投入 1.36 万元为困难群众解决政策性问题 3 个。完成章甫村、栖凤社区示范点建设，章甫村获评江西省“绿色社区”称号。夯实公共就业服务，开展送岗下乡招聘会 2 场，上企应聘 1 场，为企业输送劳动力 400 余人。西城广场社区获评江西省星级充分就业社区，完成创业担保贷款 415 万元。

【平安建设】 年内，化解信访积案 7 件，签订停访息诉协议 15 份。完善镇级综治中心建设，打造桃芫综治中心示范点建设，达到有组织、人员、场所、设施、制度的“五有”标准。召开矛盾纠纷排查工作会 13 次，化解矛盾纠纷 113 起，化解率 100%。辨识管控风险点 2 处，排查整治安全隐患 246 条。整改农村道路安全隐患 16 处。检查生产经营单位 88 家，责令限期整改 21 家。组织开展防灾减灾咨询、地震灾害应急避险演练等活动，做好第一次全国自然灾害综合风险普查，增强广大群众的防灾避险意识和能力。

（石发斌）

湖边镇

【概况】 湖边镇位于赣州经开区北部，北与章贡区水西镇毗邻，西南面与蟠龙镇、凤岗镇交界，南面与黄金岭街道接壤。境内有 105 国道、厦蓉（瑞赣）高速及昌赣客运三大交通干线。下辖湖边村、龙岭村、社前村、梨园村、涌泉村、官田村、善边村、岗边村、叶山村、横江村、坳头村、蛤湖村 12 个行政村及湖边、803、金榜路、华昌路、华裕路 5 个社区，村民小组 172 个、居民小组 41 个，辖区面积 70.6 平方千米，户籍人口 42386 人，其中农业人口 8524 户 29532 人。辖区内有江西环境工程学院 1 所大专院校、中学 2 所、小学 3 所、公办幼儿园 2 所。有文化活动场所 18 个，有梨园民居（九井十八厅）、贺焕文烈士墓等市级文物保护单位。

【基层党建“三化”建设】 全年召开党委会 48 次、中心组学习会 16 次。推进基层党组织标准化建设，印发《2021 年全镇基层党建工作要点》，组织召开全镇党建工作会议 12 次，对基层党组织现场指导 4 轮，发放提醒函 48 份，集中汇报 2 次。开展组织生活会和党员民主评议，民主评议党员 912 名，评议为优秀 202 名、合格 708 名、 基本合格 2 名。发展党员 32 名，其中致富带头人 5 名，后备干部 10 名。开展精神文明建设，湖边镇被评为区级“文明乡镇”，8 个村被评为区级“文明村”。推进党委、村（社区）“两委”、人大换届工作，完成从五届党委到六届党委的换届，选举产生湖边镇六届党委委员 11 名，纪委委员 7 名。完成 17 个村（社区）换届，选配村级党组织班子成员 77 名。开展党史学习教育，开展宣讲 40 次，发放“光荣在党 50 年”勋章 228 枚，开展“我为群众办实事”实践活动，解决群众“急难愁盼”问题 46 个（件）。

【脱贫攻坚与乡村振兴衔接】 全镇有脱贫户 811 户 2583 人，其中 10 户 29 人纳入“三类对象”监测。完成总投资 1048.8 万元衔接资金项目 6 个。通过全省巩固拓展脱贫攻坚成果考核、财政衔接资金项目绩效评价。城乡居民医疗保障实现全覆盖。全年纳入城乡低保户 487 户 880 人，发放低保金 360 余万元，新纳入残疾人两项补贴 17 人。落实“林长制”，加大森林抚育力度，投入 59.9 万余元用于松材线虫病防治，除治面积 1778.47 公顷，除治疫木 3104 株，清除 28 户农户 42 处房前屋后疫柴 12.6 平方米。做好全镇 38.33 公顷低质低效林的改造验收工作，落实生物防火带建设，蛤湖村建设生物防火带 28.8 千米。建成垃圾分类收集点 25 处，2021 年湖边镇获评农村人居环境整治先进乡镇，横江村和梨园村获评全区人居环境整治四季度农村组和返迁小区组“双第一”。善边村、蛤湖村被赣州经开区党工委、管委会评为“美丽村庄”。

新装路灯 504 盏，建投新农村建设点 9 个，完成蛤湖、圳头、涌泉 3 个村管道自来水安装工程，蛤湖、横江打井工程，实现“村村通自来水”。推进“厕所革命”，完成农户家庭卫生改厕 22 户。推进农村集体产权制度改革，发放股权证 6865 份，完成率 100%。12 个村集体经济经营性收入突破 440 万元，增长 11.08%。

【征地拆迁与安置】 全年完成征迁项目销号 29 个，征收土地 134.30 公顷，征收房屋 714 栋 26.46 万平方米，迁坟 1074 穴，分别占全区的 59%、42%、31%。完成社前等 5 个村 806 块返迁宅基地分配，安置公寓楼 2265 套，完成返迁房质量维修 279 套。

湖边大道新貌　（2021 年，廖万茂摄）

【民生保障】 常态化推进疫情防控工作，全年接种疫苗99179剂。对排查出的境内重点地区返赣人员1015人，境外返回人员39人，落实“四早”（早发现、早报告、早隔离、早治疗）要求，监督做好居家健康监测和核酸检测。

【城乡环境整治】 完成赣深高铁沿线立面改造、江边巷老旧小区改造，湖边社区教师楼、湖苑巷1号老旧小区改造完成前期工作。完成中海、碧桂园、保利等10余个商业小区，涌泉科技园、横江科技园等10余个产业园建设，完善赣州现代电子科技城基础设施。

【平安建设】 全年调解各类矛盾纠纷186件，涉及当事人450人金额680万元，调解成功172件，其中重大疑难纠纷5件。处置赣港三期324套公寓楼电费收缴工作，每月节省垫付电费7万元。推进梨园村综治示范点、叶山村“党建+综治”示范点及梨园安居社区、赣港康居社区、宜居小区智慧安防小区建设，其中梨园智慧安防小区示范点接受赣州市人大代表、政协委员集中视察，典型经验在江西电视台展播。创新退役军人服务做法得到上级表彰，湖边镇退役军人服务站被评为全省“红色退役军人服务站”。全年开展非煤矿山督查检查34次，发现安全隐患19个，整改到位16个，下发整改通知书2份；检查“九小场所”480余家，发现问题605个，下发整改通知书55份。做好应急管理、防灾减灾救灾工作，强化防汛防火防溺水宣教，出动宣传车45次、发放安全知识和消防宣传单页3000份、禁火令公告1500张、安全提示短信8000条。

（廖云嵩　王　菲）

凤岗镇

【概况】 凤岗镇位于赣州经开区西部，厦蓉高速、大广高速、赣丰线、迎宾高架快速路穿境而过，东与蟠龙镇相依，西与南康区唐江镇为邻，南临上犹江与三江乡隔河相望，北与南康区十八塘乡相连。下辖朱家村、大塘村、岗孜村、路塘村、横岭村、龙泉村、塘屋村、长江村、长田村、长胜村、黄龙村、天子地村、南边村、峨眉村、龙江村、蔗山村16个行政村，和凤岗社区1个社区，共有村民小组233个，居民小组22个。辖区总面积63平方千米。其中，陆地54.6平方千米，占86.7%；水域8.4平方千米，占13.3%。户籍人口约5.1万人。经济以农业为主，耕地面积1396.98公顷，山林面积2177.91公顷。主要农作物为水稻，兼种花生、豆类、瓜果蔬菜等。早稻种植面积139.73公顷，产量838.37吨；晚稻种植面积148.13公顷，产量999.89吨。赣州黄金机场、赣州高铁西站坐落于辖区内。全镇有镇级卫生院1所，村级卫生所32所，学校27所，其中中学2所，小学、教学点13所，幼儿园12所，银行机构4个。

【基层党建“三化”建设】 完成新一届党委班子、人大主席团班子、政府班子以及纪委班子换届；完成人大代表选举，按照程序选举镇级人大代表78名，区级人大代表16名；全镇17个村（社区）完成党组织书记、村（居）委会主任“一肩挑”工作。全年组织基层党建流动现场会2场、基层党建“三化”建设汇报会3场、专题述职汇报会1场、“三化”建设业务培训班4期。全年发展党员35名，其中35周岁以下28名，占比80%；大专及以上学历19名，占比54.3%；女性党员15名，占比42.9%。发展壮大村集体经济，针对各村集体经济薄弱的问题，探索建立村级物业公司、建筑公司、广告公司，开辟新途径壮大村集体经济，全镇16个村均完成村集体经营性收入过10万元的目标，6个村完成村集体经营性收入过20万元目标。对基层党组织活动场所提升改造，打造天子地村区级党建示范点。培育党员致富带头人，全年申报党员贴息贷款40人，贷款总额362万元，发放贷款贴息资金6.5万元。

【脱贫攻坚与乡村振兴衔接】 全年召开专项调度会43次，调度巩固拓展脱贫攻坚成果工作，落实主体责任。保持帮扶力量总体稳定，实现脱贫户及“三类对象”结对帮扶全覆盖。年度纳入“三类对象”51户，消除风险2户。按照“两不愁三保障”标准，结合“三类对象”防返贫监测排查，每月开展拉网式全覆盖走访排查。完成全镇15583户“两不愁三保障”和饮水安全全覆盖式摸排，全年铺设自来水管道54千米。执行“先诊疗、后付费”政策，脱贫人员和“三类对象”住院自付比例9.93%。年内代发家庭经济困难学生教育资助金1153人次42.77万元，发放“雨露计划”资助金325人次28.35万元。推进乡村振兴衔接资金项目落地，年内投资643万元实施并完工项目15个；抓好粮食生产，在龙泉村集中育秧7.79公顷，完成水稻全年种植目标。

凤岗镇龙泉村机械化育秧基地 （2021年，凤岗镇供图）

推进乡镇环境整治提升三年行动，全年投入70余万元对凤岗圩镇农贸市场进行改造，完工项目5个。完善北部乡村路网，新建农村道路8.12千米，投入193.2万元完成综保区至黄龙美丽生态文明路建设；投入356.4万元新装太阳能路灯1365盏；整改道路安全隐患102处，安装护栏2.62千米，清理水沟14.6千米，维修破损路面2230平方米。推进新农村建设，投入420万元建成新农村建设点14个。夯实农业产业基础，实施水利项目15个，新建水渠12千米，重点打造长田村杨梅基地和龙泉村果蔬种植基地，助力村集体、农户稳步增收；台湾部落淘乐宝岛项目投入运营。开展农村人居环境整治，投入100余万元完成长田村农村生活污水治理项目建设。投入近100万元，种植三角梅3032株，在农村主干道播撒花籽909千克，打造天子地村、龙江村、大塘村等农村人居环境示范点。

【征地拆迁与两违整治】 成立征地拆迁工作组10个，完成年度下达的征迁项目31个，提前销号项目7个，征地96.67公顷，签订房屋拆迁协议729栋35.58

万平方米，搬迁企业21家。完成遗留多年的飞翔路、朝阳路、金岭西路、台湾部落1号停车场等项目征地拆迁。全年拆除违法违章建筑49处4962.27平方米。

【民生保障】 常态化推进疫情防控工作，全年接种疫苗57645剂。完成17个村（社区）核酸检测演练。优化计生服务，做好网上生育服务证登记工作；全面落实计划生育奖励扶助政策，开展主题宣传活动，全年发放奖扶资金262户34万元、慰问金5万余元。兜牢民生底线，做好建档立卡城镇45户70人脱贫解困工作。全年发放低保金1.4万人次568.2万元，其中脱贫低保户1.2万人次478.72万元，贫困“五保金”1221人次89.9万元。落实残疾补贴政策，新增持证残疾人47人，发放残疾人两项补贴7647人次68.20万元，发放脱贫重度失能残疾人居家照护补助241人次15.06万元，发放长寿老人补贴4431人次121.12万元。落实残疾人福利政策，做实农村“三留守”（留守老人、留守儿童、留守妇女）人员关爱服务。推进“三沿六区”（铁路、公路、河道沿线，城乡建设规划区、农田保护区、水源保护区、自然保护区、风景名胜区、文物保护区）散埋乱葬坟墓专项整治工作，迁移212穴坟墓至峨眉公墓区。建成大塘村、长江村城乡社区服务站示范点2个。强化就业保障，全镇17个村（社区）与宝明、立德、蓝芯等企业签订就业合作协议，兑现就业政策，发放贫困劳动力岗位补贴1648人次102万元，发放交通补贴1895人次66.55万元。

【平安建设】 受理上级转办及来镇访信访件375件，按期回复率100%。提前完成中央交办重复信访事项8件，化解率100%。推进村级综治中心实体化建设，改造提升村（社区）综治中心心理咨询室17个，新建视联网点位18个。规范网格管理，发放“以奖代补”补助12.22万元。加强流动人口管理，年内未发生因流动人口管控不到位引发的突出矛盾及疫情。做好矛盾纠纷调解，收集矛盾信息219件，调解成功率92%。建立覆盖镇、村、组三级的微信反诈宣传体系，新设微信群187个，覆盖党员干部群众3万余人；建立线下全面反诈宣传工作站19个。与辖区内中小企业签订安全生产责任状及企业落实安全生产主体责任承诺书130份；开展各类安全生产专项活动、多领域安全生产专项检查活动，发现隐患408处，下达限期整改单200余份。

（陈杨菁）

三江乡

【概况】 三江乡地处赣州经开区中部，上犹江与章江在境东汇合，形成三江交叉口。东与赣州蓉江新区潭东镇交界，西与南康区唐江镇为邻，南与赣州蓉江新区潭口镇、潭东镇及南康区太窝乡3个乡镇接壤，北与凤岗镇隔河相望。下辖伍岭村、伍村村、新红村、东红村、饶家陂村、谷山村、赤湖村、肖边村、斜角村、南坑村、新江村11个行政村，村民小组127个，辖区总面积27.35平方千米，户籍人口34551人。地势南高北低，沿江地势低洼，上犹江和章江沿岸为冲积平原，其余属丘陵。最低点为东红村三江口，海拔106米。三江乡气候温和，年均气温21.3℃，年降水量1163.6毫米左右。经济以农业为主。全乡耕地面积700.87公顷，山林面积658.13公顷，水面面积313.33

公顷。主种水稻、兼种花生、豆类、黄麻、瓜果蔬菜等。全乡有敬老院、卫生院、派出所、农村信用社等站所各 1 所，有九年一贯制学校 1 所（含小学部、中学部、伍岭校区、中心幼儿园），村小 10 所。

【基层党建“三化”建设】年内，部署推动基层党建“三化”建设提质增效和质量过硬行动 6 次，针对性制定重点项目清单 28 条。9 月下旬召开基层党建“三化”建设流动现场会。完成村“两委”换届选举，全乡 11 个村全部实现村居支书、主任“一肩挑”。完成中共十八大以来农村发展党员违规违纪问题排查和发展党员违规违纪问题整改。开展“我为群众办实事”实践活动，解决群众反映强烈的问题 29 件。打造伍岭村“学优老书记”等老书记工作室 3 个，专题研究党建议题 65 个。每季度开展党务干部全覆盖业务培训，成立全区首家乡镇党校，打通党员干部培训的“最后一公里”。全年发展党员 33 名，完成党员轮训 450 余人。

【脱贫攻坚与乡村振兴衔接】规范“识别退出”程序，新识别纳入“三类对象”13 户 42 人，做好防止返贫动态监测帮扶工作。为全乡农户购买防贫保险，5 户农户获赔 11.8 万元。落实“四道医疗保障线”，全年脱贫人口住院 1361 人次，住院费用 1172.2 万元，报销 1057.9 万元，住院报销比例 90% 以上。全年发放教育补助 648 人次 43.2 万元，发放农村低保资金 826 人次 396.4 万元，残疾人“两项补贴”447 人次 48.6 万元，临时救助 78 户次 9.4 万元。引进农业产业企业在三江乡建设水产养殖基地、现代农业花卉园区，流转土地 40 余公顷，每年为村集体经济增收 22 万元。开展“送岗进乡”“送岗入村”等活动 9 场，200 余家企业、650 余名求职者参加招聘会。为脱贫户申报岗位补贴 1347 人次 100.6 万元，申报交通补贴 2138 人次 73.8 万元，扶持个人创业担保贷款 341 万元，带动脱贫人口就业 10 人。实施衔接资金项目 11 个 486 万元，已完工验收结算。开展“三讲一评”（讲政策、讲帮扶、讲成效、集中评议）主题宣讲会，邀请致富典型脱贫户、脱贫家庭讲述致富经验，举办宣讲活动 60 余场，受众 4.5 万余人次。举办“百年风华·红心向党”庆祝中国共产党成立 100 周年“一村一台戏”系列文艺晚会等系列活动 30 场次。

全国民主法治示范村、江西省第七届文明村镇——三江乡新江村
（2021 年，曾晋摄）

【城乡环境改善】全乡划分 11 个片区 144 个网格，对路域环境、乱堆乱放、农户庭院、公厕户厕、小游园、卫生死角进

行整治提升。完善基础设施，拓宽乡村道路，新增村民休闲观赏小游园11个。召开全乡流动评比现场会，奖励环境整治先进村2.9万元。推进“赣南新妇女”运动，192户家庭获2021年度区级“美丽庭院”称号，发放奖励3.84万元。完成乱堆乱放杂物整治2000余处、道路杂草清理9000余处、池塘清理120余口、沟渠清理80余千米、乱搭乱建300余起，清理小广告及破损广告、“牛皮癣”等600余处，发放宣传《关于全面禁止家禽散养及房前屋后乱堆乱放的通告》和赣深高铁沿线《电力送电公告》等宣传资料3000余份。全年违法建筑零增长，拆除存量违法建筑50处3437.7平方米。打造“乡村四好公路”，提升改造511县道沿线，在511县道主干道沿线、通组路、通户路路肩种植上桂花、紫薇、桃树、草皮、牡丹、三角梅、艾草、红皮菜等花草树木，打造美丽生态文明示范路。

【“四个千亩”产业发展】 因地制宜发展特色产业，形成水产、花卉、果蔬、水稻4个千亩产业。

千亩水产养殖产业　依托三江乡丰富的水资源及悠久的渔业文化和水文化，水产养殖已成为三江乡的主打特色产业。肖边—斜角鲈鱼基地养殖面积18.67公顷，养殖鲈鱼、龙虾、甲鱼等；南坑—新江水产基地养殖面积6.67公顷，养殖黄骨鱼；新江高新温棚基地养殖面积6.67公顷，养殖鳊鱼、罗非鱼；新江水产合作社养殖面积13.33余公顷，养殖草鱼；肖边甲鱼养殖基地6.67余公顷，养殖甲鱼；南坑田螺基地3.33公顷，养殖田螺；南坑水产养殖基地5.33公顷，养殖草鱼；东红村养殖垂钓基地3.33公顷，养殖草鱼。

千亩花卉产业　引进赣州江合农业发展有限公司和建投吉园农业公司建设现代农业花卉园区，在东红、新江、斜角等村流转土地53.33公顷。新江、东红花卉基地全面投产，主要种植红叶石楠、红花继木、三角梅、杜鹃、女贞、栀子花等品种。基地有固定务工人员60余人，其中贫困户8人，人均月工资2000元，每年为村集体带来收入10万元。

千亩果蔬产业　脐橙、甜柚种植面积220公顷，种植农户400余户；有赣州宝沃、味蕾和新江凯大3个蔬菜基地，总种植面积66.67公顷，年产值2000万元。

千亩水稻产业　水稻种植面积166.67公顷，有新红、东红、肖边、谷山4个水稻种植示范基地。

【民生保障】 社会、医疗保障　年内，全乡有城市低保10户16人，农村低保477户826人，农村分散“五保”69人，发放金额104.5万元；城市分散“五保”1人，发放金额12036元。全年发放残疾补贴447人次44.63万元，临时救助78人，发放资金9.43万元。常态化推进疫情防控工作，全年接种疫苗43440剂。

劳动就业　全年组织脱贫劳动力参加招聘会6次，参加人次750余人。扶贫车间吸纳辖区劳动力54人，安置公益性岗位193人，组织就业技能培训会4期。全年申请创业担保贷款29人，贷款金额341万元，带动就业155人。

劳动保障　失地农民纳入职工保险和城乡居民社会养老保险599人。非失地农民城乡居民社会养老保险缴费10270人，发放基础养老金4689人，完成城乡居民养老保险待遇认证5123人，脱贫户、城镇困难群众及特殊身份代缴核查4775人。

退役军人事务 采集退役军人及其家属信息，发放抚恤金和生活补助。在春节、“八一”中国人民解放军建军节期间走访慰问退伍军人、残疾军人、复员军人、带病回乡军人，发放慰问金及慰问物资。

【平安建设】 年内，三江乡有“和合”调解室12个，其中乡级调解室1个、村级调解室11个（每个村1个）；有调解员88名，其中专职人民调解员13名。三江乡“和合”调解工作室被赣州市司法局命名为品牌调解室，三江乡人民调解委员会被评为全市模范人民调解委员会。全年化解社会矛盾纠纷100多起，其中复杂重大纠纷20起。受理信访件220件，办结220件，按期办结率100%。其中，区级转办问政赣州16件，“12345”热线149件，网上信访11件，受理市转办、区转办、乡转办件44件。

在全乡铺开“民主法治示范村”创建，突出对基层村（居）的打造，法治广场、法治公园、法治长廊、法治讲堂成为新江村民主法治新“地标”。2月，司法部、民政部联合印发《关于命名第八批“全国民主法治示范村（社区）”的决定》，赣州经开区三江乡新江村名列其中，新江村成为赣州经开区建区以来首个获得此荣誉的村（社区）。

年内，通过进圩镇、进学校、进企业、进家庭等方式开展平安建设宣传活动70场，设立宣传展板35块，发放宣传单2.3万余份，发送短信6800余条，微信、朋友圈转发信息9000余人次，举办法律知识专题培训40场，开展各类法治宣传50次，投入宣传资金8万余元。加强综治中心建设，打造谷山村综治中心示范点。成立铁路护路联防领导小组，协调、督导沿线各村开展高铁护路联防工作，确保高铁顺利运行。

（罗才玉）

赣州新能源科技城

【概况】 赣州新能源科技城位于赣州经开区西南部，东与三江乡相邻，西与南康区太窝乡相连，南与南康区镜坝镇接壤，北与南康区唐江镇毗邻，大广高速、京九铁路等国家交通大动脉穿境而过。下辖章良村、中边村、高山村、横江村、洋田村、村尾村、太窝村、范塘村、龙潭村9个行政村及唐龙社区，村民小组123个，辖区总面积33.6平方千米，户籍人口2.6万余人，流动人口约0.7万人，内有小学5所。

【基层党建“三化”建设】 按照“3+X”学习模式，组织开展党员大会90余次、支委会160余次、党小组会410余次、党员活动日120余次。全年发展党员22名。全年发放党史学习教育指定书籍520余册，上门为30余名老弱党员送学送书；召开党委理论中心组学习会15次，开展党史学习教育专题调研及“我为群众办实事”实践活动，收集群众急难事、烦心事等问题93条，解决路灯安装、疫苗接种、垃圾清理等问题93件。落实意识形态工作主体责任和“一岗双责”责任，召开研究部署意识形态工作专题会2次。抓好阵地建设，改造提升新时代文明实践站9个，开展活动18次。做好内外宣传工作，全年在省级媒体刊登稿件1篇，市级媒体和区级媒体170篇，发表评论文章15篇。

【脱贫攻坚与乡村振兴衔接】

全年实现村级集体经济经营性收益968万元，培育经营性收入过百万的村3个。整合1.18亿元完成范塘村乡村振兴示范点项目建设48个。在范塘村建

产城融合产学研一体化新能源科技城 （2021 年，区党群部供图）

成大棚蔬菜基地 66.67 公顷，解决农户就业 76 户，增加村级集体经济收益 10 余万元。打造赣州经开区首个村级集中污水处理厂、首条五彩旅游公路、首个鸡鸭集中圈养区。

推行防止返贫“农户自主申报、基层干部摸排、行业部门筛查预警”三线并行排查法，识别纳入“三类监测对象”19 户 71 人，消除致贫返贫风险 2 户 4 人。重点针对“三无”人员、重点工程拆迁困难户、下岗职工困难户、老党员困难户、老基层干部困难户、因灾、因病、因祸、因残致贫等人员，发放慰问款 34.1 万元，临时救济 6 户 19 人次 2.28 万元；清理农村低保 28 户 66 人，新增农村低保 25 户 42 人，全年发放城市低保金 66 人次 3.65 万元，发放农村低保金 4807 人次 171.67 万元；分散特困对象 600 人次，发放农村分散特困资金 41.75 万元，发放护理补贴 26740 元，发放残疾人补助 3172 人次 25.79 万元。

组织 600 余人参加区级大型招聘会及企业下乡招聘会，发放技能培训补贴 15 人 0.6 万元，为扶贫车间企业办理各项补贴 21.38 万元，落实交通补贴补助 1278 人 41.67 万元，岗位补贴 485 人次 23.48 万元，发放一次性创业补贴 4 人 2 万元，完成创业担保贷款新增续贷 20 人 263 万元。办理续保人数 3855 人，新增参保 75 人，新增待遇领取人员 68 人，办理注销退保 315 人，完成失地农民养老保险申报 9433 人。

按照“应征尽征，减少流失”的原则巩固城乡医疗保障，征缴保费 18261 人 511.31 万元，参保率 80% 以上。全面宣传新增的 6 个门诊特殊慢性病病种，为 21 名建档立卡脱贫人口办理慢性病审核，鉴定慢性病患者 10 人。

推进机构队伍衔接，落实《赣州经开区区派单位定点帮扶工作方案》《赣州经济技术开发区“十四五”乡村振兴重点帮扶村工作实施方案》，对 9 个村按驻村帮扶村、对口帮扶村、网格化管理村进行分类管理，选派区直、管理处驻村工作队员 9 名，9 个村扶贫工作站（室）全面转为乡村振兴工作室，信息员队伍保持稳定。延续精准扶贫期的方式对 19 户 71 名“三类监测对象”和 940 户 3572 名脱贫人口安排结对帮扶。

全年教育资助家庭经济困难学生 280 人次 10.49 万元。为 3585 名城乡贫困人口代缴城乡居民基本医疗保险 111.13 万元，购买大病保险 26.89 万元、疾病医疗补充保险 93.21 万元。对 3444 户农村人口安全饮水问题和 3397 户房屋的住房安全问题进行排查，发现并整改问题12个。

【征地拆迁】 年内，完成征地106.62公顷，签订房屋征迁协议654栋270675.83平方米，拆除房屋493栋212265.89平方米，搬迁企业16家。先后完成赣南科技学院、唐龙大道、科技城互通及其连接线、飞翔路快速路带征、105国道龙塘口红绿灯改造、“三沿六区”可视范围内迁坟等6个项目交地销号。完成105国道改线项目、赣南科技学院、横江加油站、横江搅拌站、科技城互通连接线、南康北服务区等6个项目的结算。

【民生保障】 全年发放慰问款37.2万元，兑付大病救助17人次7.56万元，救济38户141人次6.5万元，发放低保款项219.1万元，发放高龄补贴51.5万元。组织500余人参加高山村、洋田村送岗小型招聘会、秋季招聘会及冬季招聘会，新增专岗人员21名。组织71人参加中式面点技能培训，6人参加保健理疗按摩技能培训，发放一次性求职补贴及生活费补贴1.49万元，为扶贫车间企业办理各项补贴17.91万元。发放交通补贴45.49万元、岗位补贴44.86万元、一次性创业补助0.5万元。

为育龄妇女办理生育服务卡270余张，发放“生育关怀、爱心救助”款项2.7万元，发放阳光助学、高考奖励、失独家庭一次性抚慰金0.14万元，发放国家教育奖扶政策资金13.17万元，发放退役军人各类优抚补助123.89万元。常态化推进疫情防控工作，全年接种疫苗19111剂。

【全区首个区域外党群服务中心设立】 针对管理处党员居住分散、党内组织生活开展困难的实际情况，投入20余万元在南康区中心城区设立全区首个区域外党群服务中心，为拆迁党员提供参加组织生活的平台，打通服务拆迁群众的“最后一公里”。转变工作方式，在区域外组织活动场所运行“全程代办”服务，定期安排人员值班值守，解决群众的折返负担。

（肖永强 刘燕萍）

高铁新区

【概况】 高铁新区位于赣州经开区西部，北接黄金机场、南临章江和上犹江、东至规划的保税大道和虎笑岭路、西至规划的齐岭路，辖区面积14.77平方千米。有高铁站1座、新时代广场1座、公园2个（广场南北侧公园和下雨塘水系公园）、学校1所（赣州市第十六中学）、快速路3条（迎宾高架、创业路高架、客家大道西延高架）、城市主次干路7条，贯通中心城区、南康区、综保区、飞机场、新能源科技城。

【基层党建“三化”建设】 发挥“党建+”引领作用，践行“一线工作法”“践诺工作法”，开展基层党建“三化”建设提质增效和质量过硬行动，明确“三清单”，抓好问题整改落实，推动党建工作全面过硬。借助“我为群众办实事”实践活动，推动党史学习教育走深走实，全年完成“我为群众办实事”事项24件，编撰党史学习教育简报14期。

【执法工作】 整合辖区执法力量，加强对高铁新区治安、安全生产的维护整治，重点加强对赣州西站区域营运秩序监管及交通秩序管理。联合运管、交警、公安（派出所）等部门开展专项整治行动，驱离违停车辆，查处出租车、网约车无证及违规载客，

高铁新区全景图 （2021年，区高铁新区供图）

提升城市文明形象，保障乘客安全出行。对非法违法生产、储存、使用化工产品等非法违法从事化工生产经营活动的小化工、小作坊、黑窝点开展全面摸排整治。联合区消防救援大队对社区、高铁西站进行消防安全检查，全年高铁新区未发生安全生产事故。

【城乡环境整治】 协调、参与赣州西站周边14个地块近30万平方米区域环境整治。对12个地块近20万平方米区域进行绿化美化提升，高铁新区范围内种植三角梅3000余株，完成5.37公顷裸露山体地块复绿。启动外立面美化亮化工程，为附近沿线高架桥安装隔音设施。

【高铁西站疫情防控】 启用智能化人脸识别设备，推动卡点防疫“两查一测”智能化，提升疫情防控水平和通行效率。全年高铁西站排查旅客超过300万人次。

【平安建设】 组织平安志愿者开展形式多样的平安建设宣传活动，在赣州西站、凤岗镇长胜村、凤岗社区等地利用宣传栏张贴海报、发放宣传资料、悬挂宣传横幅、LED显示屏滚动播放视频等方式，向广大群众宣传相关法律法规知识。对辖区内的国家安全风险源头开展排查和预警，在高铁西站开展“4·15”全民国家安全教育日活动。设置反电信网络诈骗宣传站和宣传展板，发放宣传资料800余份，增强辖区群众防范电信诈骗犯罪的意识和能力，维护人民群众财产安全。

（陈　俊）

本栏编辑：廖宝建

人物 荣誉

【2021年任免区领导】

许 锐 男，汉族，2021年2月任中共赣州经济技术开发区工作委员会副书记，2021年12月免去其中共赣州经济技术开发区工作委员会副书记职务。

傅小新 男，汉族，2021年6月免去其中共赣州经济技术开发区工作委员会副书记、赣州经济技术开发区管理委员会副主任职务。

李其成 男，汉族，挂职任中共赣州经济技术开发区工作委员会委员、赣州经济技术开发区管理委员会副主任，2021年7月挂职期满。

郭书珑 男，汉族，2021年8月免去其中共赣州经济技术开发区工作委员会委员、赣州经济技术开发区党群工作部部长职务。

符艳冬 女，汉族，2021年8月任赣州经济技术开发区管理委员会一级调研员，免去其中共赣州经济技术开发区工作委员会委员、中共赣州经济技术开发区纪律检查工作委员会书记、赣州市监察委员会派出赣州经济技术开发区监察组组长职务。

谢卫东 男，汉族，2021年9月免去其中共赣州经济技术开发区工作委员会副书记职务。

刘群英 女，汉族，2021年9月免去其中共赣州经济技术开发区工作委员会委员职务，2021年10月免去其赣州经济技术开发区管理委员会副主任职务。

华晓斌 男，汉族，2021年9月免去其中共赣州经济技术开发区工作委员会委员职务，2021年10月免去其赣州经济技术开发区管理委员会副主任职务。

欧阳巧文 男，汉族，2021年9月任中共赣州经济技术开发区工作委员会副书记、赣州经济技术开发区管理委员会二级巡视员，2021年10月任赣州经济技术开发区管理委员会副主任。

刘文秋 男，汉族，2021年9月任中共赣州经济技术开发区工作委员会委员、中共赣州经济技术开发区纪律检查工作委员会书记，赣州市监察委员会派出赣州经济技术开发区监察组组长。

吴小梅 女，汉族，2021年9月任赣州经济技术开发区管理委员会四级调研员，免去其赣州经济技术开发区财政局局长职务。

魏清胜 男，汉族，2021年9月任中共赣州经济技术开发区工作委员会委员。

黄晓明 男，汉族，2021年10月赣州经济技术开发区管理委员会副主任。

万利龙 男，汉族，2021年11月挂职任中共赣州经济技术开发区工作委员会委员、赣州经济技术开发区管理委员会副主任。

吴汉波 男，汉族，2021年12月任中共赣州经济技术开发区工作委员会委员。

冯 钰 女，汉族，2021年12月任中共赣州经济技术开发区工作委员会委员。

曾 辉 男，汉族，2021年12月任赣州经济技术开发区管理委员会三级调研员。

【全国五一劳动奖获得者】

温小珍 女，1985年8月生，2009年入职江西金力永磁科技股份有限公司，现为坯料工序手动成型操作员。十余年时间，她用自己的勤劳努力，积累了丰富的操作经验，从一名仅初中文化程度的农民工，成长为金力永磁生产车间的成型压机操作能手。她业务精湛，乐于奉献。新冠肺炎疫情复工以来，公司订单激增，生产任务紧张，员工新老交替频繁，她手把手帮带，自己调试修理设备，保障生产。在她的带动下，近年来跟着她进城务工创业的村民累计达百余人，分布在各行各业，人均年收入4万元。2021年，获得全国五一劳动奖章。

【全省五一劳动奖获得者】

欧阳水林 男，1988年11月生，江西省赣州市南康区人，中共党员，本科文化程度，助理工程师。2012年毕业于赣南师范学院材料化学专业。同年入职赣州澳克泰工具技术有限公司，任基体研发工程师。他带领基体组完成32个新基体牌号的开发，帮助公司建立起基体基础生产工艺体系。主导开发的梯度合金烧结工艺，给公司带来销售收入约3000万元/年。优化烧结产品性能，为公司每年减少近20万件废品，至少每年为企业节约生产成本200万元。2020年为公司节约生产成本约595.89万元。2020年在公司混合料车间全面推广新生产控制技术，混合料一次交验合格率相比2019年提升了27%，高达96%，取得了良好的社会和经济效益。2021年，获得江西省五一劳动奖章。

伦宗飞 男，1975年8月生，山东寿光人，中共党员，现任山东凯马汽车制造有限公司赣州分公司副总经理。他2017年1月从山东总厂调任赣州分公司副总经理，带领团队创造了从开工到投产28个月的建厂效率记录。仅仅在投产一年就完成生产6800辆商用汽车目标任务，实现产值3.8亿元以上。为保障公司正常运营和扩大产能，提高公司效益，突破公司发展瓶颈，在他的指导要求下，不断招入新员工进行培训和技能提升，为赣州带来近600人的就业岗位，解决50名贫困人口就业。疫情防控期间，捐赠了一台价值10余万元的封闭式充电物流车给疾控中心使用。积极主动带头组织复工复产，降低了疫情带来的生产损失，提高了公司的生产效益和社会效益。2021年，获得江西省五一劳动奖章。

获市级机关（部门）以上表彰的集体

2021 年获国家级机关（部门）奖励命名集体单位一览表

表 14

单位	奖项	授予机关（部门）
区法院、区检察院、区党政办、区招商局、区经发局	节约型机关	国家机关事务管理局、中共中央直属机关事务管理局、国家发展和改革委员会、财政部
黄金岭街道、区社管局	杨梅村被命名为 2021 年全国示范性老年友好型社区	国家卫健委
区党校（史志档案管理中心）	《赣州经济技术开发区年鉴（2020））》获第八届全国地方志优秀成果（年鉴类）专业年鉴类二等年鉴	中国地方志指导小组
市科创中心	科创中心孵化器获批创交会成果转化基地	科技部火炬中心
区社管局	《赣州市经开区扮好“五员”角色，做实“治理”文章》获评全国“双减”工作优秀案例	教育部

2021 年获省级机关（部门）奖励命名集体单位一览表

表 15

单位	奖项	授予机关（部门）
赣州综保区、区党政办、区党群部、区法院、区财政局、区经发局、区企工局、区社管局、区检察院、区税务局、黄金岭街道办事处	第十六届江西省文明单位	省委、省政府
区法院	全省法院扫黑除恶专项斗争先进单位	省高院
区法院	江西省公共机构节约能源资源示范单位	省机关事务管理局、省发改委、省财政厅
区法院	江西省五一巾帼标兵岗	省总工会

续表 15

单位	奖项	授予机关（部门）
区经发局	2020 年度全省政府系统“五型”政府建设先进集体	省“五型”政府建设领导小组
三江乡 区司法分局	三江乡新江村获评全国民主法治示范村	省司法厅、省民政厅
区招商局	江西省巾帼建功先进集体	省妇联
区党校（史志档案管理中心）	江西省第六届年鉴质量评比活动专业年鉴一等年鉴	省地方志研究院
区交警大队	女警中队获评巾帼建功先进集体	省妇联
区交警大队	2021 年度“智慧公安我先行”基层技术革新评比优秀奖	省公安厅
区企工局	区电子信息产业集群获评江西省 2021 年四星级产业集群	省工信厅
区企工局	区新能源企业产业创新服务综合体获评 第三批省级产业创新服务综合体	省工信厅
区企工局	第五届江西省“天工杯”工业设计大赛先进	省工信厅
区企工局	26 家企业获评江西省“专精特新”中小企业 1 家企业获评江西省专业化小巨人企业 3 家企业获评国家级专精特新“小巨人”企业	省工信厅
湖边镇	湖边镇退役军人服务站获评全省红色退役军人服务站	省退役军人服务中心
区疾控中心	江西省疾控系统健康科普大赛微视频一等奖	省疾控中心
区农办	国家扶贫管理系统数据录入进度排名全省并列第一	省乡村振兴局
区党政办	2021 年江西省铁路护路春运先进集体	省平安建设铁路护路联防工作小组
区市监分局	2016—2020 年全省普法工作先进单位	省普法教育工作领导小组

2021年获市级机关（部门）表彰奖励的集体单位一览表

表16

单位	奖项	授予机关（部门）
区党群部 区新时代文明实践促进中心	全市深化全国文明城市建设工作二等功	市委、市政府
区社管局 黄金岭街道办事处	创建国家卫生城市记三等功	市委、市政府
区党政办、区党群部、区纪工委、区财政局、区经发局、区招商局、区企工局、区社管局、区农办、区公服中心、区市监分局、区房管所、区疾控中心、区城管大队、区公安分局、区交警大队、蟠龙镇政府、湖边镇党委、黄金岭街道金岭路社区居委会、赣州建控集团	创建国家卫生城市工作先进集体	市委、市政府
区党政办 赣州综保区	赣州经开区及赣州综保区获评 2021年平安赣州建设（综治工作）先进单位	市委、市政府
区经发局	赣州经开区获评2020年度高质量发展先进县（市、区）	市委、市政府
区党政办	赣州经开区获评2021年度平安赣州建设先进单位	市委、市政府
区检察院	全市先进基层党组织	市委
区市监分局	同兴达电子科技有限公司获评2021年赣州市市长质量奖 赣州好朋友科技有限公司2021年赣州市市长质量奖提名奖	市政府
区经发局	赣州经开区获评全市重大项目建设“百日攻坚” 活动先进县（市、区）	市政府办
湖边镇人民武装部	2021年度征兵工作先进单位	市政府

续表 16

单位	奖项	授予机关（部门）
区综合执法大队	全市根治欠薪工作表现突出获通报表扬	市政府办
区党政办	2021 年度全市政务信息工作优秀单位	市政府办
区党政办	赣州经开区获评 中国共产党成立一百周年信访保障工作先进县（市、区）	市信联办
区党政办	赣州经开区获评 2021 年度全市信访工作综合先进县（市、区）	市信访联席会议
区消防救援大队	赣州经开区获评 2021 年度全省消防工作先进单位	市消防安全委员会
区住建局	建筑企业新增入库数排名全市第一	市住建局
区财政局	全市直达资金支付进度排名全市并列第一	市财政局
区金融服务中心	直接融资规模全市第一	市推进企业上市工作 领导小组
区党群部	赣州经开区获评 2021 年度全市网信工作高质量发展考评第一名	市委网信办
区党群部	市“苏区之光”人才计划入选人数排名全市第一	市委人才工作领导小组
区党群部	赣州经开区获评全市网信工作综合先进集体 网宣网评工作先进集体	市委网信办
区党群部	新闻宣传工作先进集体	市委宣传部
区党群部 区企工局	区党群部劳动保障科获评 2021 年度赣州市巾帼建功先进集体 区企工局企业服务科获评 2021 年度赣州市巾帼文明岗	市妇联
区社管局	赣州经开区学校党建工作综合考评全市排名第五 评价等次为“好”	市委教育工委
区社管局	2021 年全市计生协重点工作先进单位	市计划生育协会

续表 16

单位	奖项	授予机关（部门）
区社管局	2021 年度教育工作综合先进单位	市教育工委会 教育局
区社管局	县（市、区）初中教学质量先进单位	市教育局
区社管局	乡村卫生机构一体化管理先进集体	市卫健委
区社管局	2021 年度老龄健康工作先进单位	市卫健委
区经发局	2021 年全市统计工作先进集体	市统计局
区财政局	2021 年度财政预算管理工作先进单位	市财政局
黄金岭街道办事处 湖边镇人民政府	2021 年度消防工作先进乡镇（街道办）	市消防安全委员会
区市监分局	全市食品安全示范县（区）	市食品安全委员会
区应急管理局	赣州经开区获评 2021 年度全市应急管理考核优秀县（区）	市应急管理综合考核 领导小组办公室
区市监分局	全市扫黑除恶专项斗争先进集体	市扫黑除恶专项斗争 工作领导小组
赣州综保区 区司法分局	2020 年度全面依法治市优秀单位	市委全面依法治市 委员会
区司法分局 赣州综保区	赣州经开区及赣州综保区获评 2021 年度全面依法治市优秀单位	市委全面依法治市 委员会
区房管所	2021 年度既有住宅加装电梯工作先进单位	市住建局
区房管所	2021 年度住房保障工作先进单位	市住建局
区招商局	2021 年度赣州市贸促工作先进集体	市贸促会

续表 16

单位	奖项	授予机关（部门）
三江乡	2021 年全市城乡环境综合整治工作年终考评中排名全市第一	市城乡环境综合整治工作领导小组
区公安分局	区公安分局扫黑办荣记二等功 区公安分局、湖边派出所获省公安厅通报表扬	市公安局
区交警大队	全市公安交通管理成绩突出单位（综合类）	市交警支队
区总工会	在全市首届模拟集体协商竞赛获一等奖	市总工会
区司法分局 三江乡 黄金岭街道	三江乡人民调解委员会、黄金岭街办“和合”商事调解室获市司法局通报表扬	市司法局
区自然资源分局	2021 年度全市自然资源绩效管理优秀单位 2021 年度耕地保护工作先进单位 2021 年度第三次全国国土调查工作先进单位	市自然资源局
区住建局	2021 年度装配式建筑发展工作先进单位 2021 年度住房保障工作先进单位	市住建局
区住建局	2021 年度全市人防高质量发展目标管理考核优秀单位	市人防办
区社管局 区教体服务中心	2020—2021 学年度全市中学教学质量综合评价先进单位	市教育局
区教体服务中心	维护妇女儿童权益先进集体	市妇联
区市监分局	2021 年度食品安全工作考核为优秀等次	市食品安全委员会
区党群部	获“喜迎中国共产党成立百年”赣州市“学习强国”党史知识大赛优秀组织奖	市委宣传部、市直机关工委、市教育工委、市委党史办、“学习强国”学习平台用户服务中心
区党群部	2021 年度统战工作实践创新成果三等奖	市委统战部
凤岗镇	赣州市五四红旗团委	团市委

续表 16

单位	奖项	授予机关（部门）
蟠龙镇	桃芫村被评为“赣南新妇女运动”之“清洁家园”示范点	市妇联
区党群部	市首届创业担保贷款优势创业项目评比大赛优秀组织奖	市人社局
区党政办	全市红色保密故事演讲比赛优秀组织奖	市国家保密局
区团工委	学习贯彻赣州市第六次党代会精神知识竞赛优秀组织奖	市委组织部、市委宣传部、市直机关工委、市教育工委、团市委、市妇联、赣州广播电视台
区团工委	2021 年全市少先队辅导员风采优秀组织奖	团市委、市教育局、市少工委
黄金岭街道办事处	2020—2021 年度赣州市无偿献血乡镇（街道）优秀组织奖	市公民无偿献血工作领导小组办公室
湖边镇　凤岗镇 蟠龙镇	赣州市无偿献血乡镇积极促进奖	市公民无偿献血工作领导小组办公室
区党群部	全市基层党建特色（创新）项目二等奖	市委组织部
区党群部 区公安分局	全市喜迎中国共产党成立百年红色微视频（微电影）大赛一等奖	市委组织部
区团工委	全市第三届红领巾讲解员风采大赛决赛中荣获优秀组织奖	团市委、市教育局、市少工委
区总工会	全市首届模拟集体协商竞赛一等奖	市总工会
区疾控中心	赣州市居民健康素养大赛及健康科普讲解大赛团体二等奖、知识竞赛二等奖、技能情景表演三等奖	市卫健委
区社管局	赣州市旅游饭店服务职业技能大赛二等奖	市文广新旅局

附　录

组织机构和负责人名录

（本名录信息以截至2021年12月31日的机构设置和人事任免文件为准）

【中共赣州经济技术开发区工作委员会】

书　记：陈水连

副书记：欧阳巧文（9月任）

许　锐（2月任，任至12月）

郭声琪

傅小新（任至6月）

谢卫东（任至9月）

宋　鹏

委　员：刘群英（女，任至9月）

符艳冬（女，任至8月）

华晓斌（任至9月）

刘文秋（9月任）

吴汉波（12月任）

冯　钰（女，12月任）

郭书珑（任至8月）

李其成（挂职，任至7月）

万利龙（挂职，11月任）

魏清胜（9月任）

【赣州经济技术开发区管理委员会】

副主任：欧阳巧文（10月任）

郭声琪

傅小新（任至6月）

宋　鹏

刘群英（女，任至10月）

华晓斌（任至10月）

李其成（挂职，任至7月）

万利龙（11月任，挂职）

黄晓明（10月任）

一级调研员：符艳冬（女，8月任）

二级调研员：黎佐绩

卓邦友

吴汉波

三级调研员：曾　辉（12月任）

四级调研员：曾　辉（任至12月）

吴小梅（女，9月任）

【中共赣州综合保税区工作委员会】

书　记：谢卫东①（任至9月）

副书记：温荣喜

委　员：毛瑞林

　　　　谢卫东②

　　　　陈华洪

【赣州综合保税区管理委员会】

主　任：温荣喜

副主任：谢卫东②

　　　　陈华洪

党政综合部门

赣州经济技术开发区党政办公室（挂社会治安综合治理委员会办公室牌子）

【职能及组织机构】　赣州经济技术开发区党政办公室（社会治安综合治理委员会办公室），简称区党政办（区综治办）。主要负责内外联系和综合协调工作及办公室机关后勤管理服务工作；负责区党工委、管委会综合文稿的起草、把关工作；负责机关文秘、接待、安全保卫；负责有关工作贯彻落实的督促检查和领导批示及交办事项的催办落实；负责全区目标考核考评工作；负责机要、保密、政策调研、党务政务信息、外事、对台工作；承办政法工作领导小组日常工作；负责信访、维护社会稳定、社会治安综合治理工作；负责与公安、交警、消防、检察院、法院、司法分局等部门的联系与协调工作。负责贯彻执行审计工作的方针、政策和法律法规；负责预算执行情况审计、区管领导干部的经济责任审计、自然资源资产审计、政府固定资产投资项目审计、监管区属国有企业外派监事会等工作。

【领导名单】

主　任：陈　柯（任至8月）

副主任：高　松（任至3月）

　　　　汤明亮

　　　　郭　涛

　　　　温建勋（3月任）

赣州经济技术开发区党群工作部（挂机构编制委员会办公室、人力资源和社会保障局、民族宗教事务牌子）

【职能及组织机构】　赣州经济技术开发区党群工作部（机构编制委员会办公室、人力资源和社会保障局、民族宗教事务局），简称区党群部（区编办、区人社局、区民宗局）。主要负责区党的建设工作；负责区非公有制经济组织和社会组织党建工作；负责区内干部人事、机构编制工作；负责宣传思想政治、精神文明建设、统战、侨务、民族、宗教、关心下一代、群团工作；负责区网络安全和信息化建设工作；负责区内劳动和社会保障工作；负责人大、政协协调联络工作。

【领导名单】

部　长（主任、局长）：郭书珑（任至9月）

副部长（副主任、副局长）：刘志红（女，任至9月）

　　　　谢达琳（8月任）

　　　　李　奎（土家族）

　　　　刘昌平（任至6月）

　　　　杨　瑾（女，10月任）

四级调研员：刘志红（女，10 月任）

中共赣州经济技术开发区机关委员会

【职能及组织机构】 中共赣州经济技术开发区机关委员会，简称区机关党委。主要负责机关事业单位党建工作。

【领导名单】

书　记：宋　鹏

专职副书记：邹泽军

中共赣州经济技术开发区纪律检查工作委员会（挂赣州市监察委员会派出赣州经济技术开发区监察组牌子）

【职能及组织机构】 中共赣州经济技术开发区纪律检查工作委员会，简称区纪工委，是中共赣州市纪律检查委员会派出机构，具有维护党纪、推进党风廉政建设和反腐败等职能。赣州市监察委员会派出赣州经济技术开发区监察组，简称区监察组，是赣州市监察委员会派出机构，依法行使监察权，与区纪工委合署办公，履行党的纪律检查、国家监察两项职能。主要负责开发区党风廉政建设和反腐败工作；负责对开发区党员领导干部和区管干部违规违纪行为进行查处；负责受理个人或单位对党员干部违反党纪行为的检举、控告，受理党员干部不服纪律处分的申诉；维护宪法和法律法规；依法监察公职人员行使公权力的情况，调查职务违法和职务犯罪。

【领导名单】

书　记、监察组组长：符艳冬（任至 8 月）

　　　　　　　　　　刘文秋（9 月任）

副书记：周兆东（任至 12 月）

　　　　廖振华（12 月任）

委　员：肖壬新

　　　　邱晓峰

　　　　丁　懿（8 月任）

中共赣州经济技术开发区工作委员会巡察工作领导小组办公室

【职能及组织机构】 中共赣州经济技术开发区工作委员会巡察工作领导小组办公室，简称区党工委巡察办。主要职责是传达贯彻中央、省委、市委、区党工委和区党工委巡察工作领导小组的决策部署，向区党工委巡察工作领导小组报告工作情况；向市委巡察办报告工作情况，报送有关重要材料；统筹、协调、指导巡察组开展工作；承担政策研究、制度建设等工作；对区党工委、区党工委巡察工作领导小组决定的事项进行督办；统筹协调、督促检查巡察反馈意见的整改落实；配合有关部门对巡察工作人员进行培训、考核、监督和管理；办理区党工委巡察工作领导小组交办的其他事项。

【领导名单】

巡察办副主任：肖壬新（主持工作）（任至 9 月）

　　　　　　　丁　懿（9 月任）

第一巡察组副组长：廖振华

第二巡察组副组长：邱晓峰（主持工作）

第二巡察组正科级巡察专员：杜克鹏

第一巡察组正科级巡察专员：曾　嵘（女）

赣州经济技术开发区机关事务管理中心

【职能及组织机构】 赣州经济技术开发区机关事务管理中心，简称区机关事务管理中心。主要负责赣州经开区内机关各项后勤服务保障工作，负责机关各项后勤服务保障，负责机关固定资产、政府采购管理以及开发区内部治安保卫工作；负责区领导司机及车辆管理。

【领导名单】
党组书记、主任：黄绍斌（任至10月）
党组书记、副主任：田　汉（10月任，8月任）
主　任：肖　婷（女，10月任）
党组成员、副主任：王名日（任至10月）
副主任：张　斌（任至10月）
　　郭称生（10月任）
党组成员：李凤群（任至10月）
　　解小杰

中共赣州经济技术开发区工作委员会党校（挂赣州经济技术开发区行政学校、赣州经济技术开发区史志档案管理中心牌子）

【职能及组织机构】 中共赣州经济技术开发区工作委员会党校（赣州经济技术开发区行政学校、赣州经济技术开发区史志档案管理中心），简称区党工委党校（区行政学校、区史志档案管理中心）。主要负责贯彻落实中央、省委、市委和区党工委干部教育培训的规划和工作计划，负责对全区科级党员领导干部、党员和党员发展对象、村两委班子成员等进行教育培训；根据中心工作需要举办各类培训班；开展新入职工作人员培训工作；负责全区档案业务工作的规划、指导和监督，开展档案理论研究和档案业务培训工作；负责档案馆藏档案资料的管理和查阅，以及进馆档案的接收，到期档案资料的开发利用工作；负责全区党史的征集、编研、出版和宣传教育工作；负责全区地方志和年鉴整理、发布、上报工作。

【领导名单】
校务委员会主任：徐晓鸿（任至7月）
校务委员会副主任、校长（主任）：涂　英（女）
校务委员会委员：肖　琼（女）

赣州经济技术开发区新时代文明实践促进中心（挂赣州经济技术开发区志愿服务促进中心牌子）

【职能及组织机构】 赣州经济技术开发区新时代文明实践促进中心，简称区新时代文明实践促进中心。主要负责全区新时代文明实践中心（所、站）建设指导、活动开展、人员培训，志愿服务队伍培育、志愿服务活动组织、乡风文明指导等职责；负责规划和组织群众性精神文明建设活动，负责身边好人评选及宣传；负责文明城市、文明村镇、文明行业等创评活动的日常工作；负责未成年人思想道德建设工作。

【领导名单】
临时负责人：谢丽华（女，5月任，任至8月）
党组副书记、副主任：谭　侃（主持工作）
　（8月任）

赣州经济技术开发区融媒体中心

【职能及组织机构】 赣州经济技术开发区融媒体中心，简称区融媒体中心。主要负责贯彻落实党的新闻宣传方针政策，宣传党中央决策部署；围绕区党工委、管委会中心工作，开展新闻网络内外宣传、落实完成上级下达新闻宣传报道任务；协助配合相关报纸、广播电视、网络媒体到区采访的沟通协调，营造良好的宣传舆论氛围；负责融媒体APP平台建设及运营；负责传媒技术人才的教育培训等工作；完成区党工委、管委会及上级宣传部门交办的其他工作。

【领导名单】

负责人：钟　豪

赣州经济技术开发区综治中心

【职能及组织机构】 赣州经济技术开发区综治中心，简称区综治中心。主要负责落实区内市域社会治理现代化工作举措，推进综治网格化管理服务等职责。

【领导名单】

主　任：郭孝尧（10月任）

副主任：郝夷桑（10月任）

经济综合部门

赣州经济技术开发区经济发展局（挂苏区振兴发展工作办公室牌子）

【职能及组织机构】 赣州经济技术开发区经济发展局（苏区振兴发展工作办公室），简称区经发局（区振兴办）。主要负责苏区振兴发展工作的综合协调工作；负责发展规划工作；负责项目开发和编制工作；负责改革、科技、统计、物价、交通、公路等方面的工作；负责重点工程的编制、调度和管理工作。

【领导名单】

党组书记、局长（主任）：冯　钰（女）

党组成员、副局长（副主任）：杨昭辉（任至11月）

杨　梅（女）

廖丕显

许永忠（11月任）

党组成员：王新文

邱景文（1月任）

陈　军（11月任）

赣州经济技术开发区招商局（挂赣州经济技术开发区商务局牌子）

【职能及组织机构】 赣州经济技术开发区招商局，简称区招商局（区商务局）。主要负责制订开发区招商引资中长期规划和年度工作计划，编制招商引资项目库，策划、组织重大招商引资活动；负责开发区招商引资合同签约等有关工作；负责协调和管理利用外资、对内和对外贸易、劳务输出、进出口业务及相关统计工作；负责供销工作。

【领导名单】
党组书记、局长：黎　俊（4月任）
党组成员、副局长：舒国腾（任至3月）
　　　　　　　　　江海平
　　　　　　　　　刘慧萍（任至10月）
党组成员：敖宇海
副 局 长：刘　芳（10月任）
　　　　　钟舒毅
四级调研员：刘慧萍（10月任）

赣州经济技术开发区行政审批局（挂赣州经济技术开发区企业服务和工信局、赣州经济技术开发区政务服务管理办公室牌子）

【职能及组织机构】 赣州经济技术开发区行政审批局（企业服务和工信局、政务服务管理办公室），简称区行政审批局（区企工局、区政务服务办）。主要负责引进企业的全程服务工作；负责工业、园区管理和中小企业发展工作；负责工业信息化建设、大数据、区块链等；负责现代电子科技城开发建设推进、电子信息产业培育等工作；负责组织、指导、协调、督促全区政务服务体系建设、行政审批制度改革工作、中介服务超市工作和公共资源交易工作，研究探索规范政务服务行为、优化政务服务环境等工作；负责落实上级取消或暂停实施的行政审批事项，下放区管委会公布的下放事项；负责组织、协调、培训、监督、考核管理各进驻区政务服务大厅的部门（单位）、各乡（镇、街道）便民服务中心以及区本级各专业办事大厅；负责全区政务服务系统网络信息化建设及“互联网+政务服务”的建设和维护。

【领导名单】
党组书记、局长：熊忠森
党组成员、副局长：黄爱民（任至6月）
　　　　　　　　　钟万龙
　　　　　　　　　张　秀（女）
党组成员：郭惠银（任至10月）
　　　　　黄照凡（任至10月）
　　　　　何　源（8月任）
四级调研员：郭惠银（10月任）
　　　　　　黄照凡（10月任）

赣州经济技术开发区财政局

【职能及组织机构】 赣州经济技术开发区财政局，简称区财政局。主要负责贯彻执行国家的财政方针、政策，财务会计方面的法令、条例及其它有关政策；负责编制和实施年度财政计划，管理财政收入，制定年度预算和编制年度决算；负责管理全区各行政事业单位经费支出、资产管理，监督指导执行财务制度；负责管理和指导会计工作；负责全区基本建设财务监督管理工作。

【领导名单】
党组书记、局长：吴小梅（女，任至10月）
党组成员、副局长：肖　靓（女）
　　　　　　　　　许　琼（女）
　　　　　　　　　钟祥飞
党组成员、国资办主任：裴红燕（女，9月任）

赣州经济技术开发区金融服务中心

【职能及组织机构】 赣州经济技术开发区金融服务中心，简称区金融服务中心。主要负责拟定辖区内金融发展规划计划，指导推动企业上市、服务企业融资，加强地方金融机构监管等工作。

【领导名单】
党组书记、主任：黄光舜
党组成员、副主任：钟才明（2 月任）
党组成员：邓　丹（任至 4 月）

新能源汽车产业办公室

【职能及组织机构】 新能源汽车产业办公室，简称区汽车办。主要负责贯彻落实发展新能源汽车产业的方针、政策和法律、法规、规章，执行赣州市及赣州经济技术开发区新能源汽车有关政策、决议；负责赣州新能源科技城建设的综合协调及日常事务工作，特别是征地拆迁、项目建设和相关协调衔接工作；负责组织赣州市新能源汽车产业发展规划的编制和执行；负责积极争取上级资金和政策扶持，对新能源汽车产业引导基金进行管理；负责组建专家顾问团，加强新能源汽车项目的可行性论证，做好项目的承接工作；负责赣州新能源科技城内在建项目及相关企业的服务工作；负责赣州新能源科技城建成后的管理和服务工作；负责承办区领导交办的其他新能源汽车相关事宜。

【领导名单】
党组书记、主任 ：温世伟
党组成员：许满桂
副 主 任：张　辉

规划建设部门

赣州经济技术开发区住房和建设局

【职能及组织机构】 赣州经济技术开发区住房和建设局，简称区住建局。主要负责贯彻执行国家和省市关于工程建设方面的方针、政策和法律、法规；负责区财政投资重大基础设施建设的协调组织；负责全区建筑业管理、建筑质量监管、建筑安全生产监督管理、建设项目竣工验收备案工作、建设工程消防设计审查、消防验收备案抽查；具体组织全区建设项目的工程招投标管理；负责人防建设与行业管理。

【领导名单】
党组书记、局长：翁毅军
党组成员、副局长：张绵洪
　　　　　　　　　戴立青
副局长：赖晨鸣（女）
党组成员、建设工程质监站站长：廖　钦（任至 10 月）
党组成员：黄声春

赣州经济技术开发区公用事业服务中心

【职能及组织机构】 赣州经济技术开发区公用事业服务中心，简称区公服中心。主要负责全区市政道路、桥梁、雨污管网、城市照明、园林绿化、市容环卫等市政公用设施的管养维护等。

【领导名单】
党组书记、主任：徐晓鸿（10月任，7月任）
临时负责人：刘　丹（女，任至5月）
　　　　　　曾　辉（5月任）
副主任：刘　丹（女，10月任）
党组成员、副主任：廖麟麟（10月任）
党组成员、机关党总支专职副书记：薛　广（10月任）

赣州市自然资源局赣州经济技术开发区分局（挂赣州市自然资源局赣州经济技术开发区综合服务中心牌子）

【职能及组织机构】 赣州市自然资源局赣州经济技术开发区分局，简称区自然资源分局。主要负责区内自然资源管理工作。贯彻执行自然资源管理方针、政策和法律法规；履行全民所有土地、矿产、森林、草地、湿地、水等自然资源资产所有者职责及所有国土空间用途管制和生态修复职责；负责辖区内自然资源调查监测评价、统一确权登记、资产有偿使用及合理开发利用工作；提出区域内的年度土地储备、土地供应计划和项目供地初步方案；在授权委托的权限范围内，负责规划条件的审核，经营性用地的规划条件初审，建设项目建设方案的审定或初审，建设工程规划许可审批等城乡规划工作；负责统筹国土空间和自然资源生态修复、组织实施最严格的耕地保护制度；管理地质勘查行业和全区地质工作、落实综合防灾减灾规划相关要求、矿产资源管理及测绘地理信息管理工作；负责辖区内村庄规划；配合市局开展辖区内自然资源规划编制工作，负责组织自然资源行政执法工作；负责管理辖区内自然资源基层单位工作；承办市自然资源局和地方党委政府交办的其他事项。

【领导名单】
党组书记：刘洪健（任至6月）
党组书记、局长：张　韬（8月任）
党组成员、副局长：钟修盈
　　　　　　　　　刘丽蓉（女，8月任）
综合服务中心主任：刘洪健（4月任）
党组成员、综合服务中心副主任：汤　凡
　　　　　　　　　　　　　　　王元光
党组成员、市不动产登记中心直属一所所长：林嘉鲁
党组成员：肖承琦

赣州经济技术开发区征收搬迁与项目建设服务中心

【职能及组织机构】 赣州经济技术开发区征收搬迁与项目建设服务中心，简称区征迁服务中心。主要负责协助编制区内重点项目建设年度计划，重点项目建设用地、用水、用电等事务的协调服务，规范收集项目资料档案、项目建设、房屋搬迁服务等职责。

【领导名单】
党组书记、主任：黎明莉
党组成员、副主任：邓心平
　　　　　　　　　黄　静（女）
党组成员：陈上海
　　　　　郭起兵
　　　　　王春红

赣州经济技术开发区房地产管理所

【职能及组织机构】 赣州经济技术开发区房地产管理所，简称区房管所。主要负责区内房地产的交易备案工作；负责区内房地产市场监管工作，办理房地产有关手续；负责区内保障性住房、人才住房管理工作；负责区内物业管理工作，指导和规范物业管理市场。

【领导名单】

党组书记、所长：谢一洪（任至6月）

谢建忠（10月任）

党组成员、副所长：高艳玲（女）

舒志军（任至10月）

刘显云 （10月任）

党组成员：胡　东

丁　旺

陈光荣（任至11月）

赣州经济技术开发区土地储备中心

【职能及组织机构】 赣州经济技术开发区土地储备中心，简称区土地储备中心。主要负责辖区内的土地收储等相关工作，与区自然资源分局合署办公。

【领导名单】

主　任：刘德清（10月任）

副主任：吴荣亮（10月任）

社会事务及综合服务部门

赣州经济技术开发区农业农村工作办公室

【职能及组织机构】 赣州经济技术开发区农业农村工作办公室，简称区农办。主要负责开发区农业农村工作、林业、水利、森林防火、防汛抗旱、乡村振兴、新农村建设、老建、扶贫移民等工作；负责开发区多种经营、农业综合开发、粮食、蔬菜、农机、农民体协等工作。

【领导名单】

党组书记、主任：申志文

党组成员、副主任：林　斐（女，3月任）

邓　锴（女）

钟德福

吴盛林（任至3月）

党组成员：王小宁

党组成员、综合科科长：周秋萍（女）

赣州经济技术开发区社会事务管理局

【职能及组织机构】 赣州经济技术开发区社会事务管理局，简称区社管局。主要负责全区教育、文化、新闻出版、广播电影电视、旅游、体育、卫生、老龄、职业病防治、人口与计划生育、民政、残疾人、公墓区建设、退役军人、人民武装等工作。

【领导名单】

党委书记、局　长：王会东（任至10月）

党委副书记兼纪委书记、副局长：林　斐（女，任至3月）

舒国腾（4月任）

党委委员、副局长：刘福田（8月任）

阳作忠

程贤金

聂慧洁（女，任至6月）

党委委员：肖隆飞

四级调研员：叶建荣（7月任）

赣州市科技创新服务中心（挂赣州市小企业创业基地、赣州市科技企业孵化基地、赣州市大学生创业园牌子）

【职能及组织机构】赣州市科技创新服务中心，简称市科创中心。主要负责区内企业创业服务、搭建科技信息网络平台、组织开展科技交流、科技协作和科技培训工作；负责赣州市小企业创业基地、赣州市科技企业孵化基地、赣州市大学生创业园的建设管理；负责大学生创业、就业的指导和协调，为企业和高层次人才搭建互动交流平台，做好高层次人才引进工作。

【领导名单】

党组书记、主任：刘　钧

党组成员、副主任：刘清春

邱九龙

党组成员：简清平（10月任）

赣州经济技术开发区教体服务中心

【职能及组织机构】　赣州经济技术开发区教体服务中心，简称区教体服务中心。主要负责全区教育教学、教师培训、招生考试、义务教育均衡发展、学生资助、青少年校外活动、教育评估监测、体育运动普及等提供技术支撑和服务保障等。

【领导名单】

党组书记、主任：肖隆飞（11月任，10月任）

主　任：郭孝尧（任至10月）

副主任：邹　赟（任至10月）

赣州经济技术开发区退役军人服务中心

【职能及组织机构】　赣州经济技术开发区退役军人服务中心，简称区退役军人服务中心。主要负责做好退役军人和其他优抚对象来信来访、接待办理、心理疏导、权益咨询、政策解答、法律服务等工作；做好军属、烈属、伤病残军人、带病返乡退役军人优抚帮扶和权益保障、双拥等事务性工作；负责提供就业创业服务和政策咨询，协助开展退役军人适应性培训、职业教育和技能培训等。

【领导名单】

党组书记、主任：连毓霆（10月任）

主　任：吴荣亮（任至10月）

赣州经济技术开发区疾病预防控制中心（挂赣州经济技术开发区卫生健康服务中心、赣州经济技术开发区健康教育所牌子）

【职能及组织机构】 赣州经济技术开发区疾病预防控制中心，简称区疾控中心。主要负责全区疾病预防与控制、突发公共卫生事件应急处置、疫情及健康相关因素监测与控制、健康教育等。

【领导名单】

党组副书记、副主任（副所长）：张华斌

副主任（副所长）：张　斌（8 月任）

党组成员：江宗琢

赣州经济技术开发区人力资源和社会保障中心（挂赣州经济技术开发区养老服务中心牌子）

【职能及组织机构】 赣州经济技术开发区人力资源和社会保障中心，简称区人社（养老服务）中心。主要负责区内劳动就业和社会保障服务经办；协助开展养老服务监测分析与发展评价，养老服务技术指导，养老服务从业人员培训，乡镇（街道）养老机构（设施）及村（社区）养老设施服务质量提升等职责。2021 年 4 月 6 日，赣州经济技术开发区医疗保险事业管理局（城乡居民养老保险管理中心），简称区医保局，更名为赣州经济技术开发区人力资源和社会保障服务中心。2021 年 12 月 27 日将赣州经济技术开发区养老服务中心（简称区养老服务中心）由单设调整为在赣州经济技术开发区人力资源和社会保障服务中心挂牌，成立赣州经济技术开发区人力资源和社会保障中心（挂赣州经济技术开发区养老服务中心牌子）

【领导名单】

区医保局党组书记、局长（主任）：连毓霆（任至 10 月）

区人社（养老服务中心）党组书记、主任：钟韦华（10 月任）

区养老服务中心党组书记、主任：邹　赟（10 月任）

区医保局党组成员、副局长（副主任）：蔡　莹（女，任至 10 月）

区人社(养老服务中心)副主任：李　亮(12 月任)

区医保局党组成员：黄　芹（任至 10 月）

区养老服务中心党组成员：李凤群（11 月任）

赣州经济技术开发区政务服务中心

【职能及组织机构】 赣州经济技术开发区政务服务中心，简称区政务服务中心。主要职责是贯彻执行有关行政审批制度改革、政务服务、政府公共服务热线等方面的方针政策、法律法规和决策部署；负责行政审批局统一办理、联合办理、集中办理服务事项的综合协调服务；负责重点投资企业和重大项目的协调服务；负责研究探索规范政务服务行为、优化政务服务环境等工作。

【领导名单】

党组书记、主任：刘利平（任至 10 月）

主　任：黄绍斌（10 月任）

党组成员、副主任：田　汉（任至 10 月）

王名日(10 月任，任至 12 月)

党组成员：黄　芹（12 月任）

钟　君

副主任：段之棱

赣州经济技术开发区高铁新区服务中心

【职能及组织机构】 赣州经济技术开发区高铁新区服务中心，简称高铁新区服务中心。主要负责区域范围内各项社会事务的统筹协调和日常管理服务等工作；负责做好与高铁西站和市、区铁路部门、事业单位、社会团体及公用事业服务单位的沟通协调工作；协调有关部门和单位按照各自职责维护管理好区域范围内市容市政、社会治安、社区服务、车辆交通秩序、商业市场秩序、物业管理、综合执法等方面工作；协助市、区有关执法部门在区域范围内开展行政执法行动；协调区域范围内临时占道和设置站、场、点、档、广告设施等宣传设施的审批工作；监促、检查有关单位做好管理等工作；负责组织协调区域范围内春运、暑运及其他节假日高峰期的客运等工作；按照统一领导、分级负责的原则，建立健全有效应对区域范围内突发公共事件的应急管理机制；负责管理高铁新区内新增的社区和居委会；负责承办区党工委、管委会交办的其他事项。

【领导名单】

党组书记、主任：薛　淞

党组成员、副主任：唐长生

李阿李（女，任至 10 月）

韩喜娟（女，9 月任）

李　娟（女，10 月任）

党组成员：郭晨花（女）

综合执法部门

赣州市公安局开发区分局

【职能及组织机构】 赣州市公安局开发区分局，简称区公安分局，隶属于赣州市公安局。主要负责预防、制止和侦查违法犯罪活动；负责维护社会治安秩序，制止危害社会治安秩序的行为。

【领导名单】

党委书记、局长：黄晓明（9 月任）

党委副书记、政委：陈式松

党委委员、一级警长：毛忠春

党委委员、副局长：张圣伟（任至 9 月）

张少华

罗　菲

党委委员、纪委书记：刘　云

党委委员、政工科科长：钟海斌

党委委员、治安大队长：董显光

党委委员、刑侦大队长：黄振隆

赣州经济技术开发区人民检察院

【职能及组织机构】 赣州经济技术开发区人民检察院，简称区检察院，是国家法律监督机关，为赣州市人民检察院派出院，依法行使县一级人民检察院职权。

【领导名单】

党组书记、检察长：黄林南

（任至 10 月，任至 11 月）

郭复彬

（10 月任，11 月任）
党组成员、副检察长：张　伟
副检察长：李春生
党组成员、政治部主任：曾　群（女）
检察委员会专职委员：温　慧（女）
检委会委员、三级高级检察官：黄林南
（11 月任，12 月任）

赣州经济技术开发区人民法院

【职能及组织机构】　赣州经济技术开发区人民法院，简称区法院。作为国家审判机关，行使基层人民法院的审判权。

【领导名单】
党组书记、院长：黄　捷（任至 9 月）
张文洲（女，9 月任）
党组成员、副院长：曾燕星
邓文科
党组成员：范　兴
党组成员、执行局局长：范勇军
党组成员、政治部主任：范赣丽（女）

国家税务总局赣州经济技术开发区税务局

【职能及组织机构】　国家税务总局赣州经济技术开发区税务局，简称区税务局。主要负责所辖区域内各项税收、社会保险费和有关非税收入征收管理。

【领导名单】
党委书记、局长：朱绍伶（任至 11 月）
党委副书记、副局长：温美松（主持工作）
（11 月任）
党委委员、副局长：袁应发
易美琴（女）
李道昌
曾　春（任至 5 月）
李兆春
党委委员、纪检组组长：肖　霜（女）

赣州市市场监督管理局赣州经济技术开发区分局

【职能及组织机构】　赣州市市场监督管理局赣州经济技术开发区分局，简称区市监分局。主要负责区内市场综合监督管理、宏观质量管理、市场主体统一登记注册和信用监督管理、市场秩序的监督管理工作，负责食品药品安全、产品质量安全、特种设备安全监督管理工作，统一管理计量、标准化、认证与检验检测、知识产权工作，完成市市场监督管理局和区党工委、管委会交办的其他工作任务等。

【领导名单】
党组书记、局长：王玉椿（女）
党组副书记：杨国国
党组成员、副局长：徐俊彪
李贵湘（女，任至 5 月）
唐镇宇
郭世峰
叶才旺
党组成员：李灿林
林永革
钟声灵（任至 4 月）
潘　智

赣州市生态环境局赣州经济技术开发区分局

【职能及组织机构】 赣州市生态环境局赣州经济技术开发区分局，简称区生态环境分局，是赣州市生态环境局正科级派出机构，与赣州市生态环境保护综合执法支队赣州经济技术开发区大队合署办公。主要负责贯彻实施生态环境保护法律法规规章，贯彻落实国家及省市生态环境保护工作方针政策和决策部署，负责权限内项目环境影响评价的监督管理工作，负责水、气、土、噪声、固体废物与化学品、辐射、生态保护及农村生态环境保护的监督管理，协调解决辖区内的环境问题和环境污染纠纷，调查处理环境污染事故和生态破坏事件，统一领导辖区内生态环境监测与执法力量，承办市生态环境局交办的其他事项。

【领导名单】
负责人：罗文忠（彝族，任至 12 月）
局　长：刘广锦（12 月任）
副局长：朱官平
大队长：刘志海（10 月任）

赣州市城市管理综合行政执法支队赣州经济技术开发区大队

【职能及组织机构】 赣州市城市管理综合行政执法支队赣州经济技术开发区大队，简称区城管大队。主要负责市容环境管理、查违拆违、城市管理行政许可及行政处罚、城市运行安全、森林防灭火、拆墙透绿、夜景亮化等工作。

【领导名单】
党组书记、大队长：谢建忠（任至 10 月）
　　　　　　　　　廖　钦（10 月任）
党组成员：黄忠华
　　　　　陈光荣

赣州经济技术开发区应急管理局

【职能及组织机构】 赣州经济技术开发区应急管理局，简称区应急管理局。主要负责应急管理工作，指导和协调各乡（镇、街道、科技城管理处）及各部门应对安全生产类、自然灾害类等突发事件的应急处置和综合防灾减灾救灾、森林防灭火工作；负责全区安全生产综合监督管理，承担区安委办日常工作；负责贯彻执行国家应急管理、安全生产等法律法规，拟订全区应急管理、安全生产等政策规定，组织编制区应急体系建设、安全生产和综合防灾减灾规划，起草有关制度和规范性文件，组织制定相关规程和地方性标准并监督实施；负责落实、完善事故灾难和自然灾害分级应对制度，组织编制区总体应急预案和安全生产类、自然灾害类专项预案，综合协调应急预案衔接工作，组织开展预案演练；负责建立监测预警和灾情报告制度，健全自然灾害信息资源获取和共享机制，依法依规统一发布灾情；负责组织指导协调安全生产类、自然灾害类等突发事件应急救援，综合研判突发事件发展态势并提出应对建议，协助区党工委、区管委会指定的负责同志组织较大灾害应急处置工作；负责筹应急救援力量建设，负责森林火灾扑救、抗洪抢险、地震和地质灾害救援、生产安全事故救援等专业应急救援力量建设，按规定权限协调管理应急救援队伍，指导社会应急救援力量建设；指导协调森林火灾、水旱灾害等防治工作，指导开展自然灾害综合风险调查评估工作；负责组织协调灾害救助工作，组织指导灾情核查、损失评估、救灾捐赠工作，按权限管理分配救灾款物并监督使用；负责依法行使安全生产综合监督管理职权，指导协调、监督检查区有关部门和乡（镇、街道、科技城管理处）安全生产工作，组织开展应急管理巡查、考核工作；负责非煤矿山、危险化学品安全监督管理工作和烟花爆竹安全禁售监督管理工作；防范因生产安全事故引发环境污染事件；负责依法依规组织指导生产安全事故调查处理，监督事故查处和责任追究落实情况；负责开展应急管理方面的区域交流与合作，组织参与安全生产类、自然灾害类等突发事件的区域救援工作；负责制定应急物资储备和应急救援装备规划并组织实施，会同有关部门建立健全应急物资信息平台和调拨制度，在救灾时统一调度；负责应急管理、安全生产宣传教育和培训工作，组织指导应急管理、安全生产的科学技术、推广应用和信息化建设工作；负责组织指导协调和监督全区安全生产行政执法工作，组织开展对区属企业的执法检查，组织开展对安全生产重点企业的执法检查。

【领导名单】

党委书记、局长：王名正（任至 8 月）
　　　　　　　　李干军（9 月任）
党委委员：吴永祯
　　　　　谢信明（任至 9 月）
　　　　　谭　侃（任至 7 月）
　　　　　杜贤庆（9 月任）
　　　　　陈雪刚（12 月任）

赣州市司法局赣州经济技术开发区分局

【职能及组织机构】　赣州市司法局赣州经济技术开发区分局，简称区司法分局，是赣州市司法局派出机构。主要负责统筹推进、规划驻在地法治政府、法治社会建设责任；承办行政复议案件审理、规范性文件备案审查、合法性审查申请事项工作；负责指导、监督辖区内行政执法的综合协调工作；负责辖区内人民调解、司法所建设，管理辖区内社区矫正、安置帮教；负责人民陪审员、人民监督员选任管理工作；负责公共法律服务体系建设、律师管理、基层法律服务管理、法律援助、法治宣传等工作。

【领导名单】

副局长：刘　巍（主持工作）

赣州市公安局交通警察支队开发区大队

【职能及组织机构】　赣州市公安局交通警察支队开发区大队，简称区交警大队，隶属于赣州市公安局交通警察支队。主要负责赣州经开区范围内的道路交通管理。

【领导名单】

党总支书记、教导员：卢伟华
党总支委员、副大队长：熊　锋
　　　　　　　　　　　钱　明
　　　　　　　　　　　曾　丹
党总支委员：胡洪俊
党总支委员、凤岗中队中队长：袁祥勇（9 月任）
党总支委员、综合办公室主任：钟　康（9 月任）

赣州经济技术开发区综合执法大队

【职能及组织机构】 赣州经济技术开发区综合执法大队，简称区综合执法大队。主要负责承担法律法规及相关授权的区内安全生产等领域行政执法职责。

【领导名单】
负责人：王名正（4月任，任至11月）
党组书记：刘罗前
党组副书记：杨辉臻（11月任）
党组成员、副大队长：王彦超（10月任）
党组成员：黄圣翰（10月任，任至12月）
张　建（11月任）

赣州经济技术开发区消防救援大队

【职能及组织机构】 赣州经济技术开发区消防救援大队，简称区消防救援大队。主要负责依法开展防火监督、火灾扑救和抢险救援工作。

【领导名单】
党委书记、政治教导员：朱　亮
党委副书记、大队长：冯英平
党委委员、副大队长：卢吉洲
党委委员：刘广林
陈文生

赣州市市场监督管理执法稽查局赣州经济技术开发区分局

【职能及组织机构】 赣州市市场监督管理执法稽查局赣州经济技术开发区分局，简称区市监执法稽查分局，是赣州市市场监督管理执法稽查局下设分局。主要负责组织实施赣州经开区市场监管领域的行政处罚权以及与行政处罚相关的行政检查、行政强制权，包括投诉举报的受理和行政处罚案件的立案、调查、处罚等；负责承办赣州市市场监督管理局和赣州市市场监督管理执法稽查局交办的其他工作。

【领导名单】
负责人：奚　毅（任至3月）
舒　磊（3月任）
协助负责人：彭艳琪（女，3月任）
何　寅（3月任）
协助班子工作：朱先明（3月任）
刘小玉（3月任）

赣州市交通运输综合行政执法大队赣州经济技术开发区大队

【职能及组织机构】 赣州市交通运输综合行政执法支队赣州经济技术开发区大队，简称区交通运输综合执法大队，隶属于赣州市交通运输综合行政执法支队。主要负责赣州经开区范围内的交通运输综合行政执法工作。

【领导名单】
市支队班子成员、大队临时负责人：龙　敏
副科级干部：戴　明
李粹明
刘　敏（女）
黎学军

易鹏国

万贤卿

王林玥（女，7月任）

监事会主席：钟祥飞（挂职）

区属国有企业

赣州建控投资控股集团有限公司

【职能及组织机构】 赣州建控投资控股集团有限公司，简称赣州建控集团。主要从事城市基础设施、市政道路、教育、民生建设项目的投资、建设和管理：参与收储土地的整理开发和政府批准的其他重大项目投资、建设任务，市政配套设施建设及维护等。

【领导名单】

党委书记、董事长：胡　昊（挂职）

党委副书记、董事、总经理：肖日华（挂职，任至5月）

曲斐斐（女，7月任，挂职）

党委副书记：简清平（挂职，任至10月）

党委副书记、董事：阳贻春（10月任，挂职）

党委委员、纪检书记：曲斐斐（女，挂职，任至6月）

钟宏波（7月任）

董事、副总经理：凌　云（挂职）

赖志华（任至6月）

党委委员、董事：阳贻春（挂职，任至9月）

党委委员、董事、总工程师：张瑞平

党委委员、董事：谢　慧

党委委员、董事、副总经理：钟宏波（任至6月）

副总经理、职工监事：刘地长

副总经理：刘俊芳（女，7月任）

赣州经开区工业发展投资（集团）有限责任公司

【职能及组织机构】 赣州经开区工业发展投资（集团）有限责任公司，简称区工发集团。主要通过整合充实资产，做大资产规模，运用基金、证券、融资租赁、商业保理等多种金融工具，为经开区产业升级、重大项目建设提供金融服务，稳步发展现代金融和投资业务。主要从事基金投资业务（私募基金管理人登记编码为P1034542），并依托专业化投资能力涉足基金管理业务，管理政府产业引导基金和母基金，私募投资基金。此外，工发集团还通过下属公司开展供应链金融、设备租赁、融资租赁、资产运营及人才服务等业务，业务总体较为多元。

【领导名单】

董事长：肖日华（挂职，任至5月）

杨泽宸（7月任，挂职）

董事、总经理：杨泽宸（挂职，任至6月）

赖志华（7月任）

刘　锋

副总经理：刘事强（8月任）

监事会主席：王连生（兼职）

赣州保税实业集团有限责任公司

【职能及组织机构】 赣州保税实业集团有限公司，简称区保税实业。按照产业发展和功能互补的需要，重点打造产业供应链、跨境电商、一带一路和开发建设四大产业板块。

【领导名单】
董事长、总经理：谢卫东②（任至5月）
　　　　　　　　毛添钿（5月任）
董事长：肖日华（5月任）
董事、副总经理：毛添钿（任至5月）
　　　　　　　　温余燕（女）
　　　　　　　　温　泉（5月任）
副总经理：刘翔宇（7月任）

赣州国瑞新能源汽车产业发展有限公司

【职能及组织机构】　赣州国瑞新能源汽车产业发展有限公司，简称国瑞新能源公司。主要从事新能源汽车及相关配套的投资、开发；企业项目投资；市政基础设施建设开发；房地产开发经营；物业管理。

【领导名单】
董事长：刘普海

赣州满园建设开发有限公司

【职能及组织机构】　赣州满园建设开发有限公司，简称满园公司。主要负责赣州经开区电子信息产业园辖区内财政性投资项目工程代建管理，含市政基础设施建设开发、返迁房项目建设、供水供电供气工程建设、绿化园林等配套设施开发建设等项目的立项、设计、招标、建设管理等。

【领导名单】
执行董事兼总经理：谢　慧
副总经理：王　玺
　　　　　欧阳忠健（9月任）
　　　　　马　玲（女）
　　　　　许培君（挂职）

赣州西城建设开发有限公司

【职能及组织机构】　赣州西城建设开发有限公司，简称西城公司。主要承担西城区（迎宾大道、飞翔路以南）区域内的建设、开发、运营和财政性投资项目的工程代建管理，负责工程项目的立项、设计、招标、建设及竣工验收等全过程管理工作。

【领导名单】
执行董事兼总经理：肖　晖（7月任）
副总经理：卢继芬（女）
　　　　　谢佐东

赣州新能源汽车科技城建设开发有限公司

【职能及组织机构】　赣州新能源汽车科技城建设开发有限公司，简称科技城建开公司。主要承担赣州新能源科技城城市公共基础设施等项目的融资、投资、建设、运营和管理以及一级土地整理和储备，并负责授权范围内国有资产的经营管理。

【领导名单】
执行董事兼总经理：阳贻春
副总经理：曾庆燚

游亮亮

欧阳忠健（任至9月）

钟　华①（1月任）

群众团体

赣州经济技术开发区总工会

【职能及组织机构】　赣州经济技术开发区总工会，简称区总工会。主要负责维护职工合法权益，动员组织职工参加经济建设，密切联系职工，听取和反映职工的意见和要求，教育职工不断提高思想政治道德、技术业务和科学文化素质，关心职工，全心全意为职工服务，承办区党工委和市总工会交办的其他事项。

【领导名单】

工会主席：华晓斌（任至9月）

吴小梅（女，12月任）

专职副主席：朱为民（任至4月）

高　松（4月任）

副主席：张　旭（挂职）

王新宇（兼职）

常　委：王玉椿（女）

李　萍（女）

蔡　林

郭孝尧

王金秀（女）

赣州经济技术开发区妇女联合会

【职能及组织机构】　赣州经济技术开发区妇女联合会，简称区妇联。主要负责教育、引导广大妇女树立正确的社会主义核心价值观，表彰各类妇女先进典型；负责推动和开展对妇女的科技文化及生产劳动技能的培训，全面提高广大妇女的综合素质，促进妇女人才的成长；负责代表妇女参加国家和社会事务的民主管理和民主监督；负责组织调查、研究新时代妇女工作中出现的新情况、新问题及涉及妇女切身利益的热点、难点问题，及时向区党工委、管委会反映妇女群众的意愿和需求，提出对策建议；负责为妇女儿童服务、为基层服务，加强与社会各界的联系，协调推动全社会为妇女儿童办实事；负责指导各级妇联依据《中华全国妇女联合会章程》和妇女代表大会任务，开展妇女儿童工作。

【领导名单】

主　席：谢丽华（女）

副主席：温珠艳（女，挂职）

郭云倩（女，兼职）

支鲁凡（女，兼职）

共青团赣州经济技术开发区工作委员会

【职能及组织机构】　共青团赣州经济技术开发区工作委员会，简称区团工委。主要负责引导教育青少年，推进青少年文化建设和宣传工作；负责组织规范少先队开展活动；负责企业和农村共青团工作，青年志愿者组织的建设；负责学校团委（少先队）、青少年维权工作。

【领导名单】

书　记：唐远林

副书记：张福兰（女，兼职）
　　　　陈仙柏（挂职）
　　　　周敏华（兼职）

赣州经济技术开发区科学技术协会

【职能及组织机构】 赣州经济技术开发区科学技术协会，简称区科协。主要负责推动科普和全民科学素质建设工作，在全国科技周、全国科技工作者日、全国科普日等时间节点开展科普活动，指导乡（镇、街道）科协开展工作，弘扬科学精神，普及科学知识，传播科学思想和科学方法；捍卫科学尊严，推广先进技术，开展青少年科学技术教育活动，提高全民科学素质。负责反映科技工作者的建议、意见和诉求，维护科技工作者的合法权益；做好高层次平台（院士专家、海智计划）、企业科协及企业科协联盟建设，举荐、宣传优秀科技工作者和科普先进工作者，举荐人才。

【领导名单】
主　席：刘　钧（兼职）
副主席：刘光银（挂职）

赣州市工商联赣州经济技术开发区分会

【职能及组织机构】 赣州市工商联赣州经济技术开发区分会，简称区工商联分会。主要负责引领企业家积极参政议政，做强非公经济人士中党代表、人大代表、政协委员的培养和推荐工作；负责联系园区非公企业、商协会，搭建企业与政府沟通桥梁；负责向企业宣传党的路线方针政策和中央、省、市、区重大决策部署；负责做好园区非公企业维权服务工作；负责开展“万企兴万村”行动；负责引导园区企业积极投身光彩事业，热心社会公益事业。

【领导名单】
党组书记：何　源（12月任）
主　席：朱开椿
专职副主席：朱丰华（女，12月任）
兼职副主席：朱丰华（女，任至12月）
副主席：刘钦辉
　　　　杨铁群
　　　　邓卫城
　　　　李建明
　　　　何　喆
　　　　郭晓夏

赣州经济技术开发区红十字会

【职能及组织机构】 赣州经济技术开发区红十字会，简称区红十字会，成立于2021年1月18日，办公室设在区社管局，相关职能由区社管局民政科承担，民政科科长兼任办公室主任。主要负责研究制定全区红十字会工作标准和实施方案，并组织实施；宣传、贯彻、落实《中华人民共和国红十字会法》和中国红十字会总会制定的各项工作方针、政策；承办市红十字会办公室、财务室工作，对接协调市红十字会人道资源发展中心、捐献服务中心、组织宣传科等工作；负责在市红十字会的指导下依法开展社会募捐活动，动员和筹集境内外人力、款物、信息、服务等人道资源，负责备灾救灾物资的仓储、发送及捐赠款物的接收工作，依法向社会公示捐赠款物情况，承办市红十字会人道资源发展中心工作；负责将红十字应急救援纳入政府灾害应急响应体系，红十字备灾救灾中心（或物资库）及相关设施建设，纳入全区防灾减灾统筹规划。负责策划、实施人道救助服务项目，以及大力开展以健康服务、大病医疗救助、扶贫帮困等为内容的人道救助活动和人道传播工作。积极开展国际人道援助和港澳台交流合作。建立各类民间救援队伍，并给予政策、经费、设备、保障等方面支持。为依法使用红十字标志并执行应急救援任务的人员、物资和交通工具等提供快捷通道，保证优先通行、通关、检验检疫，减免相关费用，承办市红十字会人道资源发展中心工作；负责无偿献血、造血干细胞捐献、遗体和人体器官捐献工作，以及指导二级以上医院做好无偿献血、造血干细胞捐献、遗体和人体器官捐献咨询服务专区的宣传、咨询、登记等工作；免除遗体和人体器官捐献者的基本殡葬服务费，开展捐献者缅怀活动。为转运捐献的遗体和人体器官、造血干细胞提供快捷通道，保障优先通行，承办市红十字会捐献服务中心工作；负责新闻编辑、宣传、发布（微信公众号、微博、官网、抖音），配合各工作组活动的策划，与各大媒体记者建立联络制度。承担市红十字会组织宣传科工作。指导全区机关、企事业单位开展公益宣传活动。为影剧院、车站、机场、公园、商场等公共场所开展红十字会活动，提供便利和减免相关费用。建立红十字会应急信息诉求平台和信息共享机制。指导区直、驻区单位（部门）建立应急救护培训计划，以及开展应急救护培训和应急救护知识普及工作。指导普通高校开设红十字运动基本知识和应急救护相关课程，中小学校开展应急救护知识普及活动；负责发展乡（镇、街道、管理处）、村（社区）、学校等红十字基层组织，监督指导红十字基层组织的财务和业务工作。负责在乡（镇、街道、管理处）、村（社区）、学校、医院、机关和企事业单位发展志愿者队伍。将红十字志愿服务工作纳入全区志愿服务工作整体规划和城市公共文明指数测评体系。负责建立和完善按专业、分领域的红十字志愿服务体系，以及对志愿者的专业培训。负责制定志愿服务积分和评比制度，宣传和表彰优秀的红十字志愿者；负责提供红十字会必要经费保障，将红十字会备灾、应急救护培训、人道救助等工作宣传、志愿服务等经费纳入区财政预算，在民政工作经费中统筹保障，负责设立社会捐赠资金专户，严格资金管理，提高使用效益。

【领导名单】

会　长：卓邦友

常务副会长：王会东（任至 10 月）

秘书长：阳作忠

办公室主任：廖志平

赣州经济技术开发区残疾人联合会

【职能及组织机构】 赣州经济技术开发区残疾人联合会，简称区残联。成立于 2016 年，与区社管局民政科合署办公，负责区残疾证办理、残疾人康复训练、教育就业、宣传教育、事业统计、组织联络等残疾人服务工作。

【领导名单】

理事长：阳作忠

副理事长：廖志平

乡（镇、街道、管理处）

黄金岭街道

【职能及组织机构】 黄金岭街道党工委作为区党工委的派出机关，行使区党工委授予的职权，是辖区各项事业的领导核心，对本街道经济、政治、文化、社会、生态文明建设实行全面领导，对本街道党的建设全面负责。黄金岭街道办事处作为区管委会的派出机关，根据相关法律规定和区管委会授权，履行相应的职能。黄金岭街道党工委和办事处宣传贯彻党和国家各项方针、政策和法律法规，执行党中央、上级党组织的决议、决定，接受相关部门的业务指导，在履行职责过程中坚持和加强党对街道各项工作的集中统一领导。主要职责是加强党的建设、统筹区域发展、组织公共服务、实施综合管理、监督执法管理、动员社会参与、指导社区自治、维护公共安全；做好国防教育和兵役、退役军人事务等工作；承担区党工委、管委会交办的其他事项。

【领导名单】

党工委书记：李干军（任至6月）
　　　　　　黄爱民（6月任）

党工委副书记：肖上清（任至6月）
　　　　　　　熊　岚（女，任至6月）
　　　　　　　卢　嵘（6月任）
　　　　　　　刘小斌（6月任）

党工委委员：卢　嵘（任至6月）
　　　　　　陈国飞（任至6月）
　　　　　　钟灵花（女，6月任）
　　　　　　黄军雄（6月任）

党工委委员、纪工委书记：彭　亮

党工委委员、组宣委员：钟　华（女，任至6月）

党工委委员、组宣委员、统战委员：刘佐军（6月任）

人大工委会专职主任：钟　华②（任至6月）
　　　　　　　　　　曾　诚（6月任）

人大工委会专职副主任：刘佐军（任至6月）
　　　　　　　　　　　涂　珺（女，6月任）

主　任：肖上清（任至6月）
　　　　卢　嵘（6月任）

常务副主任：卢　嵘（任至6月）
　　　　　　钟灵花（女，6月任）

副主任：罗海明

四级调研员：叶建荣（任至6月）
　　　　　　刘罗前（任至6月）

综合行政执法大队大队长：林列国（9月任）

党群服务中心主任：麦燕明（女，9月任）

蟠龙镇

【职能及组织机构】 蟠龙镇党委是党在农村的基层组织，是各项工作的领导核心，对本辖区的经济、政治、文化、社会、生态文明建设实行全面领导，对本镇党的建设全面负责。镇人民政府是基层行政机关，依法履行本区域的服务和管理职责。蟠龙镇党委、政府宣传贯彻党和国家各项方针、政策和法律法规执行党中央、上级党组织的决议、决定，接受相关部门的业务指导，在履行职责过程中坚持和加强党对全镇各项工作的集中统一领导。主要职责是加强党的建设、实施乡村振兴战略、加强公共管理、加强公共安全、加强政务服务、领导基层自治、动员社会参与、加强财税管理；做好国防教育和兵役、退役军人事务等工作；承担区党工委、管委会交办的其他事项。

【领导名单】

党委书记：刘福田（任至6月）
　　　　　聂慧洁（女，6月任）
党委副书记：毛伟求（任至6月）
　　　　　　黄利坚（任至6月）
　　　　　　张选桂（6月任）
党委委员：陈定先（任至6月）
　　　　　陈国飞（6月任）
　　　　　陈　敏
党委委员、派出所所长：周逸勇
党委委员、组织委员：刘　芳（女，任至6月）
　　　　　　　　　　郑　敏（女，6月任）
党委委员、政法委员、综治办主任：董　威（任至6月）
　　　　　　　　　　　　　　　　邝盛彦（6月任）
党委委员、宣传委员、统战委员：
邱艺琴（女，任至6月）
舒璐云（女，6月任）
党委委员、纪检书记：郭志清（任至6月）
　　　　　　　　　　彭昊轩（6月任）
人大主席团主席：王清华（任至6月）
　　　　　　　　刘华铿（6月任）
人大主席团专职副主席：曾冬梅（女，任至6月）
　　　　　　　　　　　刘赣龙（6月任）
镇　长：毛伟求（任至6月）
　　　　黄利坚（6月任）
副镇长：陈定先（任至6月）
　　　　郑　敏（女，任至6月）
　　　　梁燕辉（任至6月）
　　　　陈国飞（6月任）
　　　　李雪丰（女，6月任）
　　　　杜金水
　　　　邱　毅（6月任）
综治办专职副主任：邝盛彦（任至6月）
综合行政执法大队队长：刘翼伟
综合便民服务中心主任：邓静远（女，11月任）
司法所所长：吴中海

湖边镇

【职能及组织机构】 湖边镇党委是党在农村的基层组织，是各项工作的领导核心，对本辖区的经济、政治、文化、社会、生态文明建设实行全面负责。湖边镇人民政府是基层行政机关，依法履行本区域的服务和管理职责。湖边镇党委、政府宣传贯彻党和国家各项方针政策和法律法规，执行党中央、上级党组织的决议、决定，接受相关部门的业务指导，在履行职责过程中坚持和加强党对全镇各项工作的集中统一领导。主要职责是加强党的建设、加强公共管理、加强公共安全、加强政务服务、领导基层自治、动员社会参与、加强财税管理、做好国防教育和兵役、退役军人事务等工作；承担区党工委、管委会交办的其他事项。

【领导名单】
党委书记：谢达琳（任至6月）
肖上清（6月任）
党委副书记：王　朝（任至6月）
毛伟求（6月任）
钟　华（女，6月任）
党委委员：李　萍（女，任至6月）
张选桂（任至6月）
董　威（6月任）
谢宝玲（6月任）
党委委员、政法委员：罗才天（任至6月）
廖云嵩（6月任）
党委委员、纪委书记、监察办主任：丁　懿（任至6月）
张希良（6月任）
党委委员、组织委员：吴　琼（任至6月）
谢腾飞　（6月任）
党委委员、宣传委员、统战委员：叶泽彬（6月任）
党委委员、派出所所长：邱　坚
人大主席团主席：曾　诚（任至6月）
谢鹏飞（6月任）
人大专职副主席：刘旭东（6月任）
镇　长：王　朝（任至6月）
毛伟求（6月任）
副镇长：李　萍（女，任至6月）
李雪丰（女，任至6月）
杨泽宸（任至6月）
董　威（6月任）
梁燕辉（6月任）
陈　琼（女，6月任）
陈思竹（女，6月任）
综治办主任：罗才天（任至6月）
四级调研员：王学忠
便民服务中心主任：曾小嵩（女，10月任）
综合行政执法大队大队长：衷梓桑（10月任）

凤岗镇

【职能及组织机构】　凤岗镇党委是党在农村的基层组织，是各项工作的领导核心，对本辖区的经济、政治、文化、社会、生态文明建设实行全面领导，对本镇党的建设全面负责。镇人民政府是基层行政机关，依法履行本区域的服务和管理职责。凤岗镇党委、政府宣传贯彻党和国家各项方针、政策和法律法规，执行党中央、上级党组织的决议、决定，接受相关部门的业务指导，在履行职责过程中坚持和加强党对全镇各项工作的集中统一领导。主要职责是加强党的建设、实施乡村振兴战略、加强公共管理、加强公共安全、加强政务服务、领导基层自治、动员社会参与、加强政务服务、领导基层自治、动员社会参与、加强财税管理；做好国防教育和兵役、退役军人事务等工作；承担区党工委、管委会交办的其他事项。内设党政办公室、党建办公室、财政经济办公室、乡村振兴办公室、社会事务办公室、征地拆迁安置办公室、综合便民服务中心、综合行政执法大队。

【领导名单】
党委书记：黎　俊（任至6月）
刘昌平（6月任）
党委副书记：李　枫（任至6月）

王　朝（6月任）
裴红燕（女，任至6月）
欧阳景春（6月任）
党委委员：钟灵花（女，任至6月）
姜　北（任至6月）
陈景福（6月任）
杨　志（6月任）
党委委员、纪委书记：李智渊（任至6月）
林　涛　（6月任）
党委委员、组织委员：宋智强（任至6月）
曹性明（6月任）
党委委员、宣传委员、统战委员：曹性明（任至6月）
张　涛（女，6月任）
党委委员、政法委员：吴启军
人大主席团主席：刘永忠（任至6月）
吴　琼（女，6月任）
人大主席团副主席：董世荣（任至6月）
张小峰（6月任）
镇　长：李　枫（任至6月）
王　朝（6月任）
常务副镇长：钟灵花（女，任至6月）
副镇长：罗　虹（女，任至6月）
张小峰（任至6月）
刘广森（任至6月）
陈景福（6月任）
何文婷（女，6月任）
谢　媛（女，6月任）
王建红（6月任）
综治办专职副主席：舒璐云（女，任至6月）

三江乡

【职能及组织机构】　三江乡党委是党在农村的基层组织，是各项工作的领导核心，对本辖区的经济、政治、文化、社会、生态文明建设实行全面领导，对本乡党的建设全面负责。乡人民政府是基层行政机关，依法履行本区域的服务和管理职责。三江乡党委、政府宣传贯彻党和国家各项方针、政策和法律法规，执行党中央、上级党组织的决议、决定，接受相关部门的业务指导，在履行职责过程中坚持和加强党对全乡各项工作的集中统一领导。主要职责是加强党的建设、实施乡村振兴战略、加强公共管理、加强公共安全、加强政务服务、领导基层组织、动员社会参与、加强财税管理；做好国防教育和兵役、退役军人事务等工作；承担区党工委、管委会交办的其他事项。

【领导名单】
党委书记：叶福平（任至6月）
张　欣（6月任）
党委副书记：何　源（任至6月）
刘　浚（任至6月）
宋智强（6月任）
党委委员：陈景福（任至6月）
吴端福（任至6月）
王建权（6月任）
李明金（6月任）
党委委员、政法委员：刘小斌（任至6月）
李智渊（6月任）
党委委员、宣传委员、统战委员：
田素华（女，任至6月）

曾　晋（6月任）
党委委员、纪检书记：王建权（任至6月）
李海锋（6月任）
党委委员、组织委员：罗智慧（女）
党委委员、派出所所长：董健敏
人大主席团主席：曹承斌
人大主席团副主席：范世光（任至6月）
人大主席团副主席：王　诚（6月任）
乡　长：何　源（任至6月）
刘　浚（6月任）
常务副乡长：陈景福（任至6月）
王建权（6月任）
副乡长：杨　志（任至6月）
石保香（女，任至6月）
李　忠（任至6月）
刘嗣维（6月任）
刘　红（女，6月任）
宋世斌（6月任）
综治办专职副主任：张旭阳（女，任至6月）
司法所所长：黄　明
综合便民服务中心主任：刘小兰（女）
综合行政执法大队队长：康　伟

赣州新能源科技城管理处

【职能及组织机构】　赣州新能源科技城管理处主要职责是宣传、贯彻、执行党的基本路线和国家的各项方针、政策，特别是落实国家发展新能源汽车产业的方针、政策和法律、法规、规章，执行赣州市及赣州经开区新能源科技城建设和产业发展有关政策、决议以及区党工委、管委会的其他各项决定和指示，抓好党的思想、组织、作风和廉政建设工作，积极开展本辖区的精神文明建设活动；协助有关部门加强本辖区的城市管理和应急管理工作；组织群众开展爱国卫生运动，美化、绿化、亮化、净化城市环境；协助有关部门做好防灾、救灾、村民防火和安全生产监督管理工作；负责新能源汽车科技城的基础设施建设管理维护、项目承接建设和服务；负责新能源汽车科技城项目用地的征收搬迁和搬迁群众的安置工作；大力发展本辖区农村经济，优化发展环境，做好工业发展、苏区振兴发展有关工作，积极扶持为民、便民、利民的农村公共服务事业，提高村民的生活质量和生活水平；会同有关部门，加强村民委员会建设，指导和帮助村委会依法自治；负责农村党建、“两新”组织党建工作，切实提高党员素质，充分发挥党员先锋模范作用；负责本辖区的普法、信访、维稳和社会管理综合治理、所辖村的治安保卫、民事纠纷调解和失足青少年的帮教转化以及社区矫正工作，保护老人、妇女、儿童和残疾人的合法权益；负责本辖区的民政事务、人民武装、兵役工作，搞好拥军优属工作，举办社会福利事业，做好科技城文化、科普、体育、教育管理工作；配合有关部门帮助和扶持社会待业青年安置及下岗人员再就业等工作；负责本辖区的计划生育工作，做好流动人口管理工作；会同有关部门抓好科技城组织、文化、管理、卫生、治安等建设，强化科技城服务工作；负责农村、农业、农民服务的公共服务和社会化服务体系建设，加强新农村建设，维护社会稳定，努力建设农村和谐秀美新型社会；承办区党工委、管委会交办的其他事项。

【领导名单】

党委书记：王　明（任至 6 月）

黄　峰（6 月任）

党委副书记：曾凡平（任至 5 月）

谢一洪（6 月任）

李　亮

党委委员、宣传委员、统战委员：谭　君

党委委员、纪检组组长：钟韦华（任至 10 月）

李　慧（女，10 月任）

党委委员、派出所所长：刘昊敏

党委委员、组织委员：胡　云

党委委员、政法委员：蒙贤荣

党委委员：蔡　林（11 月任）

李阿李（女，11 月任）

林　聪

主　任：曾凡平（任至 5 月）

谢一洪（6 月任）

副主任：朱启健（任至 5 月）

郝夷桑（任至 9 月）

李　娟（女，任至 10 月）

蔡　林（11 月任）

李阿李（女，11 月任）

管理处综治办专职副主任：谢腾飞（任至 6 月）

（注：领导名单内一个姓名多次出现，若为同一人，则不另作标记；若非同一人，且不便区分，则在右上角加注①②等标记区分。）

赣州经开区城市一角　（2021 年，周琨摄）

重要会议、文件表录

重要会议一览表

表 17

序号	会议名称	时间、地点	重大决策或成果
1	全区 2020 年第四季度六大攻坚战项目建设“大比武”、六大百日攻坚大会战总结大会暨“争做拓荒牛，打好春耕战”春季攻势专项行动动员大会	1 月 22 日（星期五）14：30 区会议中心 1 号会议厅	会议全面贯彻党的十九大和十九届二中、三中、四中、五中全会精神，深入贯彻落实习近平总书记视察江西和赣州重要讲话精神，中央经济工作会议、省委经济工作会议、市委五届十次全会精神，对 2020 年第四季度六大攻坚战项目建设工作进行考核评比，盘点总结六大百日攻坚大会战，动员部署 2021 年春季攻势专项行动，会议决定，要开展招大引强“春雷”行动，大招商、招大商；要开展项目建设“春笋”行动，抢进度、强集群；要开展营商环境“春天”行动，优环境、保要素；要开展金融创新“春水”行动，破坚冰、促发展；要开展乡村振兴“春雨”行动，抓三农、促振兴；要开展民生实事“春风”行动，解民忧、暖民心；要开展党的建设“春晖”行动，抓党建、强队伍。奋力夺取“十四五”开局和 2021 年一季度工作“开门红”
2	全区 2020 年工作总结表彰暨 2021 年工作动员会	2 月 6 日（星期六）14：00 区会议中心 1 号、2 号会议厅	会议表彰了 27 类先进集体和个人；书面通报了 2020 年我区民生工程实事完成情况和 2021 年赣州经开区民生工程实事计划安排。有关单位和先进个人代表作了发言。会议强调，要大力发扬为民服务孺子牛、创新发展拓荒牛、艰苦奋斗老黄牛精神，牢记嘱托、感恩奋进，咬定青山不放松、脚踏实地加油干，聚焦六大主攻方向，建设“一极两地四中心”，奋力打造全国一流的现代化国家级经开区。2021 年工作的总体战略定位是：建设“一极两地四中心”，重点做好 6 个方面工作：一、强力推动工业倍增升级，建设新格局下全国有影响力的制造产业基地，建设全国重要的新能源汽车产业集聚区。二、持续构建更高水平的开放格局，建设全省重要的开放型经济高地，做优内资内贸、外资外贸两个增长点。三、大力实施科技创新战略，打造创新创业引领中心。实施科技“白菜心”工程。四、构筑内陆双向开放高地，打造区域性自贸中心。五、全链条激发企业活力，打造优质营商环境示范中心。六、提升区域协调发展新水平，打造高品质生活新中心
3	2021 年全区党风廉政建设和反腐败工作会议	2 月 9 日（星期二）10：00 区会议中心 2 号会议厅	会议总结 2020 年工作，部署 2021 年重点工作。会议强调，要更加紧密地团结在以习近平同志为核心的党中央周围，充分发挥全面从严治党引领保障作用，以永远在路上的韧劲，纵深推进党风廉政建设和反腐败斗争，推动新时代纪检监察工作高质量发展，为建设“一极两地四中心”提供坚强保障，以优异成绩献礼中国共产党成立 100 周年

续表 17

序号	会议名称	时间、地点	重大决策或成果
4	区 2021 年开放型经济工作动员大会	2 月 25 日（星期四）9：00 区会议中心 1 号会议厅	会议要求，各地各部门（单位）要充分认识做好开放型经济的重要意义，增强开放意识、涵养开放思维、提升开放视野，抢抓机遇、踏实苦干，扎实做好开放型经济各项工作，将历史性机遇转化为持久性红利，努力把经开区打造成为构建新发展格局的重要支点和全省重要的开放型经济发展高地。各级领导干部要克服老区心态、树牢湾区思维，做到观念新、方法新、作风新，努力建设一支具有全球战略眼光、市场开拓精神、创新管理能力的经济型、开放型干部队伍。要进一步强化考核激励和干部使用，注重在开放型经济主战场发现、锤炼、选用干部，旗帜鲜明为善于抓项目、抓招商、抓服务的干部撑腰鼓劲，通过奖优罚劣、奖勤罚懒、奖罚分明，让敢担当、善作为、勇创新蔚然成风
5	全区党史学习教育动员会	3 月 11 日（星期四）17：00 区会议中心 2 号会议厅	会议深入学习贯彻习近平总书记系列重要讲话精神，严格落实中央、省委和市委工作要求，对全区党史学习教育工作进行动员部署。会议指出，展党史学习教育，是一次重温红色经典的营养汲取，也是一次踏上新征程的心灵朝圣。要认真学习领会习近平总书记系列重要讲话精神，深刻领会开展党史学习教育是砥砺初心使命的“磨刀石”、是传承红色基因的“必修课”、是从严管党治党的“助推器”的重要意义，以饱满的政治热情、扎实的工作举措、过硬的工作作风，把党史学习教育抓紧抓实抓到位。会议强调，各级党组织要从党史学习教育中感悟百年党史的思想伟力，获得干事创业的冲天干劲。各级党组织要坚决扛起主体责任，成立相应的领导机构和工作机构；党委（党组）书记要担起“第一责任人”责任，班子成员要认真履行“一岗双责”。赣州经开区党工委党史学习教育领导小组要加强统筹指导，赣州经开区党群部要牵头负责，相关的职能部门和单位要形成工作合力。各级领导干部要坚持以上率下，带头学党史、讲党史、懂党史，用党史示范带动全区广大党员干部积极参与，全身心投入
6	中央巡视反馈意见整改工作动员部署会	3 月 11 日（星期四）17：30 区会议中心 2 号会议厅	会议指出，抓好中央巡视反馈意见整改工作任务艰巨、事关全局、意义重大，巡视整改工作是一项系统工程，各地各部门（单位）要强化大局意识，上下联动、形成合力，坚持守土有责，注重标本兼治，提升整改质效，以最有效的措施、最务实的作风推动巡视整改工作取得实效。会议强调，各地各部门（单位）要把中央巡视反馈意见整改工作作为必须完成好的重大政治任务，切实增强政治自觉、思想自觉和行动自觉，不断提高政治判断力、政治领悟力、政治执行力，全面认领、对标对表，认真研究制定好整改措施，从严从实抓好整改工作，以巡视整改的实际成效践行“两个维护”、体现对党忠诚。要坚决贯彻落实党的路线方针政策和党中央决策部署，把讲政治顾大局落实到建设“一极两地四中心”和全国一流现代化国家级经开区的具体行动中

续表 17

序号	会议名称	时间、地点	重大决策或成果
7	2021 年全区安全生产工作部署会	3 月 23 日（星期二）下午 区会议中心 2 号会议厅	会议深入学习贯彻习近平总书记关于安全生产重要论述和中央、省、市安全生产工作会议精神，总结 2020 年全区安全生产工作，部署 2021 年安全生产工作。会议强调，要以对党和人民高度负责的态度，恪尽职守、齐抓共管，转变作风、狠抓落实，坚决筑牢安全生产防线，切实防范化解重大安全风险，确保全区安全生产形势稳定向好，为全区建设“一极两地四中心”、打造全国一流的现代化国家级经开区持续营造安全稳定环境。会议表彰了 30 家企业安全生产先进集体和 33 名先进个人，获奖代表作发言
8	区关心下一代工作总结表彰大会暨工作会议	3 月 29 日（星期六）14：30 区会议中心 1 号会议厅	会议强调，要抓牢抓实“党建带关建”。将关心下一代工作有机融入党建工作，推动基层关工委组织覆盖和工作覆盖“两个覆盖”，落实“四统一”“四纳入”“四到位”工作措施，加强基层关工委领导班子建设，统筹整合相关资源，着力构中国共产党成立建和“关建”互融互进、相得益彰的良好局面。要加强新时代“五老”队伍建设。大力弘扬“五老”精神，重视发挥“五老”作用，积极完善“五老”发动、提高、激励等工作机制，及时足额发放“五老”补贴，加大“五老”先进典型宣传表彰力度，不断扩充“五老”队伍，激发广大“五老”参与关工委工作的热情。会议传达学习了国家、省、市有关会议精神；表彰了全市关心下一代工作先进集体和先进个人、全区“五好关工委”“先进单位”“先进集体”“最美五老”、关心下一代“十佳教师”“先进工作者”；先进集体、先进个人代表作交流发言
9	区党工委农村工作会议	4 月 2 日（星期五）17：30 区会议中心 1 号会议厅	会议传达学习了省委、市委农村工作会议精神，宣读了《赣州经济技术开发区 2020 年度农村人居环境整治综合评选结果通报》，对“先进乡镇”“最美村庄”“最美小区”“最美庭院”等进行了表彰，总结 2020 年全区农业农村工作，安排部署 2021 年工作任务。会议指出，“三农”工作始终是经开区高质量发展的重要战场。各地各部门务必要高度重视，切实提高政治站位，始终坚持以习近平总书记关于“三农”工作的重要论述为指引，全面贯彻落实中央、省委、市委农村工作会议精神，采取有力措施全面推进乡村振兴，促进农业高质高效、乡村宜居宜业、农民富裕富足，奋力谱写新时代“三农”工作新篇章。要大力实施“一带、一园、一品、两地”的“3 + 2”特色农业产业发展战略，构建集生产、加工、仓储、物流、销售、休闲农业于一体的现代农业产业链

续表 17

序号	会议名称	时间、地点	重大决策或成果
10	全区 2021 年第一季度六大主攻方向项目建设大会战“大比武”、“争做拓荒牛，打好‘春耕’战”春季攻势专项行动总结大会暨第二季度“奋力拼夺‘双过半’，献礼中国共产党成立一百年”九大战役动员大会	4 月 11 日（星期日）8：00 现场会；14：30 区会议中心 1 号会议厅	会议对一季度六大主攻方向项目建设进行考核评比，盘点总结春季攻势专项行动，动员部署二季度九大战役，清点战果、表彰尖兵，吹响号角、接续奋斗，奋力拼夺“双过半”，以优异成绩献礼中国共产党成立一百周年。会议要求，全区上下要咬定目标、上紧发条，全身心投入、全面打响党的建设冲锋战、开放型经济突围战、项目建设大会战、扶持企业持久战、征地拆迁攻坚战、金融创新赋能战、乡村振兴升级战、争资争项主动战、保税功能提标战等“九大战役”，为夺取全年胜打下坚实基础。一、要感悟百年党史，汇聚磅礴伟力，坚决打好党的建设冲锋战；二、要追梦头部企业，冲刺全国五十强，坚决打好开放型经济突围战；三、要主攻六大方向，提升发展能级，坚决打好项目建设大会战；四、要决战千亿高地，打造营商洼地，坚决打好扶持企业持久战；五、要攻城拔寨破局，扫清项目障碍，坚决打好征地拆迁攻坚战；六、要壮大三大平台，搭桥政银担企，坚决打好金融创新赋能战；七、要推动有效衔接，建设“五美”乡村，坚决打好乡村振兴升级战；八、要深挖政策富矿，提速跑部进厅，坚决打好争资争项主动战；九、要扩大外贸体量，链接一带一路，坚决打好保税功能提标战
11	赣州经开区中国共产党成立 100 周年“七一”表彰大会	6 月 28 日（星期一）8：30 区会议中心 1 号会议厅	会议为全区“光荣在党 50 年”党员、先进基层党组织、优秀共产党员、优秀党务工作者代表颁奖。会议强调，要更加紧密地团结在以习近平同志为核心的党中央周围，不忘初心、牢记使命，担当实干、砥砺前行，为建设“一极两地四中心”、打造全国一流的现代化国家级经开区不懈奋斗，奋力谱写全面建设社会主义现代化国家的赣州经开区篇章

续表 17

序号	会议名称	时间、地点	重大决策或成果
12	全区 2021 年第二季度项目建设“大比武”、“奋力拼夺‘双过半’，献礼中国共产党成立一百年”九大战役总结大会暨第三季度“热战黄金季，冲刺‘一千亿’”九大硬仗动员大会	7 月 10 日（星期六） 上午：项目建设“大比武” 下午：1 号会议厅	会议强调，三季度是全年各项工作的集中发力期，全区上下要坚定信心、接续奋斗，提速三季度，冲刺下半年，全面打赢“九大硬仗”，向着完成全年目标任务昂首冲锋。一要要唱响“千歌万曲”颂党恩，坚决打好党的建设硬仗。二要走遍“千山万水”追头部，坚决打好招大引强硬仗。三要派出“千军万马”奔一线，坚决打好项目建设硬仗。四要使出“千招万策”强集群，坚决打好企业扶持硬仗。五要尝遍“千辛万苦”逐资本，坚决打好金融创新硬仗。六要动员“千村万户”同富裕，坚决打好乡村振兴硬仗。七要绽放“千红万紫”提品质，坚决打好园区建设硬仗。八要说尽“千言万语”争红利，坚决打好争资争项硬仗。九要腾出“千顷万亩”拓空间，坚决打好土地清理硬仗。会议表彰了上台阶工业企业、获奖励外资出口企业、综保区扩大外贸体量获奖励企业、获奖励高新技术企业、2021 年第二批新增有效发明专利授权奖励企业；获得嘉奖的公务员（参公人员）；获得人才项目资助资金、人才特殊津贴、人才个税返奖、大学生生活补贴等获奖代表
13	区 2021 年教育工作会议暨庆祝第 37 个教师节表彰大会	9 月 8 日（星期三）10：00 区会议中心 1 号会议厅	会议就做好下一步全区教育工作，强调了五点意见。一要牢记“为党育人、为国育才”的光荣使命，在政治引领中落实立德树人根本任务。二要紧扣“让每个孩子享有更加公平、更高质量教育”的热切期盼，在优质均衡中加快推动教育现代化。三要立足全区“一极两地四中心”的建设大局，在服务发展全局中打造教育人才高地。四要弘扬“一片赤忱育桃李”的奉献精神，在关心厚爱中建设德才双优的高素质教师队伍。五要树立“教育怎么重视都不为过”的鲜明导向，在合力兴教中营造尊师重教社会风尚。会议表彰了 40 名优秀教师、30 名优秀班主任、30 名优秀教育工作者、10 所获得“教学质量先进单位”荣誉称号的学校、100 名获得“教学能手”荣誉称号的教师、60 名获得“教坛新秀”荣誉称号的教师
14	中国共产党赣州经开区代表会议	9 月 18 日（星期六）上午 区会议中心 2 号会议厅	9 月 18 日，中国共产党赣州经开区代表会议圆满完成各项预定议程后，胜利闭幕。出席大会的应到代表 108 人，实到代表 106 人，符合规定人数。大会先采用差额选举办法进行预选，然后进行等额正式选举，到会代表以无记名投票方式，民主选举产生了赣州经开区出席市第六次党代会代表

续表 17

序号	会议名称	时间、地点	重大决策或成果
15	全区 2021 年第三季度项目建设“大比武”、“热战黄金季，冲刺‘一千亿’”九大硬仗总结大会暨第四季度“沸腾四季度，奋斗新征程”八大行动、重大项目建设百日攻坚活动动员大会	10 月 10 日（星期日）全天 上午：现场大比武活动； 下午：区会议中心 1 号厅总结表彰大会	会议对三季度九大硬仗进行盘点总结，对四季度八大行动及重大项目建设百日攻坚活动进行动员部署。一要壮实力，扎实推进工业倍增升级“夺标”行动。二要添动力，扎实推进科技创新赋能“硬核”行动。三要展魄力，扎实推进深化改革开放“追梦”行动。四要凝合力，扎实推进乡村全面振兴“强基”行动。五要增活力，扎实推进城市能级提升“扩容”行动。六要显魅力，扎实推进美丽经开建设“提档”行动。七要齐发力，扎实推进提高民生品质“暖心”行动。八要聚伟力，扎实推进党建质量过硬“先锋”行动。会议表彰了获奖企业代表、第二届赣州经开区十大工匠、十佳“三同”干部、加快推动招商项目落地建言献策“金点子”获奖人员代表等
16	全区学宣贯市党代会精神“示范引领学党史，八大行动争标兵”暨重大项目建设百日攻坚“冲刺领跑”誓师大会	10 月 15 日（星期五）11：00 区会议中心 1 号厅	赣州经开区召开学习宣传贯彻市第六次党代会精神“示范引领学党史，八大行动争标兵”暨重大项目建设百日攻坚“冲刺领跑”誓师大会，会上宣读了《关于做好“沸腾第四季，奋斗新征程”八大行动“奔牛奖”“蜗牛奖”评选推荐工作的通知》，通报了季度绩效考核评分情况。会议强调，要扛起工业倍增升级的标兵担当，一举跃上千亿新高地，当好赣州工业“代言人”。要扛起科技创新赋能的主力担当，奋力争当创新主力军，加速打造成为创新资源集聚区、创新成果转换区、创新驱动示范区。要扛起深化改革开放的引领担当，合力交出招商高分卷。要扛起乡村全面振兴的特色担当，精心描绘乡村新画卷，努力建设新时代“五美”乡村。要扛起城市能级提升的核心担当，加速打造品质新中心，成为市民工作的“首选地”、居住的“理想地”、休闲的“优选地”。要扛起美丽赣州建设的先锋担当，共同维护绿色新空间，让经开区的天更蓝、地更绿、水更清、空气更清新。要扛起提高民生品质的使命担当，聚力提升群众幸福感，让企业和群众的“笑容”成为经开区的“市容”。要扛起党建质量过硬的忠诚担当，迅速掀起宣贯新热潮，在学习贯彻落实市党代会精神上走在前、作表率

续表 17

序号	会议名称	时间、地点	重大决策或成果
17	高铁新区建设指挥部第一次会议	12月2日（星期四）15：30 高铁新区服务中心会议室	会议研究讨论了高铁新区建设指挥部工作职责、2022年重点项目计划安排和赣深高铁开通氛围营造工作事宜。会议强调，要讲政治、顾全局，切实增强做好高铁新区建设管理工作的主动性和自觉性。将高铁新区划转我区建设管理，充分体现了市委、市政府对我区发展的关心和重视，全区各地各单位要切实增强抓好高铁新区建设管理工作的责任感和使命感。要以高铁新区划转为契机，着力推动全区高质量发展，将高铁新区打造成为市中心城区西扩进程中的“地标性”工程、展示赣州形象的“第一窗口”和市中心城区连接粤港澳大湾区的“第一桥头堡”。会议要求，要求，要明方向、强措施，确保高铁新区建设管理各项工作稳妥推进。思路要清晰，要组织外出考察学习外地的先进经验做法，精准定位区域功能，抓紧制定发展规划、编制产业规划。措施要得力，要围绕服务保障民生和做旺人气，加快项目建设进度，加快民生设施建设，完善城市功能配套；聚焦强企名校和优势产业等资源，着力做优产业布局，提升区域竞争力。保障要到位，加强人力、资金、土地、发展环境等要素保障，为高铁新区高质量发展提供有力支撑。要坚持“一线工作法”“践诺工作法”，强化工作调度，确保工作有章法、有成效。要完善工作机制，定期召开指挥部会议协调解决困难和问题，并建立工作台账，跟踪办理情况，强化督导问责

重要文件一览表

表 18

发文字号	文件标题	发文时间
赣经开党字〔2021〕9 号	关于表彰 2020 年度武装工作先进单位和先进个人的通报	2 月 1 日
赣经开党字〔2021〕14 号	关于印发《2021 年赣州经济技术开发区 40 件民生实事项目安排计划》的通知	2 月 5 日
赣经开党字〔2021〕15 号	关于表彰 2020 年度争先创优工作先进集体和先进个人的决定	2 月 6 日
赣经开党字〔2021〕16 号	关于表彰 2020 年度赣州经济技术开发区经济社会发展“十大亮点”事件的决定	2 月 6 日
赣经开党字〔2021〕20 号	关于印发《赣州经开区党工委、管委会 2021 年工作要点及今后一段时期工作思路和举措》的通知	2 月 16 日
赣经开党字〔2021〕29 号	印发《关于在全区开展党史学习教育的实施方案》的通知	3 月 24 日
赣经开党字〔2021〕43 号	关于印发《赣州经济技术开发区 2021 年乡镇换届从乡镇事业编制人员、优秀村党组织书记、第一书记、驻村工作队员择优选拔乡镇领导班子成员工作实施方案》的通知	4 月 28 日
赣经开党字〔2021〕45 号	关于有关单位党组设立、更名和撤销的通知	4 月 30 日
赣经开党字〔2021〕46 号	关于同意调整赣州建控集团下属 3 个子公司架构的批复	5 月 6 日
赣经开党字〔2021〕47 号	关于印发《赣州经济技术开发区关于巩固拓展脱贫攻坚成果同乡村振兴有效衔接的实施方案》的通知	5 月 6 日
赣经开党字〔2021〕48 号	关于印发《赣州经济技术开发区关于全面推进乡村振兴加快农业农村现代化的实施方案》的通知	5 月 6 日
赣经开党字〔2021〕65 号	关于调整部分区党政领导班子成员工作分工的通知	6 月 23 日
赣经开党字〔2021〕67 号	关于表彰全区优秀共产党员、优秀党务工作者、先进基层党组织的决定	6 月 26 日
赣经开党字〔2021〕83 号	关于表彰 2021 年全区优秀教师、优秀班主任、优秀教育工作者的决定	9 月 8 日

续表 18

发文字号	文件标题	发文时间
赣经开党字〔2021〕85 号	关于同意新设立中共赣州市工商联赣州经济技术开发区分会党组的批复	9 月 9 日
赣经开党字〔2021〕95 号	关于设立中共赣州经济技术开发区养老服务中心党组等 6 个党组的通知	11 月 1 日
赣经开党字〔2021〕96 号	关于规范一至六级主办管理的通知	11 月 4 日
赣经开党字〔2021〕110 号	关于印发《赣州经济技术开发区 2021 年绩效考核方案》的通知	12 月 18 日
赣经开党字〔2021〕115 号	关于调整相关事业单位机构编制的请示	12 月 26 日
赣经开党字〔2021〕123 号	印发《赣州经济技术开发区关于引进高层次人才的实施意见》的通知	12 月 31 日
赣经开政字〔2021〕5 号	关于印发《赣州经济技术开发区重大项目产业基金管理办法》的通知	1 月 6 日
赣经开政字〔2021〕17 号	关于表彰 2020 年征兵工作先进单位和先进个人的通报	2 月 1 日
赣经开政字〔2021〕19 号	关于表彰 2020 年度优秀企业和招商引资信息奖获奖人员的决定	2 月 6 日
赣经开政字〔2021〕25 号	关于印发《赣州经开区 2021 年“五型”政府建设“五个一批”工作实施方案》的通知	2 月 26 日
赣经开政字〔2021〕45 号	关于印发《“十四五”期间金融业发展规划》的通知	3 月 31 日
赣经开政字〔2021〕76 号	关于印发《赣州经济技术开发区“十四五”时期国民经济和社会发展规划和二〇三五年远景目标纲要》的通知	6 月 16 日
赣经开政字〔2021〕79 号	关于印发《赣州经济技术开发区“两个信贷通”贷后管理及代偿追偿暂行管理办法》的通知	6 月 25 日
赣经开政字〔2021〕87 号	印发《关于进一步加强全区公共基础设施类国有资产管理的实施办法》的通知	8 月 12 日
赣经开政字〔2021〕103 号	关于印发《赣州经济技术开发区惠企政策兑现“免申即享”工作方案》的通知	10 月 29 日

媒体聚焦

内外兼修育新景 高质量发展添动力

耗时不到一年，赣州国际企业中心后面的一块工业废弃地摇身一变，成为景色宜人的金凤梅园。如今，“园在厂中、厂在园中、推窗见绿、出门游园”已成为赣州国际企业中心员工们的一件乐事。

在赣州经济技术开发区，推门见园、开窗见绿并不鲜见。近年来，该区朝着“全国一流现代化国家经开区”这一目标继续迈进，奋力打造产城融合的高地，逐步从单一的工业园区转型为综合性新城区，一座宜工宜商、宜居宜业的产业新城已悄然兴起。

内优工业成色

近日，启动建设300天的赣州市同兴达电子科技有限公司金凤梅园厂区，进入生产阶段。该公司的快速发展，是赣州经开区内优工业成色的生动缩影。

近年来，赣州经开区持续做优工业，建设赣州新能源科技城、电子信息产业园、赣州综合保税区三大产业承接平台，深入开展集群式项目“满园扩园”行动和推进工业标准厂房建设“梧桐树”计划，千方百计帮助存量企业靠大联强、倍增升级。如今，凯马汽车与东风合作，产能利用率提升到75%；宝明显示与立德电子实现产品配套，增速超500%。

在做大存量企业的同时，该区下大力气对接融入粤港澳大湾区，全力招引头部龙头企业，并画好首位产业的产业链图、技术路线图、应用领域图、区域分布图，解决好全区产业链招商怎么招、如何招、哪里招的问题，紧扣新能源和电子信息双首位产业，进行强链延链补链。短短时间内，吉利科技集团动力电池项目等一批重大项目纷纷落地。截至4月上旬，该区今年共招引项目44个，为工业经济高质量发展蓄足了动力。

提升城市活力

近年来，赣州经开区持续完善基础设施配套建设，着力解决企业融资难、招工难、物流成本高等问题。建成标准厂房300余万平方米，建成国际企业中心、青年创业园、中小微企业创业示范基地等20余个国家级创新平台，国家级稀土和钨检测中心、国家级工程技术中心等国家级、省级研发中心为产业发展提供了科技支撑。此外，在推进交通优化上，助力机场改扩建、高铁新区、国际会展中心等重大项目建设，赣州国际机场与高速路口实现互联互通，迎宾高架等快速路顺利通车，构建起城市快速通道。

为优化营商环境，该区常态化开展“企业服务日”活动，安排30名县级及以上领导、290名干部挂点联系565家企业。尤其今年，赣州经开区行政审批局运行后，企业和群众办事“一窗受理”率达100%，便捷高效的服务得到市场认可、客商青睐、群众点赞。营商环境持续优化，市场活力竞相迸发。截至目前，赣州经开区共有企业1.35万户，一季度新增792户，同比增长42.96%。

人才是推动经济发展、社会进步的力量源泉。赣州经开区发挥产业优势，积极外出招才引才。去年，吸引各类人才前来考察86批次，新增各领域高层次人才51名，其中国家级高层次人才13名；

新引进行业急需紧缺人才319名。新开工建设人才住房3089套，为区内94名高层次人才提供“一对一”医疗服务。

构建幸福之城

近日，家住赣州经开区保利嘉福心语小区的李先生坦言：“原来这里比较脏乱，现在楼下的空地变成了小游园。”

李先生所说的变化，是该区打造高品质生活新中心取得实效的一个缩影。该区全力建设现代之城、生态之城、融合之城、幸福之城，加快建设国家级产城融合示范区，着力为赣州建设省域副中心城市贡献更大力量。

去年以来，该区投入了44.92亿元兴办109件民生实事，全区5405户1.9万名贫困人口全部实现高质量脱贫。开工建设26个返迁安置房项目，竣工返迁安置房项目14个；13所中小学、幼儿园建成投入使用，义务教育阶段新增学位9000余个，彻底消除了“超大班额”问题；建成一批公厕、社区蔬菜便利店、小游园绿地、电动汽车充电桩、5G基站等项目。

漫步赣州经开区，每一个公园都有独特的文化主题，每一栋厂房都有自己的成长故事，公园景区和工业园区相互映衬，犹如一幅精美的产城融合工笔画。

（2021年5月30日《江西日报》周加相 谢鹏飞）

扬优成势再出发——赣州经开区工业倍增升级促发展

吉利赣州动力电池项目现场强夯基本完成、英锐半导体项目正在装修厂房、智造谷电子信息产业园招商中心投入使用……8月的赣州经开区工业发展强劲有力，方兴未艾。近年来，作为赣州工业发展主战场、主平台，赣州经开区突出工业倍增升级主攻方向，全力推动经济高质量发展。今年上半年，全区新能源汽车和电子信息双首位产业营收同比增长75.4%，主要经济指标均实现两位数增长。

“筑巢引凤”强基

近年来，赣州经开区紧紧围绕双首位产业，“北上”对接争政策，“南下”融入促合作，以开放的胸怀筑巢引凤、招大引强，为工业倍增升级夯实基础。目前，新能源汽车产业已集聚新能源汽车及关键零部件企业103家，其中规模以上企业42家、央企项目6个、“三电”等核心零部件项目28个；电子信息产业已集聚相关企业187家，其中规模以上企业69家、高新技术企业47家。

水深则鱼悦，城强则贾兴。该区着力优化营商环境，大力实施工业标准厂房“梧桐树”计划，按照道路先行、配套到位、厂房同步、满园扩园等方面的要求推动园区升级，提升产业承接能力。同时，成立了产业政策研究院，组建了社会化招商盟军，招大引强交出了高分答卷。今年以来，该区共签约91个项目，签约资金958.21亿元。尤其是今年3月，总投资300亿元的吉利集团42GWH动力电池项目落地赣州经开区，成为赣州市近年来单体投资规模最大的工业项目，这也是该区开展推进工业倍增升级的重大成果。

“真金白银”赋能

作为赣州经开区优质传统包装行业的龙头企业，日前，赣州客家彩印包装有限公司通过技改获得76.27万元扶持奖励。如今，该公司新增了几条分段式智能数字化生产线，既减少了人工成本又提高了产能。

在有关部门的协调下，赣州市同兴达电子科技有限公司在赣州银行的3.9亿元资金续贷成功审批通过，让公司短期内资金流紧张问题得到解决。

打赢金融创新硬仗，奋力交出高分答卷。该区全力建设普惠金融改革试验区，扩大“信易贷”“小微快贷”等普惠性金融产品覆盖面；协调金融机构围绕产业特点和企业发展，创新金融产品，加大对区内企业支持力度。

持续深化“政银担企”对接机制，为区内企业融资实现“一企一策”精准对接，引导企业通过IPO、发债、定向增发等直接融资方式，获得成本更低的资本市场资金，进而助推企业快速发展。

“真金白金”赋能企业高质量发展。今年上半年，全区工业技改投资同比增长52.5%，助推双首位产业营收同比增长75.4%，为全年营收过千亿元打下了坚实基础。

“保姆服务”兴业

抓住了项目建设，就抓住了经济发展的“牛鼻子”。该区以逢山开路、遇水架桥的气魄，抓好项目建设、做好项目服务，助推主攻工业倍增升级。

“为企业解决好每个小问题，我们所做的每一件小事就会散发光芒，我们所从事的工作也会变得不平凡。”赣州经开区项目建设青年突击队队员赖五境如是说。

走在赣州经开区工业园区，处处皆是赶项目、促产业、提服务的火热景象。该区始终坚持以项目建设为本，成立项目建设青年突击队，主动靠前精心服务企业。大力践行“一线工作法”“践诺工作法”，统筹推动47个促开工项目、66个促投产项目、50个促进度项目、5个促落地项目建设提速增效。目前，35个项目开工、23个项目投产。

结合“我为群众办实事”实践活动，该区精准助力企业纾困解难。今年上半年，全区收集企业问题和需求466个，办结率95.49%；累计帮助企业解决用工需求12035人。

实干兴业，笃定前行。今年上半年，该区工业营收同比增长51%，规上工业增加值同比增长19.3%，工业固定资产投资同比增长25.1%，全区主要经济指标综合评分继续排名赣州市第一。

（2021年8月23日《江西日报》陈洪明 徐祯）

人勤春来早——赣州经开区加快对接融入粤港澳大湾区建设

人勤春来早。在赣州经开区，春天的讯息在经济领域丰盈，给人欣喜与期待——就在2月25日，赣州经开区签约9个项目、总投资126.8亿元，其中，粤港澳大湾区项目5个。

赣州经开区树牢“湾区思维”，努力在赣州打造对接融入粤港澳大湾区桥头堡中勇做先行者，擘画全国一流现代化国家级经开区。

加快产业协作

新年伊始，赣州经开区党工委主要负责人率队赴深圳、东莞等地考察洽谈项目。该区按照建平台、强招商、抓创新的思路，努力打造与大湾区产业集群联动发展的高端产业转移集聚区。

加快推进赣州新能源汽车科技城、电子信息产业园、赣州综保区三大工业承接平台提档升级，大力实施工业标准厂房“梧桐树”计划，已建成标准厂房300万平方米，在建400万平方米，3年内将建成1000万平方米，有利于提升产业项目承接能力。

深入推进“粤企入赣”工程，该区陆续引进了深圳同兴达科技2.5D和3D玻璃盖板等项目，并与广州开发区、深圳龙华区等地探索开展合作，共建汽车零部件、电子信息智能设备等生产基地，实现优势互补、产业联动、利益共享。

在全省率先常态化开行赣州至香港货运直通车线路，该区跨境电商平台“赣州保税商城”正式上线运营。

引进大湾区科研院所在经开区设立分支机构，鼓励企业与大湾区科研院所共建研发平台，推动更多大湾区原创科研成果在经开区实现成果转化和产业化发展。

推进基建互联

赣深高铁是赣州对接融入粤港澳大湾区的“大动脉”，其赣州西站是赣州经开区启航大湾区的重要组成部分。通车后，这里每天将有100多趟车次经过。

对接融入大湾区，基础设施建设必须先行。摊开赣州经开区交通地图，机场、高铁站、高速公路、高架快速路和公路港立体化交通网络呼之欲出。该区积极配合推进赣深高铁、赣广高铁、黄金机场三期改扩建等重大项目的规划建设，打造与大湾区互通的立体式交通网络，同时，抢抓“新基建”政策机遇，大力建设区块链、5G、大数据等新一代信息基础设施，推进与大湾区互联宽带扩容，打通对接融入的信息“大动脉”。

引进大湾区大型物流企业落户，该区推动传化南北公路港等区内物流企业与大湾区物流企业加强合作，常态化运行“赣港直通车”，降低物流成本。

加快构建内联外通的现代交通网络，融入粤港澳大湾区2小时经济圈，打造通达便捷的立体化互联互通体系，主动作为的赣州经开区迈出了坚实步履。

充满活力的赣州经开区秉持着“为民服务孺子牛、创新发展拓荒牛、艰苦奋斗老黄牛”的“三牛”精神，朝着建设“一极两地四中心”目标，“犇”向高质量发展新征程。

（2021年3月15日《江西日报》徐祯 欧阳景春）

赣州经开区积极推进开放型经济高质量发展

3月13日，吉利科技集团正式签约，在赣州经开区规划建设年产能42GWH动力电池项目，总投资300亿元。这是赣州市近年来单体投资规模最大的工业项目。作为全市工业发展的主战场，赣州经开区抢抓对接融入粤港澳大湾区和江西内陆开放型经济试验区建设等国家区域发展战略机遇，聚焦“六大主攻方向”，围绕工业倍增升级目标，不断创新招商引资理念、做实招商引资服务，稳外资稳外贸，积极推进开放型经济高质量发展。

凝聚招大引强共识

近年来，赣州经开区把招大引强摆在重中之重的位置，高位谋划、强力推进，推动全市招商氛围日益浓厚，开放成效不断扩大。

该区专门成立招大引强追梦办，从全区选出10名“尖兵”来打硬仗，全力攻克世界500强、中国500强、行业领军企业。在主攻区域上，该区将粤港澳大湾区作为招大引强主攻方向，在主攻产业上，聚焦新能源汽车、电子信息双首位产业，开展“2+N”产业体系延链补链计划，精准实施上下游产业链招商。同时，在稀土和钨后端应用、数字经济、新材料等战略性新兴产业、未来产业上抓紧布局，着力壮大新增长点，形成发展新动能。该区打破过去的“条条框框”，在协同作战、强化考核等方面进一步优化工作机制，凝聚推进开放型经济发展的强大合力。

多点发力全力奔跑

“每天都有人在外招商，宣传推介我区投资环境和优惠政策。”赣州经开区招商局有关负责人介绍，自今年新春团拜会暨春季攻势专项行动“奔牛出征”誓师部署会召开以来，赣州经开区按下“快进键”，进入“拼抢期”，用弹射起步、全力奔跑之势奋力招大引强。

不放弃、有韧劲，是赣州经开区招商队伍给广大客商的印象。在赣州经开区拥有好的承接平台、好的政策激励等“硬件”支撑下，招商干部的“开放不拘俗套、招商独具眼光、不轻言放弃”的人格魅力成为招商战场上的“软实力”。今年第一季度，全区共计外出招商209次，接待客商614次。区领导带头出征，一季度累计外出招商86次，接待客商158次。“春雷”行动开展以来，该区共举办5次招商引资项目集中签约仪式，共签约项目45个，是去年同期的1.87倍；签约总金额669.31亿元，是去年同期的3.93倍。

外资外贸稳步发展

近年来，赣州经开区坚持招大引强与稳外资稳外贸并进，合力推动全区外向型经济稳步向好。赣州经开区共有外资企业70家，外贸企业90余家。2020年，赣州经开区招商局累计帮助企业申请2600余万元省、市、区外贸发展资金，该区实际利用外资、外贸进出口以及出口总额，均位居全市第一。

为了帮助企业了解各项最新政策和扶持措施，该区通过召开宣讲会、入企走访、点对点指导等形式，将最新政策和措施毫无保留地“传输”给外资外贸企业，帮助企业充分享受政策红利。今年2月，还出台了《赣州经开区应对新冠肺炎疫情促进外贸回稳向好的实施意见》，大力支持引进新兴外贸出口生产企业，对新落户的外贸生产企业，最高可给予一次性100万元落地奖励；支持企业稳定出口，对区内生产型企业、自营贸易企业，最高可累计奖励2000万元等。

（2021年4月27日《江西日报》欧阳苑文）

打造高水平对外开放“强磁场”

秋风送爽，在这收获的季节里，传来喜讯——赣州经开区获评全省开放平台先进单位。

今年以来，我区树牢“湾区思维”，努力在赣州打造对接融入粤港澳大湾区桥头堡中勇做先行者，以“为民服务孺子牛、创新发展拓荒牛、艰苦奋斗老黄牛”的“三牛”精神，在扩大开放推动经济高质量跨越式发展上展现经开作为。

对外开放突破提升

近日，位于赣州综合保税区标准厂房内的赣州锐晶科技有限公司芯片项目装修现场，170余名工人们正在加班加点施工，计划今年9月底试投产，这是全省最大的外资工业项目，项目全部建成后预计实现年销售收入30亿元以上。

3月13日，总投资300亿元的吉利赣州42GWH动力电池项目落户我区，这是赣州市近年来单体投资规模最大的工业项目。“我们投资经开区，是希望通过与孚能科技的强强联合，吸引动力电池领域大量优质上下游企业聚集赣州。”吉利科技集团副总裁、电池项目组组长余卫说。

招商引资是工业园区的“生命线”。产业招商不能泛而无目标，我区集中力量和优势进行精准“产业链招商”，重点围绕吉利项目、孚能科技、金力永磁等企业做好上下游招商，推动新能源整车、动力电池企业靠大联强，促推凯马汽车和东风汽车合作，推动孚能科技进入戴姆勒奔驰供应链、金力永磁进入特斯拉供应链。

今年7月，创维集团与赣州经开区“喜结良缘”，这是我区创新实施“一办、一院、一军、一杠”的“四个一”招商机制的成果。今年上半年全区共签约项目91个、签约资金958亿元，其中50亿元以上项目7个、100亿元以上项目2个。

在全省率先常态化开行赣州至香港货运直通车线路，我区跨境电商平台“赣州保税商城”正式上线运营。

营商环境持续优化

优质的营商环境是对内对外开放的强磁场。

近日，继招大引强“追梦办”之后，我区又成立了“招商项目落地马上办”。

“我区成立‘招商项目落地马上办’，实行‘456+红黄绿’工作机制，围绕‘四个马上’理念，即签约马上干、事项马上批、诉求马上应、有呼马上到，做到‘项目审批帮你办、项目推进限时办、企业服务满意办、政策兑现及时办’，打造‘经快办’‘经心办’营商环境品牌。”8月31日，在我区“招商项目落地马上办”办公室新闻发布会上，区党工委副书记、管委会副主任郭声琪介绍道。

近年来，我区始终牢固树立项目为王理念，着力畅通招大引强和项目落地的“垂直通道”。对标粤港澳大湾区，打造全省首个“无证明”营商环境，全面推行告知承诺制改革。大力践行一线工作法、践诺工作法，安排332名干部蹲点344个项目，与企业“同蹲点、同推进、同监督”。建立完善营商环境惩戒机制和政企圆桌会议制度，定期与企业家“面对面”交流、“点对点”协商。

“没想到仅2天时间，就帮我们提出了解决方案，为经开速度点赞。”赣州立德电子有限公司董事长何武宜在政企圆桌会议上提出购买立德工业园计划后，经开区主要领导立即带队赴企调研，并给予肯定答复。

目前，我区已建立常态化的政企沟通机制，实现互动对接、答疑解惑、闭环服务，对企业提出的建议和诉求建立台账，实行销号整改，以实实在在的“硬措施”，做到“企业有所呼、政府有所应”，真正让企业家在我区投资放心、发展安心、生活舒心。

科技创新加快推进

“技术创新是企业的命根子。”两年前，习近平总书记视察赣州首站就考察了江西金力永磁科技股份有限公司。如今，总书记的谆谆教导成为企业发展的指南，时刻激励企业“切实练好内功，不断加大科技创新力度”。

“这两年，我们加强了对创新技术、创新质量、创新能力、创新服务等方面的投入，相关技术和产品实现了工业化生产，取得了显著的经济效益和社会效益。”江西金力永磁科技股份有限公司董事长蔡报贵介绍，公司已经成为新能源汽车、节能变频空调、风力发电领域领先供应商，并获得了行业领先客户的大批量订单。

殷切嘱托牢记心头，创新力量强劲迸发。两年来，在科技创新的驱动下，我区发展翻起滚滚热浪、传来阵阵喜讯：2020年全区R&D占GDP比重达到3.4%，高于全省1.8个百分点；科技财政支出增长10%以上。今年上半年，全区高新技术产业增加值增长46.5%，占规上工业增加值比重达42.7%。

创新平台愈加坚实。建成国家级和省级研发、检测、基础服务平台72个，其中国家级平台22个。建成创新创业平台9个、孵化面积101万平方米，在孵企业2250家。成功落户全省唯一的2021中国创新创业成果交易会成果转化基地。

创新人才加速汇聚。建立院士工作站、海智计划工作站等11个，汇聚高层次人才837名。建设面积5.92平方千米的赣州职教园区，已落户6所大中专院校、1个工程研究中心，可容纳在校师生10万余人。

创新成果日益丰硕。孚能科技成为全省首家“独角兽”企业，并培育6家种子“独角兽”、省级瞪羚、省级潜在瞪羚企业。培育省级“小巨人”企业4家、省级“专精特新”企业51家、高新技术企业191家，分别增长33.3%、104%、38.8%。

如今的经开区，正不断拓宽融入双循环的开放视野，抢抓国家新一轮支持赣南苏区振兴发展重大机遇，主动融入“一带一路”、粤港澳大湾区建设等国家重大战略，努力在全市建设革命老区高质量发展示范区中勇争先，奋力争当全省扩大开放排头兵。

（2021年9月13日《江西日报》徐祯 刘旭东 陈军）

赣州经开区：用心用情用力办好人民满意的教育

教育，事关发展之本、和谐之要、民生之基。近年来，赣州经开区党工委、管委会认真落实中央、省、市关于教育工作的决策部署，坚持教育优先发展战略，着力抓改革、促均衡、提质量、强队伍、补短板，用心用情用力办好人民满意的教育，全区教育事业呈现蓬勃发展态势。

党建引领亮点纷呈

一个党员挂点一个教研组，照亮一个团队；一个党员联系一个年级，照亮一片班级；一个党员帮扶一个孩子，照亮一个家庭；一个党员结对一个青年教师，照亮一生前程；一个党员主讲一节示范课，照亮一个课堂。

为推动党教融合，全面提升办学水平，赣州市金岭学校开展了“五照亮”活动，充分发挥党员先锋模范作用，通过点对点的有效衔接，将每一个党员的影响扩大到教研组、年级组、青年教师、学生、每一个课堂。办学两年来，该校先后荣获全国“家校共育创新实验学校”、“全区先进基层党组织”等称号。

近年来，赣州经开区教育系统不断巩固深化基层党建“三化”建设工作，积极开展“亮身份、强党性、作表率”活动，打造了赣州市金岭学校、紫荆路小学等党建示范点，赣州市第八中学、赣州市赞贤路小学被市教育工委评为党建示范校，赣州市天骄小学被市教育工委评为“红旗党支部”；选派23名党建指导员深入学校开展党建结对共建活动，组织党员等上党课、示范课67节，使党建工作与教书育人工作深入融合，推动学生全面有个性发展、教师高素质专业化发展、学校高质量有特色发展。

办学条件日臻完善

今年9月，赣州经开区第一所整体新建的完全中学——赣州市第六中学如期开学，进一步满足了区内学生就近就读优质高中的迫切需求。

与此同时，赣州经开区技工学校、天骄小学新建教学楼、杨梅小学新建教学楼，以及恒大悦府、恒大悦龙台、新力帝泊湾、湖边华鑫北、凤岗棚户区、宜居社区等6所小区配套幼儿园也在今年秋季投入使用，有效增加了教育资源供给，更好地满足了群众在家门口上好学校的需求。

2018年以来，赣州经开区大力推进赣州市城乡学校建设三年行动计划项目实施，投入25亿元新（改扩）建学校21所。截至目前，该区已投入约17亿元建成学校15所，增加学位约2.77万个，“大班额”问题全面消除、“入学难”问题大幅缓解。2021年，将投入1040万元，加快32所乡镇薄弱学校改造、城区学校提升改造项目建设，办学条件持续改善。

一直以来，赣州经开区坚持将有限的财力最大限度向教育倾斜。2020年，该区统筹投入教育资金10.86亿元，比2019年增长151%，为历年来增长最多的一年。今年暑假期间，为改善就学环境，投入2700余万元为全区中小学、幼儿园安装空调2857台，在全市率先实现中小学、幼儿园教室空调安装全覆盖。

师资队伍量质齐升

教育教学质量是教育工作的生命线。为提升教育教学工作水平，结合教师发展需求，赣州经开区制定了中小学、幼儿园教师年度培训工作计划，实施分类、分层、分岗培训，坚持面上培训强基础，突出重点育骨干，通过邀请区外专家、名师到经开区开展“送教到区”，建立培训者师资团队，建设名师、名班主任工作室等方式，提升教育干部、学科教师的专业能力，壮大师资力量。截至目前，该区共有特级教师2名，学科带头人40名，骨干教师194名。

为让每一个孩子都能够在家门口享受到优质教育，近两年来，赣州经开区共招聘教师403名，有效缓解了师资总量不足、结构不合理问题。教师培训培养持续加强，先后组织教师4646人次参加“国培”“省培”，组织开展教师专业能力提升培训27期，共有3000余人次参加培训。持续推进校长、教师交流轮岗，进一步缩小城乡、区域教育差距，促进教育资源均衡配置。

高品质的教师队伍，为教学质量的进一步提升提供了坚实保障。2020年，赣州经开区中考教学质量综合得分列全市第一，党政干部履行教育职责考评获省级“优秀”等次，连续5年获评全市“县（市、区）初中教学质量先进单位”；在各级各类教学竞赛中，获国家级奖项30个，省级奖项207个，市级奖项299个。

（2021年10月12日《江西日报》王芊芊 陈志诚）

本栏编辑：施恩沁

索 引

说 明

一、索引采用主题分析法编制，大部分选用关键词。

二、索引按标引词汉语拼音字母顺序排列。

三、由类目、分目提取的索引采用黑体字，条目采用宋体字。标引词后面的数字表示内容所在页码，数字后的a、b、c分别表示页码从左至右的第一、二、三栏。标引词后第二个页码起，表示该索引同一主题参见内容所在位置。

四、为便于读者检索，“概况”和在赣州经开区发生的事件名称前的“赣州经开区”五字，除非产生歧义，均省略。特载、大事记及附录等内容未作索引。

主题索引

B

C

D

F

G

S

T

W

X

图表索引